乡村特色产业发展的文化逻辑

陈云 / 著

The Cultural Logic
of Characteristic Industry
Development
in Rural China

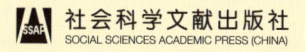

社会科学文献出版社
SOCIAL SCIENCES ACADEMIC PRESS (CHINA)

中南民族大学 2023 年度中央高校基本科研业务费专项资金项目"民族地区乡村特色产业发展的文化逻辑"（CSY23022）最终成果

中南民族大学民族学学科资助出版

前 言

机缘巧合之下，笔者承担了"民族地区特色产业发展与乡村振兴"课题的研究工作。虽非擅长，但也乐在其中，可以有机会把自己长期聚焦城市的目光暂时转向广阔农村，去探察处于现代化洪流中的乡村所发生的巨变。此次"入乡"的视角较为独特，并非婚姻、家庭关系、留守儿童和老人、乡贤、农民工、村庄治理等传统的社会学议题，而是以特色产业发展为切入点，揭示产业发展与乡村振兴的关系。在社会学情结的影响下，课题研究的方向并未滑向经济学、管理学，而是将一个具有鲜明社会学、民族学特色的变量"文化"引入研究中，围绕"产业－文化"的互动关系，系统探究以下问题：文化在乡村特色产业发展中发挥了何种作用以及如何发挥作用？文化与特色产业的联动存在哪些一般化的互动模态？不同模态下乡村文化自身发生了何种变化？这些变化将对乡土社会产生何种影响？乡村产业兴旺和文化振兴如何协同发展？

自"建设社会主义新农村"提出以来，广大农村地区发生了翻天覆地的变化，但对于具体地区、具体村落而言，情况却不尽相同。究竟是什么原因导致在相同的国家政策下，各个村落命运截然不同、发展大相径庭，这是乡村振兴研究中一个非常有价值的问题。"产业兴旺"作为乡村振兴的五大要求之首，自然而然获得了许多关注。学界从政策逻辑、资本逻辑、技术逻辑、关系逻辑、精英逻辑、文化逻辑等视角出发，进行了深入探讨。文化逻辑主要用于分析产业的特色性问题，常见于对村落个案的典型经验分析，尤其是地方文化、民族文化底蕴较为深厚的村落。然而，且不说这些村落的文化各有千秋，它们在全国的村落中也只占极小一部分，绝大多数的村落并没有类似的文化表征和底蕴，但我们却不能说它们没有文化。那么，众多的普通村落要如何借助文化的力量来发展特色产业、实现乡村繁荣便是一个无法回避的问题。因此，把文化逻辑局限在少数特色村落产业发展的分析中是不合适的，无法整体反映乡村特色产业与文化的复杂关系。

为了解决这一问题，本书采用理想类型的方法，把文化与产业互动的模态划分为四种类型，确立起文化作用于产业的四种逻辑，分别为整体驱动、局部提升、散点渗透和并行辅助。这些逻辑的生成取决于乡村文化资源的基础。在本书中产业发展的文化基础体现在文化资源的内容、文化资源的属性和文化资源的存量三个方面。文化资源的内容包括器物、技术工艺、乡规民约、观念信仰、节庆、仪式、语言等；文化资源的属性反映乡村文化元素的抽象性及其存在的主要领域，主要表现在内部性－外部性、人文性－经济性的对立关系中；文化资源的存量反映文化元素的保有情况，不仅要衡量数量，还要考虑文化资源的内容。

基于以上三个方面的考量，我们区分出乡村特色产业文化基础的四种类型：整体型文化（人文性－内部性）、工艺型文化（经济性－内部性）、创生型文化（经济性－外部性）、移植型文化（人文性－外部性）。整体型文化表示乡村文化资源具有浓厚的内生性、人文性，村民的日常生活中保留有较为完整的实物文化、规范文化、行为文化和观念文化，乡村文化资源的完整性较好、存留度较高。文化资源蕴含着强大的产业推力，具有独立驱动产业发展的能量。工艺型文化以地方特色性生产生活技艺为表征，例如造纸、酿酒、制茶、缫丝纺织、刺绣、编织等，在历史发展过程中，经由时间的积淀和代际传承，成为独树一帜的文化形态。此类文化基础为乡村特色产业发展创造了得天独厚的优势与条件，其特色之处在于利用现代理念、技术和资本激活传统工艺的口碑及经济转化能力，增强产品吸引力和市场竞争力。创生型文化表示村落在历史上没有创造、传承和积累出可资利用的特色性地方文化，产业经济发展缺乏文化资源的深度加持。此类文化基础的优势在于文化的流变性、创新性较强，便于吸收新观念、新技术、新方法，促进产业转型。移植型文化是创生型文化的独特衍生，产业发展在缺乏历史文化资源的情况下，通过复制或嫁接他地、他者的人文性文化资源形成市场吸引力，作为主导产业的附属，辅助产业发展。

文化不仅是产业发展的结构性要素和前置条件，也深受产业发展的影响。乡村文化在作用于产业的同时，亦在适应产业。作用机制不同，适应性变迁的方向有所差异，文化与产业协同发展的侧重也不尽相同。在整体驱动逻辑下，村落原生态文化的变形程度不断加深，文化振兴的核心任务是选择性保护与可持续发展的有机结合；在局部提升逻辑下，要为传统工艺保留生存空间，创造传统工艺和现代工艺合作互补的机会；在散点渗透逻辑下，新的生产生活文化将取代村落原有文化，但要注意绕开现代化陷阱，结合地方实际，认真践行中国式现代化道路；在并行辅助逻辑下，要正本清源，区分日常生活世界和生产世界，划定工具文化与生活文化的边界，培养村落发展真正的内生动力。

尽管我们把乡村特色产业发展的文化基础及其作用机制进行了分类分析，但是在乡村特色产业发展的文化逻辑背后，存在一个共通的机理：乡村振兴是乡村内生文化的再造，而实施再造的主体是农民。只有农民主动践行文化创意，赋予传统文化新的生命力，实现文化的"守本开新"，才能推动产业兴旺、文化振兴，最终实现乡村的全面振兴。

目 录

第一章　绪论 ………………………………………………………… 001
　　第一节　研究背景与问题缘起 ……………………………………… 001
　　第二节　文化与产业发展的关系 …………………………………… 007
　　第三节　乡村特色产业发展的文化效应 …………………………… 035
　　第四节　概念界定和研究方法 ……………………………………… 043

第二章　特色产业发展的文化逻辑 ………………………………… 053
　　第一节　乡村传统文化的特点 ……………………………………… 053
　　第二节　产业发展的四种文化基础 ………………………………… 057
　　第三节　产业发展的文化逻辑和分析框架 ………………………… 062

第三章　"整体驱动"逻辑下的产业发展与文化保护 …………… 068
　　第一节　舍村、西寨和药村的故事 ………………………………… 068
　　第二节　整体型文化基础的特点与优势 …………………………… 078
　　第三节　整体型文化驱动产业的机制 ……………………………… 081
　　第四节　整体驱动型文化产业发展中的困境 ……………………… 086
　　第五节　可持续开发与选择性保护 ………………………………… 095

第四章　"局部提升"逻辑下的产业发展与文化增殖 …………… 106
　　第一节　伍村和石村的故事 ………………………………………… 106
　　第二节　工艺型文化基础的构成、特点与优势 …………………… 113

第三节　工艺型文化提升产业发展的机制 ……………………… 117
　　第四节　工艺型文化提升产业发展的成效 ……………………… 124
　　第五节　产业发展困境与文化转型的深化 ……………………… 129

第五章　"散点渗透"逻辑下的产业发展与文化创生 ………………… 137
　　第一节　黄村和水村的故事 ……………………………………… 137
　　第二节　创生型文化基础的特点与优势 ………………………… 144
　　第三节　文化渗透产业的机制 …………………………………… 148
　　第四节　产业发展带动乡村文化风貌提质 ……………………… 152
　　第五节　创生型文化的合理现代化 ……………………………… 156

第六章　"并行辅助"逻辑下的产业发展与文化根植 ………………… 167
　　第一节　芭蕉侗族乡高村产业发展的"两条腿" ……………… 167
　　第二节　文化的另类作用路径 …………………………………… 175
　　第三节　根植新型地方文化的产业融合发展 …………………… 180

第七章　乡村产业兴旺与文化振兴关系的再思考 …………………… 185

参考文献 ………………………………………………………………… 197

后　　记 ………………………………………………………………… 214

第一章

绪论

改革开放以来，我国的社会主义现代化事业取得了巨大成就，同时也面临诸多困境，其中农村发展不充分问题是我国经济社会发展的一大瓶颈。针对这一问题，党和政府始终把解决"三农"问题置于全党全国工作的重要位置，持续推进农村改革发展。进入21世纪，国家又明确提出"建设社会主义新农村"的重大战略任务。自此之后，我国广大农村社会迎来了剧烈而深刻的变迁，现代化的诸多要素极大地推动了农业、农村、农民的发展。

第一节 研究背景与问题缘起

2005年至今，我国的农业农村发展和农民脱贫致富不断迈向新的历史阶段。从"社会主义新农村"到"乡村振兴"再到"城乡融合发展"，农村发展的内涵越来越丰富。

一 新农村建设与乡村振兴

（一）从新农村建设到乡村振兴

2005年10月，党的十六届五中全会提出建设社会主义新农村的重大战略任务；2006年中央一号文件《中共中央 国务院关于推进社会主义新农村建设的若干意见》发布；2007年10月，党的十七大继续提出"要统筹城乡发展，推进社会主义新农村建设"。这一系列政策举措，意味着中国农村进入一个总体性、综合性的高质量发展阶段。

社会主义新农村建设的总体要求是生产发展、生活宽裕、乡风文明、村容整洁、管理民主。在实践层面，其重点工作任务是：第一，在农民城镇化、市民化的同时，兼顾农村本身以及留守在农村的人，主抓脏乱差等村容、卫生问题，改善农村的物理景观；第二，加强农村生产、生活基础设施建设，包括"三通""四通"，甚至"五通""六通"，以及水利建设、农房改造、撤村并居、宅基地整理；第三，强化农村的组织建设和乡村治理；第四，提高农民受教育水平和卫生意识，改变其精神面貌和不良生产生活习惯（黄少安，2018）。

2012年以后，党的十八大细致深化了新农村建设战略，将"新农村建设战略"与"新型城镇化战略"并举。党的十九大进一步提出"乡村振兴战略"与"新型城镇化战略"并举，新型城镇化和扶贫攻坚都要结合和统筹到"乡村振兴战略"中。自党的十八大以来，党和政府不断出台各项政策措施稳定发展粮食生产，积极调整农业结构，加强基础设施建设，加强民主政治建设和精神文明建设，加快社会事业发展，推进农村综合改革和城乡统筹融合发展，促进农民持续增收。

（二）产业兴旺与乡村振兴

中共中央、国务院印发的《乡村振兴战略规划（2018－2022年）》（以下简称《规划》）明确指出，乡村振兴的总体要求是产业兴旺、生态宜居、乡风文明、治理有效、生活富裕。产业兴旺作为乡村振兴的基础和保障，是实施乡村振兴战略的首要任务和工作重点，只有做大做强做优乡村产业，才能保持乡村经济发展的旺盛活力，为乡村振兴提供不竭动力。

产业兴旺有助于生态宜居。产业兴旺首先是农业兴旺，现代农业更注意生产与生态的协调，追求可持续发展。原始农业的刀耕火种不断被新能源、新技术所取代，生产方式的变迁改变着人们的生活方式，人与自然将实现一种新的平衡。产业兴旺有助于乡风文明。物质文明有助于精神文明，衣食足而知荣辱正是这个道理。产业兴旺有助于乡村治理。产业发展在很大程度上解决了农民的就地工作与收入问题，让农民有工可做、有钱可挣，乡村秩序稳定，乡村治理自然平顺有效。产业兴旺也有助于生活富裕，一方面直接推动农民增产增收，提高其生活水平；另一方面也可以增加政府公共服务投入，助力村民生活迈上新台阶。

（三）产业发展的基本思路

《规划》指出："以完善利益联结机制为核心，以制度、技术和商业模式创新为动力，推进农村一二三产业交叉融合，加快发展根植于农业农村、由当地农民主办、彰显地域特色和乡村价值的产业体系，推动乡村产业全面振兴。"[1] 简言之，产业兴旺应主要定位于农业，依托农业发展第二、第三产业，并促进产业之间深度融合，这一过程需要以技术、资本、制度、人才下乡作为动力支撑。

外部要素发挥作用必须结合当地资源禀赋，深入发掘农业农村的生态涵养、休闲观光、文化体验、健康养老等多种功能和多重价值。尤其是对于特色保护类村落（历史文化名村、少数民族特色村寨、特色景观旅游名村等），要充分利用其自然、历史、文化类资源，统筹好保护、利用和发展的关系，推动文化、旅游与其他产业深度融合、创新发展，形成特色资源保护与农村发展的良性互促机制。

二 资本逻辑及其效应

在乡村振兴战略的推动下，我国广大农村地区掀起了特色产业建设高潮，各地结合自身资源禀赋（自然的或人文的），引入人才、资本、技术和制度，探索出"一县一业""一村一品"的发展格局。在乡村特色产业发展的实践中，资本和技术是两个首要的动力因素。

2013年中央一号文件提出鼓励和引导工商资本介入乡村产业发展，自此资本下乡就成为推动乡村产业发展的重要力量。工商资本进入乡村，通过创办农民办不好、办不了的产业，发展长链条产业，把人力、财力、物力以及先进技术、理念、管理等引入农业农村，进而推动产业发展、农民增收。

---

[1] 《中共中央 国务院印发〈乡村振兴战略规划（2018－2020年）〉》，http://www.gov.cn/xinwen/2018－09/26/content_5325534.htm，最后访问日期：2023年12月1日。

"资本下乡"有两种形式（周飞舟、王绍琛，2015）。一种是工商资本参与诸如"农民上楼"一类的土地综合整治项目，节余建设用地指标出让的收益由投资方获取。另一种是工商资本助力现代农业的发展，大规模参与土地流转，帮助基层政府推进土地规模化经营。本文所探讨的资本下乡形式属于第二种。此种形式资本下乡的主要特点包括：向农户支付流转费以获取土地；转入的土地一般在数百亩以上，规模较大；农业生产活动会部分采用雇工方式进行；整个过程需要基层政府或村级组织的积极参与和推动（张良，2016）。

资本下乡能够明显带动与影响乡村特色产业的发展。它有利于工商企业对乡村传统产业进行改造，从资金、技术、管理等方面入手提高产业发展的机械化程度和技术含量；有利于改变农民生产协作的形式，提高农民的组织化程度，实现规模化经营和集约化生产（涂圣伟，2014）。它有助于资金、知识、技术和人才的回流，改善农村基础设施，提升农村公共服务水平（李宾、马九杰，2013），推进农村的现代化发展，缩小城乡差距。但是工商资本的投资与运作若不加以引导和约束，其逐利本性会损害农业和农户利益。黄宗智（2014）、桂华和贺雪峰（2013）、陈义媛（2013）等学者研究发现，大资本农场的比较优势并不明显，那些耕种自家土地的小农户和以低价转入他户土地的家庭农场，相比之下收益更高。农业雇工监管难度大、土地流转成本高是造成大资本农场亏损的主要原因（李宾、马九杰，2013）。何云庵和阳斌（2018）也指出，对流转农地的非粮化、非农化利用，并没有给下乡资本带来充足的盈利空间，而且与当地农民不断加剧的争地矛盾也在降低下乡资本的收益。这些研究揭示出一个基本事实：工商资本投资农业的收益不及预期，无法实现可观的盈利，这迫使一部分工商资本退出种植，转而发展旅游产业、工业园建设等（陈靖，2013）。

"资本下乡"对农民利益的影响更加深刻。工商资本具有"挤出效应"，会提高农民的生活成本（周飞舟、王绍琛，2015），导致农民的依附性和主体性的缺乏，削弱家庭农场，摧毁留守小规模农户（贺雪峰，2014；陈义媛，2013），挤压小农的生存空间。由于地方政府片面追求农地流转面积的增加和农业经营的规模化，大资本农场能够获得社会化服务供给、惠农政策、支农项目等方面的大力支持，比小规模农户获得更多的资源，导致"去小农化"现象（冯小，2015：139）。企业通过将农户整合进其产业链，与农户之间形成了事实上的隐性雇佣关系，家庭农业在这个意义上被改造（陈义媛，2016）。此外，那些参加土地流转的农户，利益也会受到工商资本的侵害，他们将面临严峻的就业问题、收入问题、社会福利与保障问题，以及进城失败后进退两难的问题等。

由此可见，工商资本作为推动乡村产业发展的基础动力，必须谨慎利用、合理制约。工商资本必须重新审视和农民的关系，重新评估乡土文化的价值，依法依规开发利用农业农村的自然、历史、人文资源，学习如何与村民合作，构建合理的利益联结机制，只有这样才能实现真正的互利共赢。总之，资本下乡所解决的是农村产业发展的启动与运作问题，预设了农民的弱者地位和农村、农业的被动姿态。事实上，在乡村振兴的推进中，乡村的自然、历史、文化及其承载者展示出了更多的积极性和主动性。

三 技术逻辑及其效应

什么是技术？技术的基本含义可归结为两类，一类仅指硬件设备，另一类包括技术所针对的任务、技艺以及所涉及的知识。温纳（Winner，1977）把社会科学研究中常用的技术界定归纳为三种：①器物角度的界定，常可理解为某种机器、设备及其他物质性装备等；②知识角度的界定，通常意味着认知、行为与技巧；③组织角度的界定，特指在整个组织层面应用的一套关于个体、原材料和任务的特殊安排。奥尔利科斯基（Orlikowski，1992）认为从属性角度看，技术是一种物质形态的人造物品（material artifacts），既是物质性又同时社会性的；从角色角度看，技术与行动者相互作用，既具有建构性同时又被社会所建构。斯科特（2002：213）指出，技术的广义定义被普遍接受，即"技术不仅包括用以完成工作的硬件，还包括工作人员的技能和知识，甚至包括工作对象的特征"。

现代社会已然是一个"技术性社会"，新技术不断涌现，不仅带来了物质世界的繁荣，推动了产业结构、社会结构、管理体制等的根本性变革，而且深刻改变了人的存在状态，使人类的思维方式、价值观念、行为模式等发生了全面转化。技术正深刻重构着人类生产生活的方方面面，确切地说，它是城市社会发展最有力的推进器。鉴于技术对现代社会的深刻影响，传统意义上被技术遗忘的乡土社会的振兴，也必须依靠技术下乡才能够实现战略落地（刘祖云、王丹，2018）。

技术下乡有两个基本视角。其一是技术作为外源性推力，促进农业产业化、专业化和转型升级。该视角主要涉及空间技术、农业技术与信息技术三个维度。空间技术与农业技术的升级着眼于乡村社会相较于城市社会的独特空间资源与农业资源及优势，信息技术下乡着眼于信息化背景下城乡之间的"信息鸿沟"。农业技术的迭代一方面需要对传统农业进行技术性保护，另一方面要诉诸现代性改造。传统农业向现代农业的转变正是借助技术的力量得以实现：从传统畜力和人力转向机械化操作；从经验直觉转向科学知识和实验；从小农的自给性生产转向专业化大生产，农业发展进入机械化、信息化、电气化、化学化、良种化等为主的现代化时期。王丹和刘祖云（2020）借鉴 Lowe 等学者对农村外源性发展的批评，指出技术作为外源性要素，会导致农村现代化陷于依附性、非正义性、无主体性以及"无根"的状态。

技术下乡必须激发出乡村内生力量，这正是技术下乡的另一个视角——"技术赋能"，即把技术作为增强农民和乡村组织能力的工具，提高农民的认知能力和知识水平，使之能够驾驭现代生产要素。技术赋能必须契合乡村场域，与乡村的地方性、乡土性及情感特征、价值取向相匹配（Lin et al., 2016；张京祥、陆枭麟，2010；等等）。

技术赋能要防止异化，防止由"赋能"走向"控制"。技术赋能若不能加以合理约束，会造成村民主体地位的丧失，使其从乡村的主人沦落为边缘人（高慧智等，2014；曾天雄、曾鹰，2014；等等），导致乡村文化景观失忆和传统失落，造成乡村空间异化和正义缺场，导致社会关系网络断裂和意义消解（杨华，2009；李佳，2012；等等），带来政府责任无限化以及基层治理能力弱化的治理困境（杜姣，2020；渠敬东等，2009；等等）。总之，良性的技术下乡和资本下乡一样，必须遵循"人的逻辑"，尊重农民的主体性；遵循"正义的逻辑"，建立利益共享机制；遵循"情感的逻辑"，打造乡村情感共同体（王丹、刘祖云，2020）。

总体来看，对于产业发展而言，技术下乡解决的是产业结构调整、转型升级和农民的技术获得、自主发展问题。虽然它与资本下乡分别构成了乡村产业发展的技术逻辑和资本逻辑，但却都无法有效解决产业发展的特色来源、竞争力获取和可持续发展的问题。此问题的解答依赖于产业发展的文化基础与条件以及产业嵌入乡村文化的机制。乡村特色产业发展归根到底立足于文化，也最终落脚于文化。

鉴于此，本书将从文化-产业互动角度，对乡村特色产业发展和文化振兴的阶段性成果进行总结和反思，系统探究以下问题：文化在乡村特色产业发展中发挥了何种作用以及如何发挥作用；文化与特色产业的相互联动存在哪些一般化的互动模态；不同模态下乡村文化自身发生了何种变化；这些变化将对乡土社会产生何种影响；民族地区乡村产业兴旺和文化振兴如何协同发展。

第二节　文化与产业发展的关系

"产业"与"工业"的英文表述是同一个词"industry"，其含义是制造或生产的部门。广义上，"产业"的内涵非常宽泛，可以包含国民经济的各行各业。在市场经济环境下，它的核心内涵是"能够创造经济价值的生产部门"。"产业化"相应地指涉一种工业化或类工业化的生产过程，关注如何将物质资料或需求、价值、理念、品位等转化为产品，再通过市场将之转化成商品，并借助营销体系实现利润。在某种程度上，产业经济即为国民经济。

学界对于文化和产业经济之关系的探讨形成了两种思路：作为背景的文化和作为内容的文化。新经济社会学的代表人物泽利泽（Zelizer，2002）系统分析了经济社会学走向文化研究的路向，明确指出对经济活动的文化分析可以遵循扩展路向和背景路向，把文化视为外生因素和宏观背景，也可以遵循替代路向，把文化当作经济过程的动态的内生要素。作为背景和作为内容的文化分析路径标识着文化与经济的两种可行关联：一个把经济结构看作人类观念的结果，另一个把文化观念看作经济关系的产物。这两条研究脉络的共同点在于，把文化视为意义、价值、风俗、规范、观念与符号的总体。

一 作为自变量的文化对经济发展的影响

（一）自外部对整体经济运行施加引导和约束

把文化作为产业经济发展的背景是经济社会学的一个学术传统。德国社会学家韦伯（Weber）开创了经济行为研究的文化分析视角，在《新教伦理与资本主义精神》中深入探讨了宗教文化（加尔文教义）如何通过天职观来形塑人们的经济行为，进而契合资本主义精神的需要并促进资本主义的发展。帕森斯（Parsons）明确区分出主导经济运行的"适应系统"和支撑经济行动的"文化系统"，"文化系统"所提供的共享意义和符号支持着经济行动者的相互理解和沟通，引导着经济行动者在社会价值和规范约束下行动。两位学者的研究充分奠定了把文化作为背景的分析路径：文化是社会的重要组成部分，作为道德共识或共同价值观的文化是一种社会整合机制，文化保障经济行动者之间的互动符合社会利益。但是这些早期研究忽略了文化在微观层面（例如企业文化、行动者的行为策略、市场机制等）的影响，也忽视了文化可能导致的经济竞争和经营冲突，对于文化内涵的理解也过于狭隘。这些研究的不足，在后继社会学者们的努力下得以不断修正。

法国学者布迪厄（Bourdieu，1990）扩展了马克思的资本概念，把文化视为一种重要的资本形态，并指出在当今社会生活中，文化是最重要的影响因素。在文化的大规模介入之下，经济生产与生活充满活力。美籍日裔学者福山（Fukuyama，1995；2016）从"信任"出发深入分析了文化与产业发展、经济增长之间的关系。新制度主义则从广义角度出发把文化视为一种宽泛的制度，即稳定重复的、有意义的符号或行为规范，包括法律规则和文化规则，例如社会结构、期待、正式组织、规章制度、规范等，并在此基础上提出了"合法性机制"。迪马奇奥（DiMaggio）和鲍威尔

（Powell）研究了组织的趋同性，从合法性机制的角度提出文化相似性压力是场域进化的动力，文化相似性强调组织在成长过程中迫于各种压力要获得一种客观的、理所当然的认可（DiMaggio and Powell, 1983）。弗里格斯坦（Fligstein, 2002）试图借助实证研究解答"自我再生产角色结构的市场是如何建立和运行的"问题，证实了把不确定性、反身性、文化等引入对行动的理解过程有助于更好地认识这一问题，历史和文化的差异对市场产生的效果迥然不同。福克德（Fourcade, 2007）对于市场社会学的研究也引入了文化变量，强调资本主义市场道德观的形成与文化所体现出来的道德秩序关系紧密。

亨廷顿指出，在探讨文化如何影响经济发展的时候，文化通常被聚焦为一个独立的或说明性的变量，即自变量，也被从纯主观的角度界定为一个社会中的价值观、态度、信念、取向以及人们普遍持有的见解。波特（2002）认为，在讨论竞争力的微观经济基础时，某些信念、态度和价值观有助于促进繁荣。这些信念包括：相信繁荣取决于生产率，相信生产率范式对社会有益，相信财富的潜力是无限的，相信创新、竞争和责任制是好的，等等。生产率文化正在全球范围内扩展。格龙多纳（Grondona）强调价值观是一个国家顺利实现经济发展阶段转折与过渡的关键因素。现实的价值观体系处在运动之中，且优劣兼备，它们运动的朝向将会影响国家发展的机会。他归纳出了20种文化因素，包括宗教、对个人的信任、道德规范、两种财富观、两种竞争观、两种公平观、工作价值观等。曼格尔通过对非洲发展现状的分析，指出非洲需要在教育、政治、经济和社会生活四个方面进行和平的革命。[①] 罗斯托（Rostow）、缪尔达尔（Myrdal）、戴维斯（Davis）等学者认为国家主义是迟发外生型国家实现工业化战略的重要保证。斯梅尔瑟（Smelser）、诺斯（North）则深入分析了思想、意识形态与经济发展的交互影响和作用。科斯（Coase）发现并澄清了交易费用和产权对经济制度结构和运行的意义。

在经济全球化时代，跨国公司的地位和作用日益凸显。在其全球化扩

[①] 详细状况参见亨廷顿、哈里森（2010: 47~108）。

张中，跨国公司与同为全球性社会系统的国家处于根本的冲突之中。跨国公司的母国文化是一种重要的文化资源。跨国公司在开拓海外市场时，会将自己的产品塑造成母国文化气质的体现者以吸引东道国顾客。但是由于母国文化的强势性，它也经常被视为民族文化的侵蚀者，从而受到排斥和抵制。因此，跨国公司在市场的选择，产品、服务的供给，进入新市场的方法等问题上，必须尊重文化差异、把握东道国文化市场的特点、塑造世界级友好公民的美好形象，使文化成为跨国公司开拓新市场、扩大经营规模过程中的一件利器（秦斌，1999：146~147）。

上述研究都把文化看作影响和制约经济发展的基础变量，从不同角度系统探讨了文化在经济发展中有何作用、哪些文化因素在经济发展中发挥作用、这些文化因素发挥作用的机制是什么等问题。总之，该学术脉向主张经济发展离不开文化的引导、规范、约束和服务。

（二）从内部对经济行为加以规范和构建

微观层面上，在工业及组织体系内展开文化和惯例研究、制度合法性研究等构成了对文化与产业经济之关系研究的第二条学术走向。格兰诺维特（Granovetter）的"嵌入"概念被迪马奇奥引入其研究中，用以表达经济行为对社会结构和文化的双重嵌入之意。在组织文化研究中，文化的规范性和构建性不断突出，规范性强调文化对经济行为的影响可以通过形塑和限制群体调配资源的能力和目标来实现，构建性强调文化可以通过影响行动者如何定义他们的利益来影响经济行为。霍桑实验（Hawthorne studies）是文化对员工经济行为的构建性研究的典范，该实验强调劳动者的感情基调对生产效益的潜在影响。伯纳德（Barnard）在霍桑实验的启发下，强调组织符号象征可被用于增加雇员们的责任感，借此凸显组织文化的表达功能。他关于组织认知的讨论也产生了较大影响。后来兴起的两个重要的组织文化流派——关注组织内部学习和决策制定的认知论和关注文化的目的性用途的符号表达论——都是以伯纳德的研究为起点的。

认知论擅长用认知心理学把经济模型变得更为写实。该学派的代表人物玛奇（March）和西蒙（Simon）强调，在组织生活中，习惯、惯例以及标准操作流程发挥了重要作用。另一位代表性学者萨克曼（Sakmann）侧重研究感觉形成的机制，区分了字典式知识、直接知识和获取性知识三种文化形态，并把合作性策略计划视为文化变迁的一种形式。符号表达论的研究基础则由伯纳德和塞尔兹尼克（Selznick）共同奠定。前者提出的管理者用符号来激励雇员的观点为后来组织正式仪式和正式文件的研究提供了重要启发；后者认为面对管理层的干预，组织性质可被视为一种合法的、格式塔式的抵制方式，此种观点引导后继学者对组织成员的价值观和情感给予更多关注。[1]

此外，在跨国企业全球化经营的过程中，企业内部成员之间的文化冲突和地域民族文化冲突也是分析全球产业链发展状况的重要因素。由于面临复杂的民族文化差异，跨国公司的经营管理策略是当地化经营，本质是跨文化管理。秦斌（1999：167~168）指出，企业文化的当地化是一种相互调适、适应的过程。在正视文化差异的基础上，不断进行文化融合以形成新的企业文化，是实现文化协同的有效手段。文化融合的结果是形成一种第三类文化，一种创造性文化。最好的企业文化是创造文化，使产业文化化。产业文化化强调把产业视作一个文化来进行发展，使得产业背后有文化实力做支撑。要把传统文化的符号和理念融入产业之中，使产业具有浓郁的文化基因，从而增强市场竞争力（王曙光，2016）。

产业文化化是现代产业发展成功的要素之一。我国乡村振兴的基本思路就是"一县一业""一村一品"，并以此为基础实现一村一景、一村一韵，总之就是围绕"特色"做文章。产业要有特色，离不开文化的注入和包装，而产业一旦有了特色，就一定会凝结成一种整体的产业文化，并有机地植入当地原始文化，引发地域文化的重构[2]。产业文化化的最典型表现是形成特定品牌，以及围绕品牌形成的生产、销售、服务乃至生活方式的配套体系。这是大部分不具备突出自然生态优势和地域传统文化优势的村落发展产业的基本思路。

---

[1] 参阅周长城（2003：349~350）。
[2] 国内较早使用并界定"文化重构"概念的学者是罗康隆，他认为"文化重构是指在族际文化制衡中，一种文化受到来自异种文化的一组文化因子持续作用后，将其中有用的内容有机地置入固有文化之中，导致该种文化的结构重组和运作功能的革新，这种文化适应性更替就是文化重构"。

乡村的传统产业，包括农、林、牧、渔等，都能够在产业文化化的过程中获得新的发展机遇。闫春华（2019）发现"河甸村育肥牛"这一产业品牌有效促进了传统养殖产业从"散放散养"向"舍饲养殖"的产业升级。程瑞芳、张佳佳（2019）在对尚义县蔬菜产业特色化的研究中，强调要培育特色蔬菜品牌化销售，培育区域品牌，解决传统产业的困境。诸如乳山牡蛎、缙云烧饼、商河花卉等极具地方特色的产品之所以能够脱颖而出，关键也在于创新推广，培养品牌。由此可见，品牌营造这一共性策略在现代化过程中的显著作用暗含了经济产业中文化因素的贡献。

（三）文化作为自变量的思考之一：两种范式

把文化作为自变量探讨它从外部和内部影响经济运行发展的研究，实质上分别属于功能主义和阐释主义两个范式。[①] 功能主义范式由马林诺夫斯基、拉德克里夫-布朗、帕森斯和默顿等人类学、社会学家奠定，阐释主义范式可以溯源到现象学、解释民族志学和符号学、解释学传统。两个范式的不同可从分析框架、分析模式和分析过程三个方面予以说明。

在分析框架上，两种范式的区别在于，它们在何种程度上定义了一个独立于、先在于经济系统的分析框架。在前述相关文献整理中可以看到，功能主义范式下的研究虽然强调文化的不同维度和变量，但它们都认同存在一种预先规定的一般性分析框架，可以用于所有相关研究。与此不同，阐释主义强调文化的突生性，它不会遵循一个固定的框架，而是随着分析的深入，结合环境与条件的变化来呈现经济行为与文化的互动过程，描述文化的术语来自具体分析。

在分析模式上，功能主义分析突出因果模型（causal mode），预先确定变量及变量之间的因果关系。功能主义者经常把文化作为解释经济发展的自变量，不同层次的分析都依赖因果链条。阐释主义分析更多采用关联模式（associative mode）。阐释主义者重视探究意义以何种方式与组织的或个人的经济行为联系起来，试图发现其中积极创造的意义。

[①] 这两个范式的提出，参考了 Schultz 和 Hatch（1996）关于组织文化研究领域的两个范式的观点，笔者认为，这两个范式对于经济社会学的文化研究同样适用。此部分内容参考了任敏（2020：79~83）。

在分析过程上，功能主义范式强调聚合思维，聚合的目的在于将文化分析的各个要素集合起来。经验研究从复杂的外在人造物和内在价值开始，通过把相对没有模式的文化归类为更有秩序和更精简的表达，建立起秩序性的理解。相较而言，阐释主义倾向于发散的叙事方式。发散分析的特征是研究者持续寻找更多的解释，发现新的联系，各个相关因素因此不断关联扩展。当一个关联激发出其他一连串解释行为的时候，相关关系就出现了。阐释主义与功能主义的思维路线并非完全对立，阐释主义可以通过生成关于世界观或规则的结论来聚合丰富多彩的描述。

范式是一系列关于本体论和认识论的假设，这意味着选择一个范式，就确定了研究的基本假设和基本方法。而研究范式的选择，既受到研究者的世界观、价值观的影响，也与研究对象的性质、研究要达成的目的有关。在社会理论的当代转向中，各种传统范式一改之前的互不相容之势，相互借鉴、取长补短，推动了理论体系的极大发展。范式之间的交流融合按照理论逻辑[1]在不断推进。

作为对此种趋势的回应，经验研究层面的范式关系同样需要调整。处理范式之间关系的方法一般有三种：排斥、整合和交叉[2]。文化与经济的互动内在地决定了单独使用某一种范式无法完全揭示两者之间的作用关系。文化的传播性、流动性、开放性决定了文化要素在与经济要素互动时，既可以作为一种既定的外部资源和环境条件对整体性的经济系统的性质、运行方向、运行质量产生重要影响，还能够不断适应经济要素的刺激和转化，实现次级层面的自我更新和创生，形成经济系统内部的文化要

---

[1] 亚历山大（2000）认为，对于科学的本质及其内部各因素之间的关系的把握，可以从实证主义（经验逻辑）和非实证主义（理论逻辑）两条路径展开。当前尤其需要重视理论逻辑，专注于理论之间的分析与综合，尝试将理论的观点还原或合并为种种特殊的非经验规则。

[2] 这三种处理范式之间关系的方法由 Schultz 和 Hatch 提出。排斥即不相容（incommeasurability），强调范式之间各自独立地发展和应用。各个范式在本体论、认识论和方法论上的差异构成了范式之间无法逾越的障碍。整合（integration）主张抛弃杂乱的范式，支持一个支配性的理论，用一个整体框架将建立在不同范式假设基础上的各种概念和理论内涵组织起来。交叉（crossing）关注如何在一个研究中同时应用多个范式。研究者承认和面对多重范式，而不是像整合理论那样简化忽略它们，或者像不相容理论那样拒绝它们。

素，对行动者的决策、行为发挥规范和形塑作用。文化与经济的这种动态关系决定了必须把功能主义范式和阐释主义范式有机结合起来，交叉使用。

对于文化研究范式的交叉使用，在本书中有几个前提需要关注。首先是文化的界定问题。文化的作用之所以如此多变，关键在于特定经验研究对文化的定义。文化表征为一个多层面的综合现象，内涵十分丰富。要在乡村振兴背景与现代化语境下深入探讨文化与产业的关系，必须要有一个适切的文化定义。其次，交叉处理本身还包含着四种具体策略：一是顺序（sequential）策略，即在一个研究中先后使用功能主义和阐释主义，一种研究方法的输出以另一种方法的研究结论为条件；二是平行（parallel）策略，即在研究相同事物时，同时使用两种方法，非前后顺序差别；三是桥梁（bridging）策略，即搭建范式之间的过渡桥梁，可以使用二层（second-order）概念作为桥梁来实现；四是相互为用（interplay）策略，根据研究的需要和对象线索，把两种范式的概念、方法杂糅在一起，相互辅助。对于这些具体策略的使用需要秉持一种开放的态度，本书并不局限于单一范式，而是根据需要灵活采用各种视角和策略。

（四）文化作为自变量的思考之二：文化自主性

前述学术梳理呈现了文化与产业关联的一个传统维度，即把文化界定为意义、价值、风俗、规范、观念与符号的总体，将产业经济视为一个相对独立的系统，从内外两个角度审视文化之于产业经济运行和经济发展的意义。这里的"内外"角度本质上都是把文化视为客观社会事实，具有相对自主性和独立性。这一学术立场在社会学内部具有悠久的历史。社会学的"功能主义"和"建构主义"一直存在这样一种倾向，即把文化作为一种半自主的领域或场域来分析，这种文化具有鲜明的内在特性和形式，不能还原为社会组织的外部情景。

1. 文化的自主性问题

涂尔干（Durkheim）在《宗教生活的基本形式》中试图发展一种"社会的文化逻辑"学说，该学说将文化看作一种相对自主的信念和人类实践的过程，而非单纯地看作一种外部结构（斯威伍德，2013：58）。他在书中考察了"集体表象"在社会生活中所发挥的作用,试图把仪式和象征形式作为实现社会整合、社会团结的重要纽带。在涂尔干看来,社会团结的前提条件是个体接受体现道德和普世价值的各种规范,并将之内化为他们所自愿追求的目的本身,而不是把它们看作与个体和群体利益相联系的相对价值。在这里,文化不是被界定为外在的、物化的和限制性的结构,而是体现在象征形式中的意义模式,这些意义通过价值和理念有效地统领着个体。文化既在个体之中,又在个体之外。文化被个体分享,其中普遍价值的存在确保了社会秩序所必需的规范共识,个体也借助文化开展相互交流。在这个意义上,文化就是一种生活方式。

帕森斯继承并发展了涂尔干的超越性价值观念及其以象征为中介的社会互动的文化概念。文化被他定义为被个体行为者内化了的个性成分、"模式化"的或者条理井然的象征系统,以及社会系统的制度化模式,是对人们的交流与互动过程起中介和调节作用的元素。帕森斯把文化界定为一个独特的领域或系统,试图以此把社会和文化系统区分开来,并把共同价值系统作为社会整合的重要前提。文化价值完全不同于社会系统价值,是最高级的规范性成分。文化作为象征性的意义系统,同时塑造着人的行为和人最终创造出来的产品。尽管帕森斯坚持了一种狭隘的共同文化概念(作为一种封闭的和终结的结构),且对文化价值的冲突考虑不周,但是他仍然强调了重要的自主原则,认为存在一个按照维持社会整合的方式发挥作用的、统一的、独立的价值系统,文化是一个由自己的特殊规律主导的独立领域。

在反对马克思主义文化机械论[①]的立场上,人文主义社会学与实证主义社会学是一致的。韦伯强调社会交往中意义的唯意志论基础,在其模式中,具体的物质力量无法引发人类行为,人类行为源自一个复杂的过程,包括思想和由文化价值驱动的各类行动者。新教思想为社会世界设计了一

---

① 出于对反物质主义视角的反抗,马克思和恩格斯特别强调经济力量的建构作用,将文化归结为观念的领域,作为经济决定性的附属。尽管,当他们的分析从抽象的理论和方法论的研究转向对不同历史阶段的经验研究时,总是会适当地强调"观念的"因素,但是在马克思主义的简化论的经济基础和上层建筑的模式中,文化实际上被政治和经济力量吞没了,并被理解为对意识形态的消极反映和"社会黏合剂"。

个特定的文化方向，新教教义涵括了现代资本主义的苦行精神，并为社会变迁的发生提供了必要的思想和动力。韦伯的研究突破了经济基础和上层建筑的机械模式，认为思想观念本身就是物质的、生产的力量，是一种积极的元素。这种思想观念就是理性主义，只有在西方社会才能找到这种独特的文化形式。行动者一旦内化了理性文化所产生的价值，就会产生促成特定行动模式的必要动机。此时，文化与社会变化联系了起来，而非西方社会在文化价值方面的差异则导致了不同的社会变迁走向。与涂尔干和帕森斯主张的"共同文化"的不同之处在于，韦伯建立的是一种文化分化模式，政治和经济、智力和科学、个人和性爱等价值领域都有自身内在的逻辑，它们在社会发展中具有自主性，每个领域独立于其他领域。

文化同经济和政治的分离反映了文化的独立自主，明确了现代社会结构的某些含义——社会世界没有统一的世界观，社会世界正在"去中心化"。多样性和分化代替了同质性和统一性（斯威伍德，2013：26）。可以说，社会学领域中的绝大多数理论都主张文化的自主性原则。只是，有的学者从单一维度理解文化自主性，寻求普世的和超验的价值，把自主文化视为支持社会秩序的文化制度和象征仪式；有的学者认为人类社会的价值是分化的，强调自主文化的多元性、异质性；有的学者只关注文化的内在属性，认为文化的自主性是个体和集体共同努力的结果，不是外界赋予的；有的学者则强调自主原则牢牢扎根在历史的特殊性中，不能成为非历史的抽象物。

2. 本书的立场

明确文化的自主性有利于分析文化同经济的关系。但是，文化的来源始终是无法回避的问题。文化的自主性不是从思想中凭空产生，而是在一定的历史语境中，从具体的经济基础或者社会和经济力量中产生出来的。文化的自主性程度会随着各个社会的不同情况而产生变化。在这个意义上，文化是相对自主、部分自主的文化。文化的部分自主性既是内在的，也是结构的；文化既是社会行动和社会变迁的条件，也是社会行动和社会变迁的结果。

文化的部分自主性意味着它不是一成不变的、静止的。文化在其产生过程中构成现在与过去的对话。文化不仅是生产的反映,其本身就是一种生产实践。在现代性语境下,文化生产并不是一个整合和统一的过程①。一方面,文化包含着积极的、反思的行动者,他们的集体行为形成了充满差异的社会和文化世界,使得文化总是陷于社会和意识形态的斗争中;另一方面,在历史进程的角度,残存文化、新兴文化和主导文化彼此之间展开了复杂互动②。

在分析文化与经济的关系时,既要关注经济基础、经济地位对思想、意义和价值的影响,也要承认文化的部分自主性,承认它既能引导社会变迁的方向和进程,也能在变迁过程中不断自我调适、自我进化。只有通过吸收积极行动者的概念,才能厘清和重新思考文化和经济之间的关系。

二 作为因变量的文化对产业发展的适应

如果说文化的部分自主性确立了文化相对于经济的内外部关系,那么"culture industry"(文化工业)概念的提出则在人文向度之外挖掘出了文化的经济向度。在前工业时代,文化生产与物质生产及经济效益相互隔绝。文化利用各种符号表述真理和情感,赋予世间万物各种意义,并且耻于言利。但是,进入工业社会以后,情况发生了巨大变化。工业社会提供的先进工具,使得文化生产力获得跨越式发展,文化的大规模批量生产成为现实。自此,文化生产在表述真理、情感、意义之外,开始显示出巨大的经济潜力。

(一)文化的经济性来源

文化走下神坛是"文化的悲剧",是文化现代性不断扩展的结果。一方面,文化多元化和独立自主的文化形式在社会分化的推动下大量出现;另一方面,文化形式转变为与人类行为和价值相分离的外在事物,而不再

---

① 区别于现代性文化,后现代文化并不是不可化约的和异质性的,而是一个整合和统一的过程,"差异"在这一过程中被吸收进一个基本结构。
② 威廉姆斯(Williams, 1977: 125 - 126)采用结构主义的层次概念,划分出文化生产的三个层次。残存文化大体上由过去的文化构成,现在仍然生命力旺盛,未必就是古老的;新兴文化包含新近发展起来的实践、意义和价值,能够对抗主导文化或提供新的选择;主导文化广泛地渗透在各种实践和经验中,力图将所有另类的和对立的价值都包容进来。

仅是体现人类活动和价值的文化产品。齐美尔尤其关注了新的生产技术如何创造出一个充斥着各种文化产品的社会、如何催生消费主义。现代文化呈现一个价值夷平的水平化过程，因货币化质为量的魔力，文化产品的内在价值被夷平为一定数量的金钱。齐美尔所说的"文化悲剧"正是这种把一切事物都简化为一个层面的倾向，"现代时期理性的、精打细算的本性反对先前时代更富有激情的、整体观的感性的人格"（Simmel，1991：28）。

在齐美尔看来，客观文化的势力在全面增长，其结果是出现了一种非人的文化，具有量化的、建立在金钱关系之上的、外在的典型特征（Simmel，1991：446-448）。在这种永不停息、不断高涨的狂热文化里，意义的核心失落了，文化这一原本关于意义和目的的领域变得外在化了。而且，随着文化客观物化程度的不断加剧，文化产品逐渐演变成一个相互联结的封闭世界，主体与其之间日益疏离（estrangement）。在另一个层面上，因为现代社会在制度上去中心化了，文化也因此越来越理性化。守时、精细和准确统领了一切文化领域，客观文化对主观文化的入侵和主宰加剧了两种文化之间的紧张。正是现代性的逻辑造就了现代文化的危机，它将富有创造性的主体变成了消极的客体，在把人类文化成果物化的同时，也消除了有目的的人类行为（斯威伍德，2013：37）。

齐美尔的文化理论整体而言采用的是上层建筑的分析框架，侧重理论分析与阐释，忽略了文化与行动者和制度之间的生动关联。事实上，这些行动者在具体语境中不断生产和再生产着文化。但是这样的学术局限并不妨碍他的研究为法兰克福学派对大众社会和文化的批判提供思想借鉴。法兰克福学派基于文化的对立性、批判性立场，认为文化应当成为一种对资本主义经济的非人性逻辑的抗议，一种与既有现实背道而驰的希望、价值和期待的表达。这种文化观表达了一种理想主义："它对孤立个体的需要报以普遍的人性，对肉体的苦难报以灵魂的美丽，对外在的奴役报以内在的自由，对野蛮的自我中心主义报以道德领域的责任。"（Marcuse，1968：98）

但是资本主义经济的发展并没有让文化在自主的道路上走得太远。资本主义为文化自主提供了结构性条件，文化被允许成为真实的自我、实现自己的愿望，但同时也释放出多种力量使文化的分化衍生成为可能。一言以蔽之，对文化的威胁直接来自那些使文化自主得以实现的因素。科学、技术、官僚、理性逐渐统治了现代社会，文化日益失去自己的批判功能，越来越受商品规则的影响。阿多诺尖锐地指出，文化一旦被形式或工具理性所支配，按照这样的方式策划和管理，主导文化的标准将不再是文化本身内在的，而是从外部强加的，文化必定无可挽救地受到损害，演变为文化工业①。

"文化工业"作为法兰克福学派批判美学的重要范畴，其批判性含义体现为：一方面，用艺术的外衣包裹各种文化产品向大众兜售，丰厚的利润所掩盖的真相是，大众的闲暇时间变为另一种被剥削的劳动；另一方面，它隐含着浓厚的资产阶级意识形态，表面上以温和的方式为人们创造恣意快感，却隐蔽地操纵着人们的身心。它用一种更加密不透风的控制，生产出更加坚不可摧的统治秩序，就像"社会水泥"一般，让人无处逃遁（张帆、刘小新，2012：351）。文化工业使工具理性完全凌驾于价值理性之上。

法兰克福学派的文化理论具有鲜明的决定论色彩和强烈的悲观主义倾向。实际上，文化的创造和再创造都深深根植于鲜活的历史进程中。社会整合不可能完全水泄不通、铁板一块，社会大众也不可能彻底变得消极而完全失去批判实践的能力。尽管如此，该学派的思想对于思考文化与产业的关系仍然有助益，其关于一种需求、价值、理念、品位可以转化为产品，而后在市场中成为商品，借助营销体系创造利润的思想为后来的文化产业发展提供了重要启示。

（二）西方文化产业研究的兴起

受到法兰克福学派的启发，后来的西方学者非常重视文化的经济价值，文化产业研究日益兴盛，形成了诸多核心问题，包括文化产业的界

---

① 文化工业理论是阿多诺和霍克海默在《启蒙辩证法》中首次提出来的。文化工业的历史语境是商品化了的大众文化。他们看到，现代工业社会控制人民的手段不是暴力，而是文化工业。

定、文化产业集群、文化产业政策等[①]。

1. 文化产业的界定

由于文化概念本身模糊不清,文化产业的界定也存在较大争议。学术界提出的能够替代"文化产业"的相关概念包括"创意产业"(creative industries)、"内容产业"(content industries)和"版权产业"(copyright industries)等。时至今日,"文化产业是什么"的问题仍然没有统一标准的答案。奥康纳(O'Connor)强调商品的文化价值能够创造经济价值,文化产业就是以经营符号性商品为主的活动,首先包括"传统的"文化产业和"传统艺术"。普拉特(Pratt)指出,文化产业与以文化形式出现的物质生产涉及的多种活动联系密切,它的巨大价值可经由特定的整体生产体系挖掘出来,该体系包括创意、生产输入、再生产和交易四个链环。芮佳-莉娜·罗马(Raija-Leena Luoma)用金字塔模型解释文化产业,认为艺术、经济、技术是文化产业的三个支点,每一个支点都发挥着不可或缺的作用。赫斯蒙德夫(2007)认为文化产业主要是营利公司,也包括国家组织和非营利组织等机构,它们与社会意义的生产最直接相关。

尽管西方学界对文化产业的界定莫衷一是,我们仍然能从诸多观点和争论中发现一些相同的核心内涵:文化产业首先是一种创造经济价值的商业活动;这种商业活动把具有创意的符号性商品和服务作为生产、销售的内容;这些商品和服务具有文化和艺术的内涵。学者们的研究使文化产业在人们的视野中逐渐清晰,对于指导文化产业的发展发挥着方向性作用。

2. 文化产业集群研究

产业集群是文化产业发展到一定阶段的必然趋势。空间聚集有利于降低成本、协调文化产业内部的关系、增强产业竞争力。斯科特(Scott)较早从生产和销售两个环节剖析了文化产业集群产生的原因和过程。德雷克(Drake)和格莱泽(Glaeser)分别从不同角度分析了地域对集群生成的影响,指出文化产业偏向在大城市集聚。弗罗里达(Florida)和普拉特(Platter)通过比较产业集群和文化产业集群之间的异同,归纳出文化产业

[①] 关于西方文化产业发展的三个方面,参考了方永恒、王睿华(2016)。

集群的基本特征及其生存发展的要素条件。

部分学者对产业集群的发展进行了典型案例研究。巴斯特（Bassett）详细描述了布里斯托尔文化产业发展的现状和类型，并从历史的角度梳理了该地区文化产业集群生成和发展的过程。贝塞尔特（Bethelt）通过探究德国莱比锡文化产业集群二次崛起的过程，发现对于文化产业的发展而言，与外界建立紧密关系具有积极影响。摩玛斯（Mommaas）系统考察了荷兰的五个文化园区，总结出发展文化产业集群的六大策略。

针对文化产业的集群化发展，少数学者也进行了评价。凯夫斯（Caves）等人认为集群能够节约经销商和顾客的成本，有助于提高创新速率，产生高回报效应，增强文化凝聚力。但是，也有学者认为集群化发展的绝对优势并不明显，作为一种分析工具对文化产业的分析力度并不突出。普拉特（Pratt）指出，从集群角度展开分析很容易将文化产业集群归并到一般集群理论中，突出经济变量而忽视非经济变量。吉布森（Gibson）也担心地域经济发展的失衡会因文化产业集群化发展而有所加强，大城市文化产业发展尤为发达的情况较容易发生。因此，不能简单通过集群来推动文化产业快速发展，还需要考虑社会资本等其他因素。

3. 文化产业政策与价值输出研究

在文化全球化背景下，世界各国都十分重视文化产业的发展，纷纷出台相应的政策法规以保护和扶植本国文化产业免受外来强势文化的冲击。文化政策也因此成为国外文化产业学界的主要研究内容。

文化产业政策的历史脉络是其中的一个关注点。巴斯特（Bassett）考察了英国文化政策的历史发展，比安钦（Bianchin）和蒙格（Menger）基于不同视角对欧洲文化政策进行了梳理。福瑞斯（Frith）、布劳恩（Braun）等学者则关注文化产业政策的分类。前者将文化产业政策分为产业型、旅游及装饰型和"文化民主"型。后者把文化产业政策分为创新、创业、融资、国际市场开发、创意集群、知识产权和其他相关政策等七大类。此外，文化政策的影响因素及其效应也是学术研究的重点。布朗（Brown）和康纳（Connor）通过比较两个英国北部城市，揭示了不同的文化政策对文化产业园区的影响和作用。孔（Kong）通过分析 20 世纪 90 年代英国文化产业政策，指出在构建国家文化政策的过程中，政治和意识形态至关重要。布雷克伍德（Brickwood）详细考察了欧盟的文化政策，指出就业是文化产业政策的核心。

文化产业发展与意识形态输出构成了西方国家对外文化交流的主要特征。西方国家的文化政策往往根植于其在全球化背景下的文化优势。马特尔（2013：447-452）指出美国的文化产业政策遵循"无为而治"的逻辑，在"无为"的表象下，隐藏着美国意识形态教化的意图。美国的文化产业政策实现了主导性与多样性相统一的内容构造、显性教育与隐性教育相结合的融入方式、法治规范和行业自律相结合的保障体制、市场主导和政府间接推动相结合的输出方式、文化与市场有机结合的运行机制，以及文化与科技相融合的创新方式（潘娜娜、任成金，2019）。除了上述几个方面，美国的体制力量是文化产业成功的关键因素。美国在内部发展出世界上最多元的文化产业，既积极支持以好莱坞电影、商业戏剧、流行音乐为代表的大众文化，也大力发展以艺术博物馆、高级交响乐团、大学出版社等为标志的"高雅文化"；既创造后现代的前卫文化，也包容反对美国体制的另类文化。在对外输出中，美国则利用文化优势，竭力向其他国家推销其文化产品，削弱其他国家的民族文化，破坏世界文化的多元性。总之，美国利用不同的梯级层面全面发展文化产业，获得了巨大成功。

对于美国如何通过文化的全球传播实现国家意志的有效传递的问题，马特尔在另一部著作《主流：谁将打赢全球文化战争》中进行了深入而精辟的总结：在文化产业领域，美国拥有令人艳羡的综合实力——世界上最强大的经济实力、成熟的市场经济运行机制、优秀而多元的文化产品、完善的文化产业法律体系。这一切使得美国控制和引领着现代文化的标准，主导和把控着全球文化的话语权，美国文化产业无须政府干预和保护就能实现全球化扩张。美国文化产业在国际社会的快速扩张正是这种"无干预的干预"和"无策略的战略"的累积作用的结果。

相较于美国政府的"无为"，英国政府的"一臂之距"和法国政府的"文化政治"也都适应了各自国家的价值取向和文化输出的要求。整体而言，西方国家文化产业推进是国家战略的有机组成部分，与政府的主导作用密不可分。鉴于文化产业具有较强的意识形态属性，中国的发展尤其要警惕文化帝国主义的影响，在文化产业领域巩固党对文化的领导权、提升产业竞争力。

（三）中国大众文化取向的产业发展研究

国内学者对文化产业相关问题的思考，取决于如何定义"文化"，这也体现出了强烈的学科取向。经济学（主要是文化经济学、产业经济学等分支）、社会学、管理学、传媒学等学科突出从"大众文化+传统文化"的视角出发，探讨文化产业化问题；民族学、人类学等学科的学者则倾向于从"地域文化+少数民族文化"的角度进行研究。

在经济全球化的语境下，国内学界深入认识了大众文化的多元性，对大众文化的积极意义和隐蔽的解放能量也有了崭新的认知。同时，民族传统文化也被纳入全球文化生产传播体系和全球市场的脉络中，各个国家、各个民族在文化领域的"符号和话语权"的争夺日趋激烈。作为一个国家或地区文化软实力的表征，"文化产业"已经成为全球文化竞争和经济竞争的重要力量和关键领域。此外，传统大工业生产的生态悖论也凸显了文化产业的环保性、清洁性、安全性。对于发展中国家而言，依赖本民族的文化资源发展文化产业，无疑是实现社会整体均衡协调发展的有效路径。

时至今日，"文化产业"已经逐渐发展成为一个中性概念，指代文化与产业结合的状况。联合国教科文组织将其定义为"创造、生产以及销售内容的产业，这些内容受到知识产权保护，并以产品和服务的形态呈现"（杭敏、李唯嘉，2019：18）。文化产业经常被等同于"内容产业"、"创意产业"或者"版权产业"（刘蔚、郭萍，2007）。孙安民（2005：10）指出文化产业的生产活动范围包括核心领域和相关领域两部分。核心领域围绕文化产品的直接生产活动展开，采用创作、制造、传播、展示等形式把文化产品（包括货物和服务）推送给大众，直接满足人们的精神需要，具体表现为内容创作生产、创意设计服务、新闻信息服务、文化投资运营、文化传播渠道和文化娱乐休闲服务等活动。相关领域则是围绕文化产品生产的辅助性活动，包括文化辅助生产和中介服务、文化装备生产和文化消费终端生产（包括制造和销售）等。作为一种新兴、环保、可持续型的产业，文化产业已经受到了各国政府的高度重视。中国也把文化产业作为支柱型产业加以支持和建设。学界围绕这一目标，展开了积极的思考。

问题一是我国的文化产业竞争力如何、如何评价我国文化产业的竞争力。祁述裕、殷国俊（2005）从推进我国文化产业国际竞争力的角度，强调了政府行为是评价文化产业国际竞争力的一个重要因素，为我国政府主导文化发展提供了学理证明。赵彦云等（2006）不仅对"文化产业竞争力"进行了界定，还构建了评价指标体系，按照"生产者＋人力资源＋文化资源和设施→文化产品和服务的生产→商业和公共文化消费市场"这一完整的产业内产品和服务的生产与消费过程，从文化产业中商业、艺术和公共文化3个主要方面对36个省级行政区划的文化产业发展状况进行了实证分析。他们的研究从整体上描述并评价了我国各地文化产业发展的基本状况，有利于全面把握我国文化产业发展的现实问题并明确改进方向。在文化产业国际比较方面，蓝庆新、郑学党（2012）根据IMD和WEF[①]竞争力理论构建了指标体系，对世界经济排名前20的国家数据进行了分析，揭示了我国与发达国家在文化产业发展方面的差距。他们的研究在应用层面能够为我国的文化产业发展提供指导。

问题二是我国的文化产业如何凸显自身特色、增强竞争力。文化产业也需要集群化发展，形成规模效应。将集群空间集聚形式应用到文化产业中来便可形成文化产业集群，但是文化产业集群生成和发展需要很多结构性条件，包括优良的社会发展环境、政府的财政投入和金融业的支持等外部条件，以及文化产品或服务生产条件、文化市场消费条件、规模化辅助产业支持条件等内在要件。当然，不同地区、不同产业文化集群的发展策略也存在差异。厉无畏、于雪梅（2005），刘丽、张焕波（2006），袁丹、雷宏振（2014）等学者分别考察了上海、北京、陕西等地区文化产业的发展状况，陈倩倩、王缉慈（2005），李蕾蕾等（2005），钱紫华等（2006）基于不同的视角和分析工具，分别探讨了音乐创意产业、城市广告业集

[①] 瑞士洛桑国际管理学院（International Institute for Management Development, IMD）和世界经济论坛（World Economic Forum, WEF）是目前国际上从事竞争力评价最著名的两家机构，其研究成果极具影响力。

群、油画产业集聚体的发展模式。这些研究对于深入持续推动我国文化产业的发展极为有益。各地区、各文化领域需结合自身优势，合理运用各种条件实现文化产业的集群化、规模性和互动性。

问题三是政府在文化产业发展中扮演何种角色、政府应如何在政策层面助力文化产业发展。文化产业政策是政府基于一定时期内文化产业发展现状和变动趋势，根据国民经济和文化发展要求，以市场机制为基础，规划、引导和干预文化产业形成和发展的系统性文化主张（胡惠林、单世联，2006）。政府对于文化产业发展的政策助力，既可以从结构政策（制度、组织、产业布局等）、发展政策（准入、投融资、财税、对外贸易、价格、反垄断等）、关系协调政策（营利性与非营利性、本国文化产业与国际文化产业等）方面着手（胡惠林，2007；刘艳红等，2006；杨吉华，2007；等等），也需要结合具体行业（例如动漫产业、数字出版产业、网络文化产业、文艺体育产业等）的发展需求进行针对性分析与评价。

问题四是在实现这一目标的过程中，如何对待传统文化，并合理推进传统文化的现代化转化及利用。就发展中国家而言，无论是出于满足国民不断增长的精神文化需求，还是应对经济全球化和文化全球化的挑战，都必须高度重视文化产业的发展。近些年，在政府主导和大力推动下，中国的文化产业获得了长足发展，尤其强调从传统文化中汲取能量。但是不可否认，至今我们的文化产业发展所使用的一套话语都承袭自西方。西方强势的大众文化发展模式中的市场、商业、资本逻辑被简单应用到传统文化资源的开发利用中，造成很多不良后果：为了商业意图任意修改、杜撰、臆造文化传统；部分传统文化为了迎合大众趣味，被大众传媒肤浅化、通俗化、娱乐化、扁平化；盲目建设文化园区，低水平重复或模仿，无视地方人文资源、经济基础、硬件条件，造成浪费和混乱；忽视对民族文化品牌的建设与保护，导致其在文化产业链条中居于中低端位置等（张帆、刘小新，2012：352~354）。

面对本土文化产业发展中的误区和问题，学者们也展开了深入思考。首先，是对于我国文化产业发展的政府主导模式的反思。在文化产业长足发展的背景下，政府需要转换自身角色，从单一模式转变为多元模式，从主导推动模式转变为政策引导模式。与经济生产不同，文化生产有其自身的发展规律，需要漫长的历史积累和向下扎根的持续努力。其次，在文化产业发展被国际资本渗入、参与国际市场竞争的背景下，对坚守文化自主权的问题也要重新审视。在全球化时代，民族文化要积极参与对话交流，勇于面对竞争和交锋。保卫民族文化更有效的办法是使之活在当下。发展中国家的文化产业发展不能依附于发达国家，必须自主创新、自信开放，积极参与当代世界文化新秩序的建构。

从"大众文化+传统文化"角度出发，对中国文化产业发展的研究隐含着一种关于文化的假设，即中国的传统文化是一个文化整体，它以整体面貌回应文化全球化、文化同质化的挑战。中国文化内部的多样性都被有机整合进中华文化的大框架中，这无疑加深了文化产业的厚度、增强了文化产业的竞争力、筑牢了文化产业的根基。

三 中国区域特色文化产业发展研究

中国学者研究文化产业的另一个思路是从"地域文化+少数民族文化"的角度探讨区域特色文化产业发展和区域经济发展问题。这一思路将眼光从世界体系、国际关系等外部探查转向中华文化体系的内部构成，着重从地方文化与区域发展的关系中探寻地域、乡村、少数民族地区的发展之路。

此种视角下的"文化产业"最初仅指手工生产的工艺产业和地方民俗产业。我国台湾学者陈其南（1995）指出，"文化工业"是大批量生产标准化的、同质化的、大众化的流行品味，并最终操纵和主导了原子化的个体。相比之下，"文化产业"强调地方传统性、文化产品的个性和人文精神价值。只有小规模的手工艺生产能够实现文化的个别性、创意性，大规模的机械复制是无法做到这一点的。这代表着 20 世纪 90 年代中后期台湾人文学界对"文化产业"的全新定义，它把文化生产力从法兰克福学派批判模式的束缚中解放了出来。这种新的阐释无疑缩小了"文化产业"的外延，限制了其内涵，并没有涵括流行文化元素。大陆学界则正视了"文化的发展的确包含了经济和产业的意义"这一现实，强调特色文化是地区经济、社会发展的基础性优势。在现代性和城市化的不断扩张下，文化及其表现形式日趋同一，区域文化的个性化特征面临着被消解的风险。在此背景下，差异性、独特性的文化更容易激发审美疲劳的人们的浓厚兴趣，此类文化的市场需求便应运而生。地方特色文化被保护和被展示的价值和意义由此而来，其市场空间也相应生成。在此基础上，学者们积极探索特色文化资源产业化发展的路径。

（一）中国区域特色文化的划分

区域作为一个空间概念，不同学科的理解存在明显差异[①]。社会学把"区域"作为在语言、宗教、民族、文化等方面具有某种相同社会特征的人群的聚居社区。区域不仅具有相对独立的地理环境，而且在文化内涵和特质上与周边地区也明显不同。许倬云（2006：1）指出，从文化的角度来划分中国，所产生的文化区域明显有别于行政区域。行政区域有明确的边界，但是文化区域难以有显而易见的边界。

在区域文化的划分标准上，主要有三种观点：地理相对方位标准、地理环境特点标准、行政区划或古代疆域标准（路柳，2004）。有些学者依据地理相对方位标准区分了我国的区域文化。陈凯、史红亮（2014）认为，我国的区域文化早在新石器时代就已经形成，包括黄河流域、长江流域、珠江流域和以长城一带为中心的环燕山文化区。苏秉琦、殷玮璋（1981）划分出北方（以燕山、长城南北地带为中心）、东方（以山东为中心）、中原（以关中、晋南、豫西为中心）、东南部（以环太湖为中心）、西南部（以环洞庭湖与四川盆地为中心）、南方（以鄱阳湖、珠江三角洲一线为中轴）六大文化区。这六大区域都有各自的文化渊源。有些学者强调地理环境的特点。例如许倬云（2006：2）把中国区域文化划分为七种类型：①内蒙古地区，以沙漠、草原为主；②东北地区，以森林、山地为主；③黄河中下游地区，以黄土高原、黄土平原为主；④长江中下游地区，湖泊、河流众多；⑤自北向南的沿海地区和岛屿；

[①] 经济学把"区域"理解为一个相对完整的经济单元，政治学把"区域"看作国家实施行政管理的行政单元。

⑥西南地区，有高山、盆地和纵横谷地；⑦西北地区，遍布高山和高原。

也有把前两个标准结合起来的做法。赵向阳等（2015）基于GLOBE文化习俗框架，划分出雪域高原文化圈、西南山地文化圈、农耕-游牧接壤文化圈、黄河中下游文化圈、长江中下游文化圈、东南沿海海洋性文化圈和国际文化大都市文化圈。杭敏、李唯嘉（2019）将中国的区域文化划分为东北森林农耕文化圈、沙漠草原文化圈、黄河中下游文化圈、长江中下游文化圈、东南沿海文化圈、西南山地文化圈和雪域高原文化圈。从古代行政区划或疆域的标准所做的区分是最传统的，三秦文化、三晋文化、燕赵文化、齐鲁文化、楚文化、吴越文化、巴蜀文化等是最为人熟知的。

上述依托地理位置和自然生态特征进行的划分，实质上涵括了一种特殊的文化资源。这种文化资源形成于中国区域文化圈内部，由生活在特定区域的少数民族创造，具有鲜明的独特性、稀缺性、不可复制性、自发性及创意性。区域和民族联系紧密，区域文化中包含了民族特点，民族文化中隐含着地域特征（杭敏、李唯嘉，2019：15）。我国55个少数民族在地理分布上，整体呈现大杂居、小聚居的特点。"小聚居"体现在少数民族往往聚居于自治区或者汉民族为主区域中的一县、一乡、一村。少数民族聚居区不仅具有自然景观、生态资源的独特性，还是一个社会文化系统，包含一整套特定的观念、习俗、礼仪、生产生活方式等。这些社会文化要素是区分社会群体、标明其身份特征的重要标志。我国的西藏自治区、宁夏回族自治区、新疆维吾尔自治区、广西壮族自治区、内蒙古自治区和少数民族分布较为集中的贵州、云南、青海三省都是拥有丰富的民族、民俗文化资源的区域。

从理论层面来看，我国的区域文化划分的空间概念是比较宽泛的，一般一种区域文化往往跨越数个省、直辖市或自治区。但是在实证调研或田野调查中，学者们通常会选择该区域中最具典型性、代表性的点（城市、乡镇或村庄）来进行研究。

（二）区域特色文化产业的发展

发展特色文化产业是国家层面的重要战略。地方的、民族的特色文化为区域产业发展奠定了资源基础。区域特色文化产业的发展有两大特点，一是产品和服务的生产具有鲜明的独特性和差异性,因此具有一定程度的稀缺性,是难以复制的;二是能够有效带动地方经济发展,包括支持产业结构调整、增加产品附加值和改善就业前景等。我国特色文化资源非常丰富,区域特色文化产业具有广阔的发展空间。2012年,中共中央办公厅、国务院办公厅印发《国家"十二五"时期文化改革发展规划纲要》,2014年文化部、财政部联合印发《关于推动特色文化产业发展的指导意见》对特色产业发展进行整体规划和布局。近年来,区域特色文化产业发展势头良好,各地文化资源沿不同路径开启了创意转型、开发利用之路。

1. 文化+数字技术

区域特色文化通过与互联网等数字技术结合,增强自身的传播力。现阶段,与互联网等数字技术相关的产业形态作为最大的经济增长点,正逐渐上升为主导性产业。我国很多少数民族文化具有较好的表演、观赏性,能够通过影视、漫画、工艺美术等方式实现传统文化创新发展。动画片《阿凡提》,电影《五朵金花》《刘三姐》《冰山上的来客》等作品是我国少数民族文化早期的触屏之作。2016年,传统藏戏与科技创新相结合,八大剧目[①]实现舞台化、数字化,结束了"无剧本"的历史。随着WAP手机版、电脑版"中国·拉萨·藏戏网"的建成,"藏戏迷"们足不出户就可以在移动客户端或电脑上观看藏戏经典名家名段表演。同年,蒙古族史诗《江格尔》也推出了动画版,在爱奇艺等各大网站播出。[②]

2. 文化+旅游

文旅融合发展是当前文化产业化的重要路径。文化是旅游的灵魂,旅游是文化的具象表现。文旅融合让旅游产业更具文化特色和文化气息,有助于深挖旅游产业结构,创新旅游产品,提高旅游产品的档次和品位。同时,旅游产业的发展可以为文化传播提供更丰富的载体和更宽广的传播渠道。两者的融合为彼此的发展赋予了新的活力。

文化能够为旅游提供极其丰富的内容。首先是复杂多变、气象万千的

[①] 藏戏八大剧目包括《文成公主》《朗萨雯波》《直美衮登》《卓娃桑姆》《苏吉尼玛》《顿月顿珠》《班玛文巴》《诺桑王子》八部作品。
[②] 详细可参见孙峾、吕爱军(2018)。

自然景观，如奇峰险山、名湖大川。其次是历史悠久、创意非凡的人文资源，如：风格迥异的民居、寺庙、陵墓、王宫，寓意丰富的地方或民族传统节庆仪式，工艺精湛的手工艺品，高雅精致的诗词歌赋、口述故事，以及富有特色的日常生活习俗，等等。

学者们也多方面、全方位地对文旅融合发展进行了研究。部分学者围绕某种文化符号，探讨其与旅游产业发展的关系。塞莉（2018）以"格萨尔"史诗产业化发展过程为例，探讨了民族文化产业发展的思路和路径。毕曼（2018）借助恩施土家族"女儿会"，深入分析了民族文化产业化发展中的"本土"与"外来"、"守护"与"激活"、"模仿"与"创造"、"原真"与"仿真"四大矛盾。牛乐等（2020）以宁夏回族自治区为例，探讨了民族手工艺如何借助文旅融合发展之势实现转型与发展的问题。杨耀源（2021）从理论角度出发，指出了少数民族非物质文化遗产保护性旅游开发的现状和问题，并提出了相应对策。耿舒畅等（2020）以大梨树村少数民族民俗馆为例，反思了该民俗馆在设计、资源利用和管理中存在的问题。这些文化符号形态各异、形式多元，由一个民族或特定地域的群体在漫长的历史过程中创作、传承、积累而成，具有鲜明的文化特色，凝练地表达了该群体的思维方式、信仰风俗、审美情趣和民族情感等。对于民族文化符号的保护、传承和利用问题引发了政府、学界和社会的广泛思考。

另一思路是从整体性文化体验的角度来分析旅游产业发展与地方建设的关系。肖青等（2014）系统考察了西南地区的少数民族村寨生态，对民族村寨生态环境与生态文化的现状、特点进行了总结，并尝试构建相应的评价指标。王学文等（2015）通过对云南、贵州6个少数民族村寨进行民族志式的深描，深入探讨了民族村寨文化遗产保护与社会发展问题。郭景福、张扬（2016：224～241）以内蒙古阿拉善盟、内蒙古鄂温克族自治旗、云南红河哈尼族彝族自治州、吉林延边朝鲜族自治州旅游业发展为例，指出民族地区旅游业的发展要把生态保护置于战略之首，以点带面，培育"村寨游""农家乐"，发展特色品牌文化旅游，加强旅游纪念商品的开发与经营。王超、吴倩、王志章（2018）采用实证研究的方法，对贵州黎平县肇兴侗寨、丹寨县蚩尤文化园、金沙县温泉村展开了调研，深入探讨了贵州民族地区特色旅游产业发展与精准扶贫之间的关系。杭敏、李唯嘉（2019）也通过内蒙古呼伦贝尔市陈巴尔虎旗草原旅游、辽宁盘锦市中央堡田园文化旅游综合体、山东东平县水浒文化主题公园、江苏苏州刺绣、福建布袋戏、贵州丹寨县石村古法造纸、青海黄南州热贡画院七个案例，分别探讨了沙漠草原文化圈、东北森林农耕文化圈、黄河中下游文化圈、长江中下游文化圈、东南沿海文化圈、西南山地文化圈、雪域高原文化圈区域特色文化产业发展的路径。

"特色小镇"[①] "特色村寨" "历史文化名镇名村"[②] "美丽乡村"[③] 是近年来在社会建设过程中涌现出来的优秀典型。各地都能够针对自身经济文化发展情况和地方特色，因地制宜地创造文旅融合的亮点。何育静、江俭霞（2020）指出，文化内涵是特色小镇发展的生命力，能够增强小镇的社会文化吸引力，让人获得充实的感官与审美体验。唐艳军（2020）介绍了广西少数民族特色村寨依托当地资源禀赋、融入民族和区域特色，培育和发展旅游业、特色种植业、民族传统手工业等特色优势产业的基本情况及其面临的困境。李忠斌、骆熙（2019）针对特色村寨文化产业发展提出了系统的评价体系，对于评价旅游产业发展的质量具有积极意义。殷群

---

① 2016年，国家发展改革委、财政部以及住建部联合推出特色小镇培育工作，计划到2020年，在全国范围内培育1000个左右各具特色、富有活力的休闲旅游、商贸物流、现代制造、教育科技、传统文化、美丽宜居等特色小镇，引领带动全国小城镇建设。参见《住房城乡建设部 国家发展改革委 财政部关于开展特色小镇培育工作的通知》，https://www.mohurd.gov.cn/gongkai/zhengce/zhengcefilelib/201607/20160720_228237.html，最后访问日期：2024年4月2日。

② 2003年起，由建设部和国家文物局共同组织评选的，保存文物特别丰富且具有重大历史价值或纪念意义的、能较完整地反映一些历史时期传统风貌和地方民族特色的镇和村。参见《关于公布中国历史文化名镇（村）（第一批）的通知》，https://www.mohurd.gov.cn/gongkai/zhengce/zhengcefilelib/200312/20031201_157345.html，最后访问日期：2024年4月2日。

③ 中国共产党第十六届五中全会提出建设社会主义新农村的重大历史任务，并明确了"生产发展、生活宽裕、乡风文明、村容整洁、管理民主"等具体要求。2008年，浙江省安吉县正式提出"中国美丽乡村"计划，出台《安吉县建设"中国美丽乡村"行动纲要》，在全国产生了强烈影响。2014年，农业部开展了中国最美休闲乡村和中国美丽田园推介活动，经过地方推荐、专家评审和网上公示等程序，认定了一批最美休闲乡村和美丽田园，其中不乏特色民居村、特色民俗村和历史古村。参见《绿水青山 大美安吉——十年中国美丽乡村建设综述》，http://www.anji.gov.cn/art/2018/3/23/art_1229211477_55020690.html，最后访问日期：2024年4月2日。

(2012)运用个案研究,探讨了云南腾冲、和顺古镇两地的社区参与对历史文化名镇旅游管理的影响。他认为,社区参与和旅游发展相结合,是文化遗产、旅游以及居民三方共同获益的有效路径。陈涛(2017)以西藏昌珠为例,从文脉修复的视角分析了历史文化名镇的保护与治理策略。张继焦、侯达(2021)从新古典"结构功能论"的研究视角出发,对贵州省雷山县西江镇、云南省孟连傣族拉祜族佤族自治县娜允镇、贵州省习水县土城镇3个国家级历史文化名镇进行了深入分析,指出在"传统—现代"转型中,历史文化名镇具有创新结构与功能的主动性,能够促进产业与文旅的融合发展,从而推动古镇的整体发展。创造性转化、创新性发展与创新性保护才是民族地区历史文化名镇"传统—现代"转型的正确路径。

3. 文化 + 农业

在某些地区,种植业和养殖业的发展是在传统产业的基础上,融合产业文化创新特色农业的过程。程文明、王力、陈兵(2019)以新疆棉花产业为例,探讨了新疆棉花产业提质增效的动因、困境和对策。方清云(2019)在经济人类学视野下,基于对浙江景宁畲族自治县特色茶产业的调查,反思了民族特色产业规模化发展的过程、困境和经验。杨西平、张志恒等(2013)较为全面地介绍了西藏农牧特色产业的发展历程,并对西藏特色畜牧业、特色饲草业、牦牛改良、特色畜产品加工业等产业的发展战略进行了整体思考。这些地区种植业和养殖业的发展历史都较为悠久,新疆地区种植棉花的历史有2000多年,景宁县畲族种茶也有近千年的历史,西藏地区人们的生产生活自古以来就和牛羊结下了不解之缘。这些地区传统的农业文化为产业的现代化转型升级奠定了坚实的基础。

4. 文化 + 公共服务

通过政府购买的方式,把少数民族传统文化转变为公共文化服务产品,以满足各族群众对美好生活的需求是这一路径的基本内涵。藏族的锅庄,蒙古族的安代舞,土家族的摆手舞,黎族的竹竿舞,苗、侗、水等民族的芦笙舞等,韵律明快节奏强、动作简单幅度小,非常适合于改编成广场舞,在群众中推广,实现"休闲 + 健身 + 民族文化交流"的多重功能。闫艺、何元春、廖建媚(2020)以新疆地区为例,借助文化生态学视角,提出了基于开发方式生态化、展演方式集群化、健身功能休闲化、产业融合项目化的少数民族传统体育文化资源开发模式。

总体而言,区域特色文化产业的发展,以特色文化为核心,创造了"文化+N"的新业态,如"文化+农业""文化+教育""文化+旅游""文化+数字""文化+养老""文化+互联网"等。文化与其他产业的融合助推了地方经济的转型升级,促进了地方社会的和谐稳定,实现了地方文化的繁荣发展。区域特色文化产业化也是文化对产业发展的适应。在"大众文化+传统文化"的产业化中,以汉族为主体的地区在文化产业发展中率先直面西方强势文化产业的挑战,作为中国文化的主体开启了产业化、现代化、大众化、国际化之路。在"地方文化+民族文化"的产业化中,广大农村地区、民族地区的文化产业化是发展特色产业、脱贫致富、振兴乡村的必由之路。

(三) 对区域特色文化产业研究的思考

区域特色文化产业发展研究秉持"地方文化+民族文化"的视角,多角度探讨了文化与产业融合发展的多种途径,突出了特定地域空间、特定生活群体的文化独特性在产业发展中的作用。考察区域特色文化产业发展的基本做法,一是"以点带面",即通过典型案例来反映区域发展,从一个地区的文产互动中提炼区域特色文化产业发展的经验和问题;二是借用大量统计数据综合概述区域产业发展的整体情况。前者容易发生以偏概全的谬误,后者则容易忽略村落发展的具体情况和特殊问题。鉴于"一村一品"的全面贯彻,以及村委会作为中央政府在农村地区基层治理末梢组织的定位,把文化与产业互动研究的单位定为村落是较为合适的。

但是,纯粹以村落作为研究单位的选择也极易陷入个别化和特殊化,难以发现乡村发展背后的相对普遍性和一般性规律。借助理想类型的方法,对乡村发展中文化与产业的关系进行深层挖掘有助于摆脱分析的复杂性,通过适度简化两者的关系来把握它们之间的互动规律。理想类型作为一种独特的社会科学抽象方法,是社会学家韦伯为了避免历史学派个别化和特殊化的研究方法的缺陷而提出的。理想类型具有高度的概括性、抽象性,来源于经验事实,但又不同于经验事实。它是在对繁多的经验进行整理后，发现其中具有共性或规律性的东西，使之成为典型的形式。理想类型在现实中并不存在，只是一种分析工具。在我们的研究中，尤其需要把乡村发展中文化与产业的关系作为一个典型视角分离出来，从这个角度出发提出几种存在某种内在关联的理想类型，以便对乡村发展进行文化—产业互动维度做出内在一致的整体理解。

已经有学者在这个思路上展开了相应的研究。Ray 提出了文化经济（culture economy）的概念来指涉后工业时代文化对农村发展所产生的作用。文化经济包括四种模式：其一，通过商业化运作，将文化转化为地方产品或服务，或者将地方认同整合进本土产品或服务；其二，借助包装将文化认同融入地方发展规划；其三，建构或者重新挖掘文化的地方认同；其四，聚焦于一系列发展路径。"文化经济"这一概念体现了地方文化在农村发展中的作用。

从经济资本角度审视，地方文化具有可开发的经济价值，是农村发展的重要资源；从文化资本角度审视，地方文化是农村地方的一种标识，是农村居民身份认同、地方认同的重要依据。面对全球化时代西方文化的强势冲击，地方文化认同有助于增强个人的幸福感。邵明华、张兆友（2020）指出，特色文化产业作为一种特殊的文化产业形态，具有资源区位性、文化传承性、分散多样性、文旅互动性等特征。按照发展战略和要素适用性标准，特色文化产业的发展模式可归纳为资源内生型、创意升级型、科技转化型、政府推动型、文化授权型五种模式。

杭敏、李唯嘉（2019）对文化与产业关系的分析思路值得借鉴。他们首先基于文化资源的特点对特色文化产业进行了分类：核心层和外围层。核心层是基于文化和自然遗产，表演和庆祝活动，服饰、手工艺和建筑设计，特色文化主题园区、街区、小镇（聚焦于某一特色文化产品或服务），特色文化主题园区、街区、小镇（难以聚焦于某一特色文化产品或服务）五类文化资源的产业。外围层包括书籍、报刊、音像和交互媒体等产业。在此基础上，两位学者又依据对文化资源的开发方式，把核心层的特色文化产业开发分为"聚焦型"和"复合型"两类。"聚焦型开发"包括前述四种产业类型，"复合型开发"仅指第五种产业类型。

上述研究对乡村文化与产业发展的关系研究的启发可归结为两个方面。其一，要明确乡村文化的内涵与外延。或者是精神心理层面的地方认同，或者是可观赏、可体验的文化符号，或者是物质、制度、精神的有机结合。尤其需要对村落产业发展的文化资源进行分类。前文关于文化与产业关系的梳理充分说明，能够对产业发生作用的文化形态非常多元，村落产业发展的文化资源不尽相同。在某种程度上，文化资源决定着产业发展的基本方向和定位。其二，关注文化资源的开发方式、挖掘文化对产业的作用机制是必要的，但是不能把文化仅仅作为自变量。事实上，文化与产业结合之后，便开始发生深刻的变化。文化不仅影响着产业，也受到产业的改造。

第三节 乡村特色产业发展的文化效应

无论是文化产业化或是产业文化化，都是把文化生产与物质生产以及经济效益结合在一起，造就了文化生产力的不同形态，也引发了乡村文化的转型与变迁。农民逐渐告别了他们赖以生存的土地，改变了世代沿袭的风俗习惯，生产生活方式和价值观念等都发生了明显变化。

一 物质文化的变迁

（一）生产方式变迁

生产方式是在生产过程中，人与自然、人与人之间围绕社会生活所必需的物质资料的谋取方式而形成的相互关联的体系。随着乡村产业的发展，乡村的生产方式也会改变。以乡村旅游产业发展为例，旅游产业发展后，乡村生产方式的变迁主要表现为以下几个方面。

农村产业结构发生变化。我国农村地区以农业为主的单一经济结构制约了乡村经济发展。乡村产业结构大部分以第一产业为主，二、三产业所占比重极低。在此背景下，旅游业作为第三产业的重要部门，它的发展改变了农村地区的产业结构，为当地经济发展注入了新的活力。乡村以其自然环境和当地特色产品为依托，不断提高乡村旅游的吸引力，农业生产有所弱化且基本围绕旅游业需求进行，农业生产逐渐转变为旅游业的附属经济领域，传统农业也开始向市场农业方向发展，推动了当地农业的现代化和集约化。

生产方式的变化带动了农民生计方式的变迁。旅游开发后，村民们在传统农业劳动之外，又获得了一系列与旅游相关的新劳动方式和新"工作"机会。围绕游客的多元化需求，村民们开辟出了观光体验、旅游表演、农家乐经营、土特产销售等直接服务于游客的多种经济活动，旅游带来的非农化收入所占比例逐渐高于农业生产收入的比例，农民逐渐从以前固守在土地上的单纯农业生产中解放出来（高婕，2013）。一些比较有经商意识的人开设农家乐旅馆和饭店，招待游客和考察团队。与农业收入相比，旅游收入相对轻松且收益高，村民的积极性被激发，许多村民都是农业生产和打工两不误，生计方式也变得多样化。乡村旅游的发展，还带动了服务业与运输业等行业的迅速发展，经济结构多元化的格局逐渐形成（崔榕、崔蕤，2014）。

农民生计方式的变迁，赋予了生产工具新的功能。随着景区一切事物都被贴上民族文化的标签，农业生产工具作为民族文化的一部分，也成为特色旅游中的文化静态展示物，被赋予向游客展示民族传统生产文化的功能，提供了丰富的文化价值和审美价值。

（二）生活方式变迁

伴随生产方式的变化，民族乡村居民的生活方式也发生了巨大改变。在衣着服饰方面，服装的布料、制作方式及功能与过去明显不同。服饰和发饰趋于简便，手工刺绣也逐渐被机绣代替，传统手工自制的麻布基本消失。一方面当地百姓不再穿戴传统服饰，而是将服饰作为民族文化物品向游客出售或出租，服饰的实用功能减弱；另一方面传统服饰的用料、色彩、图案和造型都有所变化，融入了更多现代元素，改造后的民族服饰更具美感，其实用功能逐渐被审美功能和经济交换功能所取代。

在饮食方面，为了迎合游客的口味，地方传统的饮食习惯也慢慢调整。一些地区在旅游开发之前，生活食材比较单一，当地百姓日常饮食的材料大都是自己耕种的粮食蔬菜及自家饲养的牲口。但随着旅游的发展，外来游客逐渐增多，村民们自产的饮食材料和烹饪方法已无法满足游客的需要，需从外面运进食材。食材日益丰富，烹饪方法和菜品也更加大众化，原本单一的饮食习惯被打破。

民居建筑及居住习俗是居住文化的载体和表征。乡村旅游业的发展改变了原有的产业结构，随着乡村与外界接触得越来越多，乡村的生活环境发生了很大改变，民居建筑也改变了原有风格，在材料选用、形制结构、内部装饰等方面更加接近现代城市，无形中降低了乡村旅游中的建筑文化特色（陶彦平，2020）。一些村寨千百年来聚寨而居的传统居住习惯也随着旅游开发而发生了巨大变迁。村民们从高山向河谷平坝迁徙，新建民居基本都是沿着河道、公路两旁修建。屋内装修时尚，陈设现代化，铺地砖、粉白墙，客厅放置沙发、电器，有席梦思床、卫生间等。村寨的传统民居被遗弃，少数人所掌握的传统民居建筑工艺也没有了用武之地，处于不断演变的阶段（王挺之、李林，2009）。

在交通运输方面，乡村旅游开发之前，一些村寨的主要交通工具是用驴、骡、马拉的铁箍木轮大车，或直接用驴、骡、马托运，还有人使用独轮小推车，交通非常不便。但在旅游开发的影响下，村寨的交通逐步改善。崎岖的山间小道修建成了平坦大道，能通行大型客车，观光旅游车能够开到村口，村民们也添置了新的交通工具，牛车、小轮车被摩托车、电动车等新型代步工具代替，出行方式的变化给村庄带来了新气象（姚建设、祁颖，2014）。

二 精神文化的变迁

（一）乡村伦理道德的转向

从古至今，我国的乡土社会是建立在血缘关系和地缘关系基础上的熟人社会、伦理社会，乡村社会秩序通过道德伦理、村规民约、家风家训等传统文化来维系。现代化的发展虽然提升了村民的物质生活水平，解放了其保守观念，但也把追名逐利、注重利益的工具理性思维带到乡村社会，造成村民伦理转向、道德缺失等深层次的文化变迁问题。

在市场经济大潮的冲击下，村民的传统信任、互助、团结、礼尚往来等逐渐被破坏，社会关系越来越冷漠和淡化（刘雨，2011）。以自我为中心的个人意识在乡村文化中越来越强烈，村民间的社会交往趋于理性化，主要表现为村民在人际互动中的算计以及在社会交往中对利益的追求。转型期的乡村社会，传统文化逐渐衰弱，农民的利益诉求所受的压制日益松弛。在经济主义话语的鼓励下，村民将个体的利益诉求摆在首位，重视权利和利益而轻视义务和责任，利益至上正在成为决定乡村人际关系亲疏的基本准则，对人情往来中成本和收益的理性计算正在成为村民挑选交往对象的重要基础（解语，2015）。总体而言，农村人际关系网络呈现市场化和功利化，以地缘和血缘为基础的信任关系淡化，从"熟人关系"转变成"契约关系"，熟人社会中的情感要素被"利益"所替代。

（二）乡村精神信仰的虚化

乡村精神孕育于乡土社会之中，是促进乡村振兴的驱动力，集中体现了村民对于乡村社会共同利益的归属感与认同感（王丽，2012）。但是，市场经济带来了个体意识的觉醒，打破了传统时代的集体主义价值观，村民在失去精神寄托、迷失自我的情况下，价值观日趋功利化与世俗化，各种非理性行为日渐增多。封建迷信崇拜、打架赌博等不良现象近年来在乡村日益兴起，是乡村精神空洞虚化的集中表现（沈费伟，2020）。

在民族地区还表现为宗教信仰意识的淡薄。许多民族的祭祀仪式虽然仍然存在，但其内涵和功能已经退化。过去，隆重且严谨的宗教仪式是宗教信仰内在精神的体现，现在则渐渐沦为一种过场和形式，甚至逐步被放弃。例如，在四川省绵阳市白马藏族乡，当地乡民仍然保留着某些原始宗教信仰，但是对"天神""山神"的祭祀仪式，隆重性已经大不如前，对"树神""水神""火神"的崇拜已难见踪迹，"燃香敬祖"的传统仪式也大为简化。当地的道师（巫师）群体也在发生变化。一方面，人数越来越少，越来越不专业。祭祀中出现的大祭司多由农闲的当地村民兼职，愿意全职去传承宗教文化的年轻村民正在逐渐减少，大家都越来越向往世俗生活；另一方面，由于非专业化、非全职化，道师（巫师）主持的宗教活动仪式的数量和复杂性皆不如前。再如，在西双版纳傣族人民的传统信仰中，土地和森林如同父母一般是生命的来源，因此他们会严格保护一些被视为神林的重要水源林和风水林,形成了原始而强烈的生态保护意识。但是,橡胶种植所带来的巨大经济利益正在破坏当地人的原始生态观。村民们在经济利益的诱惑和驱使下,改变了对生存环境的传统认知,不断开垦过去被视为神圣的禁地,大规模种植橡胶。原本作为傣族稻作文化重要组成内容的祭神仪式也逐渐消失。

(三) 乡村文化资源的变形

每个民族都有自己独特的风俗习惯、节庆仪式。伴随旅游产业的发展,这些宝贵的文化资源正日益被打造成吸引游客的旅游产品。经过商业化包装后的少数民族节日和仪式一般都会在内容上得到丰富,被加入大量表演性元素;在时间上得到延长,根据游客需要反复多次表演;开发出更多的项目供游客观看和参与,以满足游客对旅游的体验性需求和对少数民族文化的好奇心理。这使得少数民族传统节日和仪式在内容和意义上逐步发生改变,不再单纯是具有特定意义的民族仪式,民族仪式的神圣性和庄严性在当地民众的认知里不断降低。

众所周知的泼水节正在经历此种蜕变。许多傣族年轻人不了解泼水节的来历、动机和目的,只是把它作为一个放假休闲的节日。同时,地戏及其符号也在逐步丧失它原本的意义。为了能够吸引游客,增加旅游收入,原本只在特定日期才表演的地戏被常态化,地戏面具也逐步被商业化,成为一种旅游纪念物,不再被当作具有灵性的神的存在。这些变化反映出当地的人们不再相信神灵的存在及其存在的意义。

三 对乡村文化变迁的态度

面对乡村文化变迁的既定事实,学者们从不同角度出发表达了各自的关切。

(一) 消极态度背后的忧虑

对乡村文化发展变迁持消极态度的学者认为乡村文化变迁不利于乡村文化发展,主要包括私性文化替代论和村庄终结论两种观点。私性文化替代论认为在市场经济的冲击下,淳朴的乡村文化会被私性文化淹没,最终导致"差序格局理性化"(杨善华、侯红蕊,1999)。20世纪80年代,在市场经济和城镇化浪潮推动下乡村社会发生转型，农民开始离土离乡，乡土社会从"熟人社会"（费孝通，2006）向半熟人社会（贺雪峰，2013）转变。乡村的价值观念发生改变，一是伦理规范失效，传统文化出现断层，集体精神受到冲击。人们的价值认同出现危机，传统民风民俗不断式微，攀比、赌博、跟风等低俗文化在乡村盛行，作为传统社会强约束力的道德伦理失效，代际关系的伦理性衰退、婚姻关系的不稳定性增加。传统的乡土伦理会对不同阶层的群体发展进行底线保护，而当下乡村社会受到理性主义观念侵蚀，人们过于关注自身利益，导致集体道义底线不断降低，乡村社会人情淡薄（韩鹏云、张钟杰，2017；邢青，2019）。二是人际互动规范异化，大众传媒渗透进乡村文化，金钱至上的理念盛行，评判是非的标准从村规民约到金钱至上，人际关系由亲情化走向理性化、差序原则走向货币哲学，价值理性和传统理性让位于目的理性，乡土社会人情淡泊（黄海，2009）。三是边缘群体崛起，传统的乡规民约、道德规范约束力降低，村民的权利义务失衡，一些农民利用弱者身份进行不合理的利益博弈，钉子户、黑恶势力不断涌现成为乡村秩序的破坏者（贺雪峰，2021）；村庄公共空间衰落，传统的乡村精英被"营利型经纪人"替代（杜赞奇，2003）。

村落终结论认为乡土文化在现代性潮流冲击下，最终会被现代性垄断，导致村落的终结。这一预判并非捕风捉影，有数据表明在2000年~2010年间，有将近10万个村落消失，平均每天消失250个村落[①]。作为南方文化代表的珠江三角洲，城市化已经扩展到山区城市梅州，梅州是客家文化的典型代表，但工业化已经导致90%的客家围屋面临被拆掉的威胁[②]。尚存的村落许多面临空心化问题。在传统乡土社会，农民的一生都与土地紧密相关，人们"生于斯长于斯"，流动性弱，社会交往空间很少超出村落场域之外，村落是承载集体记忆的空间。而当下的乡村社会，在城市拉力和农村推力的作用下，人作为乡村文化的载体不断流失，青壮年劳动力

---

① 具体请参考中共中央文献研究室（2014：605~606）。
② 《中央城镇化工作会议在北京举行》，2013年12月14日，http://news.xinhuanet.com/video/2013/12/14/c_125859839.htm. 最后访问日期：2024年2月1日。

外出务工，仅留下妇女老人和儿童留守村里，出现村落"空心化"现象，乡村振兴主体缺失直接导致村庄发展乏力，内生性发展动力难以养成。同时，工业化、城市化进程不断推进，有的地方政府将城市化简单理解为建筑城市化，对农民采取乔迁改造策略，将农民赶到楼上，农民上楼后却面临生活成本上升、社会关系维系麻烦等困难。还有的地区为发展乡村文化旅游产业甚至将本地居民赶到其他定居点，将资本引入仅剩乡村文化外壳的村寨。最终如齐美尔所言，人们成为"失根"的个体，乡愁无所寄托（王振杰、宗喀·漾正冈布，2020）。基于此，李培林（2019）认为在市场经济逻辑冲击下，乡村最后会与"羊城村"一样，既"无农"也"无耕"，村落的文化意义让位于共同利益，城市扩张不可避免使村落消失。田毅鹏和韩丹（2011）根据一般经验和日本城市化经验，提出中国村落具有走向终结的特征。刘梦琴对几个城市的城中村研究也佐证了"村落终结论"这一观点（刘梦琴，2011）。

（二）直面挑战的积极立场

部分学者从相对积极的角度看待和评价乡村文化变迁，认为乡村文化变迁不可避免，但并不会导致村落的终结。并且文化变迁是乡村现代化的前提、乡村振兴的重要动力，通过积极引导乡村文化变迁可以使其更适应新时代乡村振兴的发展要求。乡村文化变迁并不会导致村落的终结（陈益龙，2017）。高静、王志章（2019）提出改革开放40年以来，乡村文化经历了衰落、变异到自觉的时空变迁。这一变革必然是一个立足自身的传统与现实而展开的变革与创新的过程，这一过程也强化了乡村文化的根源和认同性（沈小勇，2009）。面对很多外在因素的干扰，乡村文化似乎略显弱势，但是作为一种强烈自觉的文化，没有任何因素能促进乡村文化迅速发生改变，不论是城镇化进程的强力推动，还是内部成员的自我提升能力的迸发，都会为乡村文化注入生机，增添活力（柯艳霞，2012）。

卢云峰和陈红宇（2022）通过对浙江省诸暨市的调研发现乡村的未来样貌也可以有"村民富足、人气兴旺、活动绵密、生态宜居、文化繁盛"的新样态，中国农村具有韧性，"村落的终结"是可逆的阶段性现象，可通过对人才、价值、文化赋能实现乡村再振兴。在较长的历史时期内，一些传统村落的消失并不意味着村落的终结，农民聚居地依然会存在，农民在进城务工后还是会选择回到农村养老，乡村对农民来说是他们的退路，宅基地的保留为进城农民免除后顾之忧。再者，村落与城镇的距离远近不一，远离城镇中心的村落在短时间内不会被现代化吞噬（陈益龙，2017）。H. 孟德拉斯（2010）提出，"无农的村落"也有另外的形式，即农村充分现代化，与城市无异，人们选择城市或者农村是基于生活方式的喜好，而非资源差异。乡愁的实质是个体面对不确定的环境产生的心理性行动，但要注重与现代性的衔接，避免在浪漫主义虚幻情绪下一味强调复古，乡村发展应当依托乡愁主体，遵循乡村的发展逻辑，促进传统与现代更好地结合（邱星、董帅兵，2022）。可将乡愁转变为乡村振兴的强心针，利用乡愁吸引新乡贤回村，为当地乡村发展作出贡献。

乡村振兴离不开乡村文化振兴，需要对乡村文化进行引导性变迁。与经济制度相适应的文化变迁，是经济发展、乡村振兴的前提条件。乡村文化振兴延续的是乡村文化的内里而非外壳，需要与时俱进实现乡村文化与现代文化的良好融合（高瑞琴、米启臻，2019）。乡村自身存在可发展的基础，加以引导，农村会迎来新的发展机遇（张晓琴，2016）。传统乡村文化在文化整合过程中具有延续性和适应性，乡村文化在变迁的过程中可以与现代文化对接，呈现一种"聚合"状态，创造文化变迁的可能性（胡重明、马飞炜，2010）。有学者将文化变迁分为指导性变迁和自主性变迁（李娜、李晓霞，2019），国家层面对乡村文化变迁的指导起重要作用，乡村振兴的发展过程中存在乡村文化需要发展、调试、传承的问题，如果不在国家引导下进行变迁，乡村不仅难以振兴，甚至会发生失调，阻碍自身发展。乡村的小传统需要与国家的大传统对接，二者共同影响乡村的发展（牛文斌，2020），同时需要引导乡村文化变迁从指导性变迁向自主性变迁转变，促进乡村社会文化发展获取内生性发展动力。

（三）关于乡村文化变迁的浅思

乡村文化变迁是现代化发展的必然结果。出于个人的乡愁情怀而一味强调复古，实质是对农民的不平等，农民也有追求美好生活的权利。只有乡村文化变迁使乡村振兴成为可能，乡村才能有力量吸引人才、留住人才,才能获得新生。在经济收入的驱动下,越来越多的青年人前往城市打工,乡村逐渐空心化。人是乡村文化的载体,乡村文化变迁探究的重点不在于惋惜乡愁无处安放,而应着力于改变乡村文化,使其适应现代化发展,实现乡村再振兴,以新样貌吸引人回乡村,才能真正再建乡村。乡村文化重要的是"内里",而不是"外表",乡村文化变迁一定要留住"内里"。传统文化不断被冲击、现代性文化不断更迭导致集体意识发生断层,产生一系列社会问题。弘扬优良传统乡土文化可以有效缓解小农的道德真空状态,缓解由于乡村文化变迁带来的乡村治理压力。在乡村文化变迁过程中,需要国家力量引导乡村文化,使"小传统"与"大传统"相适应,同时加强乡风、家风建设,对乡村的不良风气加以控制、引导。未来乡村社会从外表上或许会变得十分现代化,但只要乡村中还有人作为乡村文化的载体,乡村能够留得住人、吸引来人,村落就不会真正"终结"。

第四节 概念界定和研究方法

本研究的基本前提是如何理解文化。给文化下定义非常重要,也极为困难。威廉姆斯(Williams,1976:76)论述道:"文化是英语语言中最复杂的两三个词之一……因为现在有几个截然不同的知识领域或几个截然不同的思想体系,都把它当作最重要的概念。"20世纪50年代,克罗伯和克拉克洪(Kroeber and Kluckhohn,1952:43-62)收集到的文化定义就多达164种,数量之多令人震惊,归纳起来主要有六种界定文化内涵的思路:描述论、历史论、结构论、规范论、心理学论和发生学论。

一 文化概念的界定

(一)文化含义的代表性观点

针对文化含义的多样化和变迁,威廉姆斯(Williams,1976:80)认为,"文化"一词的当代用法大致有三种:其一是指个人、集体或社会在知识、精神和审美上的发展;其二包括一系列知识与艺术行为及其产品(电影、艺术、戏剧),在这一用法中,文化与艺术的含义大致相同;其三指一个民族、集体或社会的生活方式、行为与信仰的总和。第一种和第二种用法最为常见，"高雅文化""精英文化"等概念都带有这两种含义，具有很强的价值判断与精英主义倾向。第三种用法则更多受到人类学家的青睐，这种阐释在价值趋向上更为中立，也更具分析意味。

斯特劳部等（Straub et al., 2002）把现有的文化定义归纳为三种类型：共享价值型定义、包罗万象型定义、问题解决型定义。共享价值型定义强调文化与价值有关，既以价值为内容，也以价值为表现，且最终能够决定人们的价值。所谓价值是指"抽象范畴之间的关系，它以强烈的情感表达元素为特征并暗示了某种行为倾向"（Straub et al., 2002: 14）。包罗万象型定义是一种无所不包的全面定义，泰勒（Tylor）的定义颇具代表性。他认为，文化是一个复杂的整体，包括知识、信仰、艺术、法律、道德、习俗和任何其他作为社会一分子所习得的能力和习惯[①]。这个定义既包括思想，也包括行动。现代关于文化构成的一般性划分——物质文化、制度文化和精神文化——即是对文化内涵的全面理解。问题解决型定义关注文化的结果和它能完成什么。例如沙因（Schein, 1989: 11）认为：文化是"由一些基本假设所构成的模式，这些假设是由某个团体在探索解决对外部环境的适应和内部的整合问题这一过程中所发明、创造和形成的，这个模式运行良好，可以认为是行之有效的。新成员在认识、思考和感受问题时必须掌握的正确方式"。

综合学者们的讨论，今天对文化含义的理解反映了两种观点：一是反精英主义、价值中立与相对主义的观点（例如大众文化、文化工业等）；二是将文化视为非物质的观点。这些观点都强调文化独立于社会生活其他层面的自主性。

（二）寻找适切的文化界定

所谓"适切"，是指适合于在乡村振兴过程中分析乡村产业发展逻辑，并呈现其发展效应。从现有研究来看，威廉姆斯关于文化的第三种定义较为适合探讨乡土社会的现代化转型。

---

① 转引自史密斯（2008: 9）。

与此定义相类似的一个经典定义出自格尔茨（Geertz）的《文化的解释》。格尔茨对文化的定义是"文化是一种代代相传的用符号表达的意义模式，是一种用符号表达的观念体系，通过这个体系，人们得以沟通、传承和发展他们的生活知识和生活态度"（格尔茨，2014a：109）。这个定义完整诠释了文化的内涵（意义模式和观念体系）、外在表现形式（生活知识和生活态度）和功能（沟通、传承和发展）。

格尔茨的另一部著作《地方知识》中的"知识"，可被理解为"文化"的另一种表述。"地方知识"这个概念的可贵之处在于把"地方"这个空间概念与"文化"联系了起来（格尔茨，2014b）。"地方"与"空间"存在密切关联。大卫·哈维（David Harvey）认为地方和时间、空间一样，实质上都是社会建构的产物，并提出了"通过社会空间实践建构诸地方"（the construction of places through socio-spatial practices）的观点。段义孚（Yi-fu Tuan）认为，"地方是一种特殊的物体，它并非像一般有价值的物品般可以携带或搬运，但却可以说是一个价值的凝聚，是人类'居停'的所在"（段义孚，1998：10）。他认为，正是人类将主观感受投射到地方中，并在此拥有集体生活记忆和准则规范，地方才发生了变迁、拥有了活力，否则地方只能是一个静止的、稳定的空间，因此，地方研究必须聚焦于个人经验。拉尔夫（Relph，1976）也强调了具有情感特质的人地关系，认为地方并非是纯粹的领土界线和单位，而是一种与人类生活息息相关的社会建构。人类创造了它，并赋予其意义，同时经济、政治、文化等多种社会综合力施加其上，地方因为这些复杂的背景而呈现诸多不同的价值与面向。

总之，关于地方的探讨已然构成西方文化地理学的重大转向与发展，"地方"也是一个较为复杂和模糊的概念。阿格纽（Agnew）认为地方作为一个"有意义的区位"，具有三个基本要素：首先是场所，作为社会关系构成的环境，它可以是非正式的抑或组织化的；其次是区位，这种地理区域中包含由更大尺度下运行的社会和经济进程确定的社会相互作用环境；最后是地方感及地方的"感觉结构"（Agnew，1987：68）。这一界定较为准确地揭示了地方的本质，它既具有空间形态，也是社会关系、情感、认同的聚集，在这个意义上，地方就是具有自我特色或文化的空间。正如克雷斯韦尔（Cresswell）在《地方记忆、想象与认同》一书中所说："空间因而有别于地方，被视为缺乏意义的领域，是'生活事实'，跟时间一样，构成人类生活的基本坐标，当人将意义投注于局部空间，然后以某种方式（命名是一种方式）依附其上，空间就成了地方。"（克雷斯韦尔，2006：19）

"地方文化"通常被置于全球化背景下，作为"文化全球化""文化帝国主义""文化相对主义"的对立面被加以使用。文化相对主义者借助"地方文化"来探讨国家与国家之间、西方与非西方之间的文化关系。在这个意义上，"地方文化"等同于"本土文化"，被民族国家用作对抗文化全球化趋势的利器。马克思主义女权主义者玛西（2018：200）提出了"全球地方感"（a global sense of place）的概念，她认为地方在全球化中是一个特殊的面向和形式，它没有明显的边界限定，而且形式多种多样。全球化并不意味着地方的同质化和地方独特性的消失，需要用积极正面的态度来看待地方与全球或者说与外界的联系。这种观点很大程度上延伸出"民族的就是世界的"这一观念。

国内学者不仅在"文化多元主义语境"下，使用"地方文化"概念探讨全球与国家之间的文化关系，以此作为寻求民族国家内源性发展的重要思路，同时也在城乡二元对立、传统与现代对立的背景下把"地方文化"作为城市和农村内生发展的要素。在乡村特色产业发展的过程中，地方文化发挥了不可或缺的作用。乡村地方文化资源直接或间接推动着旅游业（休闲、体验、观光等）、服务业（住宿餐饮、交通运输）、创意产业、特色农业等产业的发展。

（三）本书分析中的"文化"立场

上述梳理与辨析逐步明确了适合分析乡村产业发展与地方变迁的文化内涵，可从以下几个方面予以阐述。

首先，能够与乡村特色产业发展发生互动的文化是在村落中、在村民们长期的共同生产生活中形成的地方文化。Ray 认为在农村内生发展过程中，地方文化是重要的构成要素，因此赋予其地方社区（community of place）的意涵。Ray（2001：141）认为文化的定义很广泛，包括人们表达归属感以及生活意义的方式。乡村内生发展中地方所具有的文化维度标识着区分不同区域的特征，这就是所谓的地方文化认同。地方文化认同建立在文化共享的基础上，有利于共同纽带的形成。文化共享成为界定农村内生发展地方边界的重要依据，这意味着地方单位的范围需要被置于文化中加以审视。"内生发展从地方社区出发，而不是针对地方社区，为发展提供了一种解释，审视地方社会和利益相关者在推动发展中扮演的重要角色"（Paül，2013：174）。从中可以看到，文化的产生自带地域概念，它是一定范围内的社会成员所创造的物质财富和精神财富的总和。即便如此，它也具备文化的基本内涵，覆盖文化的基本领域。在研究地方文化时，可以从整体到部分再从部分到整体，从整体视野出发把文化的传承、变迁、借鉴、整合等功能在地域基础上充分阐释。虽然本质上是一种地方文化，但是其范围相较于民族国家和区域综合体要微观得多。它是以乡村地区的末端治理组织——村委会——的管辖范围为地域概念，在村域空间中产生、发展的地方文化，具有传续性、稳定性、独特性、典型性。

其次，村落文化资源往往与特定的地理环境、气候条件联系紧密。在某种程度上，村落文化资源的产生、发展、变化皆由地理环境决定，所谓"一方水土养一方人"表达的正是这种观点。地理环境的概念可从两个思路去理解。思路一是把地理环境直接等同于自然环境，包括山川河流、地质地貌、生态气候以及将技术施加于自然环境形成的人化自然；思路二是把地理环境看作自然环境、经济环境、社会文化环境的总和。在分析村落文化资源与特色产业的关系时，这两种关于地理环境的理解都是必要的。自然生态环境对村落文化资源的影响是长远的、缓慢的、延续的，所谓"靠山吃山，靠水吃水"，人们的生产生活方式是适应自然生态条件的结果。另一方面，村落文化资源也为地理环境增添了别具一格的地方特色，产生了人化自然的文化现象，体现了人类对自然环境的利用和改造。地理环境与文化之间可持续的良性互动，最终能够实现村落地域范围内自然生态与人文生态的和谐共生。

再次，能够与乡村特色产业互动的文化既具有人文性，也具有经济性/工具性。文化的形成、存在和影响的领域主要是生产和生活。工具性文化主要涉及村民在经济生产中使用的工具，生产工艺和程序，劳动分工与互助的规范，劳动组织方式，生产经营理念等。人文性文化包括村民在生活中为了满足人际互动、情感交流、文化认同、价值信仰的需要而创造的一个从客观性到主观性的连续统。在这个连续统中，客观物品、行为模式、行为规范、价值和信仰都是占据某个位置的构成要素。文化在内生发展中的作用体现为三个重要维度：工具性、表征性和激励性，即文化可以作为一项资源进行开发或者保护，文化可以表达地方特殊性，文化能够为地方行动提供动力源泉（Jenkins，2000）。

最后，在改革开放的社会大背景下，乡村文化不是封闭、保守、落后的，而是持续开放、交流、变迁和发展的。改革开放以来，在工业化、城镇化的推动下，来自城市的资本、技术、信息、人才等不断投入到乡村，深刻改变了村民们传统的生产、生活方式，转变了乡土社会的组织形态和社会结构，影响了村民们的世界观、价值观和人生观。乡村文化的整体面貌处于不断变迁发展之中，甚至包括人文性文化也深度卷入产业发展中，与资本、金融、技术发生复杂联系。乡村传统文化是特色产业发展的基础和条件，它伴随产业发展不断重塑，并以新的面貌出现。

二　研究思路与方法

本书致力于探索文化与产业的互动关系，并最终落脚在文化本身。乡村文化的振兴乃是乡村振兴的本真所在。在实现中华民族伟大复兴的过程中，什么样的乡村文化更符合这一历史趋势的内在要求以及如何实现这种乡村文化，都需要在文化与产业的复杂关系中予以探讨。鉴于此，本书的基本思路是从特殊上升到一般，再从一般反观特殊，要在低微理论与宏大理论之间寻求一个文化与产业关系的中间模型。

（一）讲好村落的故事

乡村振兴战略实施以来，我国广大农村地区的发展越来越依赖内生力量。在建设"一村一品"的过程中，从乡镇政府到村落精英再到普通村民，都迸发出极大的热情。每一个村落产业发展的过程，都是一个完整故事。不同人扮演不同角色，不同人经历不同事件，每个家庭、每个人都对产业发展的过程、效果有着自己的认识和评价。了解村落产业发展，尤其是产业与文化的互动过程，需要认真聆听村民们所经历的各种各样的事件，喜庆的、悲伤的、积极的、消极的，都能够从不同角度反映村民们在产业发展、文化变迁过程中的生产、生活和感受。

每一个村落发展的具体事件，都是特定条件下主体间反复博弈的结果，反映了作用于乡村文化与产业互动关系之上的多种力量的合力。在历史必然性上，事件的结果只有一个方向，但在历史或然性的酝酿中，由于各种力量相互牵制、抵消和叠加，事件的进展存在许多可能的方向，这背后是人与人之间、社会势力之间的相互制衡和复杂博弈（罗爱东，2021：9）。对于村落发展故事的讲述必须深刻剖析群体或个体间动态的博弈过程，揭示社会前进合力的形成以及左右合力发展的临界点，勾勒其变迁模式，指出其影响要素。

当然，本书要讲述的故事并不是对于村落产业发展的全面铺开的事件研究，不能够平均着力、面面俱到，而是需要沿着文化与产业互动的关联线索，由文产互动进入村落命运演化的历史深处，在历史细节处，在人性深处深藏的激情、无奈和苦恼中去揭示资本与技术是如何打破村落的穷苦与平静，是如何把乡土社会带入日益扩张的现代社会的。

（二）文产互动模态分析

讲好村落故事只是研究的起点，它有助于研究者关注个别的、具体的事实，或地方性事件。但当无数的地方性事件被深入挖掘出来以后，我们必须探寻它们中某些共性的思想或行为模式，或者关系模式。针对民族学、民俗学、人类学关注地方社会、下层阶级、日常生活、边缘个案、小规模事件，追求低微理论的立场，必须明确此类研究虽然关注的是局部现象，却可以为深入研究整体结构提供帮助，为宏大理论的提出夯实基础、做好铺垫。低微理论所积累的经验事实在达到一定规模之后，经过归纳总结，便可进行模式化，并升华为一种规律性认识。当相关信息逐渐体系化后，就可以被归并到一个涵盖面更广、概括性更强的理论之中。

本书的基本定位在于从数个地方性故事中发掘文化与产业互动关系的模态，起于乡村特色产业发展的文化基础分析，梳理文化参与产业发展的线性过程，终于文化在产业发展过程中的适应、变迁和反思。之所以进行模态分析，一方面是基于新农村建设、乡村振兴所取得的巨大成就的事实。我国广大农村地区掀起了调动乡村内外资源、自主发展、特色发展的高潮，涌现了无数典型案例、特色经验，学者们发表的低微理论不断积累。另一方面，鉴于村落案例的丰富性，乡村文化与产业的互动关系逐渐呈现了某些规律性特点，需要对其进行提炼升华，既作为对经济社会学文化理论的发展，也能为乡村振兴的纵深推进提供宏观指导。

（三）调研地点的确定和具体研究方法

1. 调研地点的确定

本书选取的调研点主要分布在武陵山区恩施土家族苗族自治州境内。武陵山区东临湖南湖北，西通巴蜀，北连关中，南达两广，是中国各民族南来北往频繁之地。武陵山区以武陵山脉为中心（既包括山脉也包括小型盆地和丘陵等），幅员辽阔，覆盖湘鄂渝黔四省（市）毗邻地区，总面积11万多平方公里。区内聚居着汉、土家、瑶、苗、侗等30多个民族，总人口为2300多万人，其中土家、苗、侗等少数民族有1100多万人，约占总人口的48%。汉语方言的西南官话使用量最大，拥有本族语言的少数民族包括苗族、侗族、土家族、瑶族等。该区域是跨省交界面大、少数民族聚集多、贫困人口分布广的连片特困地区，是连接中原与西南的重要纽带和重要的经济协作区，也是中国区域经济的分水岭、西部大开发的最前沿。

选择该地区作为调研的重点主要考虑有四：其一，武陵山地区民族众多，各民族在空间分布上整体呈现"大散居，小聚居，交错杂居"的分布格局，这种格局与我国各民族分布的整体形势比较一致，是一种区域性凝缩。这里有的村落以少数民族为主，有的村落是汉族和一两个少数民族或多个少数民族的混居，有的村落几乎全是汉族居民。其二，村落人口的多重组合及武陵山区独特的地理环境、气候条件决定了该区域乡村文化具有较强的多元性，富有山地性、民族性、原生性，乡村产业发展中的文化要素较为突出。其三,这里是集中连片特困地区,乡村发展的外部推力和内生动力较为强劲,加之独特的地理优势和文化优势,乡村文产互动的形式多样,放在全国范围来审视,也具有代表性。其四,学界已经形成了"武陵山片区"这一特定概念,意味着围绕武陵山片区扶贫与发展的研究已经形成了一个独特的研究领域,相关学术产出较多,低微理论的积累达到了可以总结提炼的程度。在恩施土家族苗族自治州之外,本书也会适当选取其他地方具有代表性的村落,作为研究的扩展与补充。

2. 研究方法

乡村产业发展的文化基础和文化的适应与变迁分别是本研究的起点和终点。文化的研究方法跟文化的定义相关。一般意义上,文化可以被定义为基本的价值、信仰、行为、期待、规范、意义、共识、符号、神话、仪式、英雄和传说等。如果把各种文化元素整合起来,就会发现文化实际是一个由多层元素构成的从客观性到主观性的连续统。文化的第一层是最可见的人造物,包括仪式、庆典等物质表现;第二层是可观察的行为模式,包括谋划决策、交流合作和控制活动等;第三层包括行为规范和群体期待,具有可视与非可视的双重性;第四层由价值组成,价值是表现在行动中的偏好及倾向性。这四层构成了研究者的文化概念中的基本元素。

这个模型指明了数据收集的方向,一旦研究中的文化定义被确定下来,数据收集和分析是采用定量方法还是定性方法便可顺势而定。不同的文化层适用于不同的研究方法,需要研究者和回答者在不同层次上进行互动。在这个模型中,人造物和行为模式具有直接的可观察性和客观衡量标准,可以借助定量研究方法来把握。制度层和价值层的研究争议较大。定量研究方法的支持者强调文化是群体成员共享的,价值选择和个人解释可以被组织成有限数量的类型,通过操作化转换可以被用来区分特定的群体文化。定量研究可以通过调查研究方法和统计技术,构建分类然后对被研究的群体进行文化归类,并借此进行其他群体变量的预测,以揭示共识文化的系统影响。定性研究的支持者们则试图推广主体视角,宣称文化的独特性不允许标准化测量,解读文化的正确方式是深度参与观察。总之,文化在定义上的不同意见与文献中相关的方法论之争总是交织在一起,这些争论尤其集中在数据收集的技术以及数据分析方法上。

在笔者看来，文化研究的方法应该随研究对象、研究意图和实际情况而定。通过归类来区分研究范式和方法不是为了强化它们彼此之间的区隔，而是为了提高研究方法的自觉，进而促进学术研究的发展。范式的选择和研究方法的选择，标准只有一个：以实际情况为准，保证数据收集的信度和效度以及足够的详尽程度。一切方法的适用都要以研究需要为导向，文化研究经常需要在定性研究和定量研究之间灵活动态地穿梭（任敏，2020：86）。本书将采用两种方法来达成目标，一方面，通过深度参与观察和访谈，讲述乡村特色产业发展的故事，挖掘这个故事中的具体事件；另一方面，乡村产业发展的文化基础评估和文化变迁的表现与程度可以通过灵活使用定性与定量方法获得。

第二章
特色产业发展的文化逻辑

"逻辑"在本书中包括理念和机制两个方面的意思。特色产业发展的文化逻辑意在强调文化因素在乡村特色产业发展中的作用。鉴于村域范围内地方文化的特征和属性差异，本章将从乡村文化的类型分析开始，提出乡村产业发展的文化理念和文化作用机制的分析框架。

第一节 乡村传统文化的特点

我国自古以来就是一个农业大国，广袤的土地孕育出源远流长、独具特色的乡村文化。乡村文化是千百年来中国农民劳动和智慧的结晶，也是学术领域一直关注的重点和热点。

一 乡村文化的内涵

关于中国乡村文化的研究始于20世纪20~30年代费孝通的中国农村研究。费孝通在《乡土中国》一书中详细说明了中国基层社会的特点——乡土性，认为乡村社会依靠土地生存，"土"是靠种地谋生的人的命根。农民在一个地方世代定居，"生于斯，长于斯"，他们处在一个没有陌生人的熟人社会，看重家族存续，人际关系遵循"差序格局"这一基本的社会结构规则，在此基础上信任互助；日常借助"礼治"来维系社会秩序，依靠"长老"这一权威管理社会，并形成了"无讼"的社会文化。

同时期的乡村教育运动对乡村文化也产生了重要影响。基于当时乡村社会破败不堪、农民生活艰难的现实状况，梁漱溟等人发起了乡村建设运动，以教育为中心，倡导国民教育、大众教育和贫民教育等新的教育观念，一定程度上改变了乡村文化的风貌。中国共产党成立以后，对于广大的农民群众进行思想改造，突破旧势力的约束，乡村文化建设开始具有政治化倾向。新中国成立以后，政府积极开展了一系列运动来帮助农民转变旧思想。改革开放以后，一切工作以经济建设为中心，农村实行家庭联产承包责任制，传统的劳作方式和人际纽带被打破，乡村受到多种文化的冲击，乡村文化建设逐渐被人遗忘（李金铮、吴建征，2014）。党的十九大提出实施乡村振兴战略，培育文明乡风，兴盛乡村文化，繁荣农民文化生活（宋小霞、王婷婷，2019）。

在讨论中国现代乡村文化基础与发展的过程中，学者们逐渐明确了乡村文化的内涵。吕宾（2019）认为乡村文化是具有地域性和乡土性的物质文明和精神文明的总称，是在长期的农业生产生活实践中逐渐形成的。赵霞（2012）将乡村文化分为有形与无形两种，无形的乡村文化包括农民的情感心理、生活情趣、处世态度、人生追求和行为习惯等；有形的乡村文化包括民风民俗、典章制度和生活器物等。胡映兰（2013）从结构上将乡村文化划分为物质文化、规范文化和表现文化，认为其是在乡村中所形成的，乡村特有的，相对稳定的生活方式与观念体系的总称。赵旭东和孙笑非（2017）从主体、内容和形式三个方面，将其定义为以农民为主体，以乡村社会的知识结构、价值观念、乡风民俗、社会心理、行为方式为主要内容，以农民的群众性文化娱乐活动为主要形式的文化类型。总结借鉴学者们的观点，我们认为从主体、内容和形式三个方面来界定乡村文化较为合适，既考虑了人在乡村生活中的重要作用，又涵盖了乡村文化的内容及表现形式，有助于全面把握乡村文化的特征。

二 乡村文化的特征

在城乡二元社会结构背景下，乡村文化有着不同于城市文化的独特性。根据乡村文化自身的发展历程以及学术界的研究梳理，乡村文化的特征可总结为乡土性、传承性和地方性/民族性。

（一）乡土性

中国传统社会是一个乡土社会，以乡村为根基，以乡村为主体，发育出高度的乡村文明（梁漱溟，2006）。从主体上看，中国人的乡土情结是传统乡村文化的突出特点。这种情结古已有之，根植于中国人的血脉，土地意味着生计，带给农民无限的安全感。古时，小农经济的生产方式把农民束缚在土地上，土地成为农民的安身立命之本（周军，2010）。正如费孝通所说，"中国人像是整个生态平衡里的一环，这个循环就是人与'土'的循环，人从土里生，食物取之于土，泄物还之于土，一生结束，又回到土地。一代又一代，周而复始"（费孝通，1998：6）。即使对于长期生活在现代城市的居民来说，他们对"土地平旷，屋舍俨然，有良田、美池、桑竹之属"的田园生活仍充满向往。在农民居住的地区，"占地种菜"的现象具有相当的普遍性（卢义桦、陈绍军，2017），即使从来碰不到泥土的年轻人，也在社交或游戏软件上"种菜""种水果"等，中国人对乡土的情感可见一斑。

从内容和形式上看，在"土"文化基础上发展起来的家族文化是传统乡村文化的核心。建立在农耕经济基础上的家庭往往在一个地方世代定居，繁衍生息，由此形成一定的血缘和亲属关系，并进行修订族谱、祭祀等活动。自给自足的农耕生活导致了乡村文化的封闭性，外部力量特别是城市文明难以进入乡村社会，造成了农民心理、风俗、习惯和性格上的封闭性（周军，2010）。但是，随着市场经济的发展，乡村文化中的乡土性质也在悄然发生改变。

（二）传承性

传承性是包括乡村文化在内的所有文化的基本属性。乡村文化不仅有传承的动力也有传承的价值。农耕文明孕育的道德信仰体系，深植于乡民的内心深处，形塑着乡村人际格局。费孝通晚年在思考中国文化延续不断的动力时指出，中国人光宗耀祖的观念与人们的生产积极性有着某种关系（费孝通、李亦园，1998）。中国经济发展的文化动力存在于"世代之间"，人生处世不是个人私事，而是为了"光宗耀祖，惠及子孙"，承上启下，代与代之间无限延续（范可，2020：44~61）。

农民不仅是乡村文化的创造者，而且是乡村文化的传承者。一方面，农民依托自己的主体优势，创造出喜闻乐见并具有地方特色的民间文化；另一方面，农民对乡土有着浓厚的情感，对集体和乡村文化有着极大认同，这使得乡村文化在农民社会化的过程中得到传承发展。其中，乡贤在文化传承中发挥了独特作用。赵旭东、孙笑非（2017）指出士绅作为古代基层治理的精英，是乡村文化传递与传播的中坚力量。刘淑兰（2016）认为乡贤文化积淀了我国千百年来乡村基层治理的智慧和经验，是倡导文明乡风的精神力量。李宁（2017）强调了乡村精英引领的乡贤文化在乡村社会发展中起到的内生权威及其使乡村社会得以稳定与有序发展的作用，他指出当前乡村精英人物流失、村民缺乏向心力和凝聚力的问题，这些问题不利于传统乡村文化的继承和弘扬。索晓霞（2000）指出民族文化传承运行机制能有效运转，有其民族文化根源，离不开社会组织的积极参与。姚磊（2014）强调对民族文化传承实践主体——非遗传承人的认定是保护民族文化的有效方式。

（三）地方性/民族性

一方水土养一方人，我国幅员辽阔，不同地区的自然条件千差万别，受经济社会发展程度、历史、地理等因素影响，形成了众多不同的地域文化，包括山西平遥古城、福建客家土楼、傣族的竹楼等特色建筑；川剧变脸、皮影戏、黄梅戏等戏曲文化；春节赶庙会、端午赛龙舟、中秋赏月、重阳登高等民俗活动；舞龙、舞狮、秧歌、民歌等民间文艺活动；年画、竹编、刺绣等民间手工艺品等（吕宾，2019）。

我国各少数民族在发展过程中，创造了独特的民族文化，各民族在文字、习俗、婚姻、丧葬和宗教等方面都存在明显差异。少数民族特色村寨也是民族文化集中保存与呈现的地方，原汁原味的民族风情在民族村寨发展中成为独一无二的文化资源。这一点体现出了乡村风貌生态性与人文空间表征性的统一。乡村的自然空间是村民生命和生活的本源，乡村生态表现出的自由和谐之美呈现了人类生活与自然的历史关系。这种人化的自然是村民在生产生活场域中的情感体验的象征，自然与情感、景观与体验在其中合二为一。

乡村文化作为中国文化的重要组成部分，具有十分悠久的发展历史，深刻影响着人们的生产生活。在现代文明发展和乡村振兴的时代背景下，乡村文化更是农村经济社会发展的重要资源和有力支撑。

第二节 产业发展的四种文化基础

从历史的角度看，村落是一种历史悠久的人类聚落。中华文明有着五千年的历史，以村落为主体的乡土社会既是中华民族的根，也是中华文化的魂。村落与氏族、宗族、家族、民族存在着千丝万缕的联系。每一个村落都是一个文化共同体，每一个村落都孕育着独特的地方文化。这些文化为村落的发展变迁提供了重要的基础，在很大程度上左右着村落发展的方向和路径。

一 文化基础的构成

既然是基础，就意味着在时间上这些文化元素的存在要早于乡村产业。考虑到我国农村发展的阶段性特征，本书中将考察乡村文化元素的时间节点确定在2005年。这一年的10月，党的十六届五中全会通过了《中共中央关于制定国民经济和社会发展第十一个五年规划的建议》，提出要按照"生产发展、生活宽裕、乡风文明、村容整洁、管理民主"的要求，扎实推进社会主义新农村建设。新农村建设是在我国总体上进入以工促农、以城带乡的发展阶段后面临的崭新课题，是时代发展与构建和谐社会的必然要求。

乡村特色产业发展的文化基础可从三个方面加以衡量：文化元素的内容、文化元素的属性和文化元素的存量。

（一）文化元素的内容

从狭义角度来看，文化产品包括艺术品、工艺品、工业品（孙安民，2005：156）。从广义角度来看，文化产品是一系列具有文化性的生产制造、活动和实践的结果。《2009年联合国教科文组织文化统计框架》通过区分文化资源的最终表现形式，确定了文化产品的六个基本领域：①文化和自然遗产领域，包括博物馆（或者虚拟博物馆）、考古和历史遗迹、文化景观和自然遗产；②表演和庆祝活动领域，包括表演艺术、音乐、节日、展览会、庙会等；③视觉艺术和手工艺领域，包括美术、摄影、手工艺等；④书籍和报刊领域，包括书籍、报纸和杂志、其他印刷品、图书馆（或者虚拟图书馆）、图书博览会；⑤音像和交互媒体领域，包括电影、视频、电视和广播（包含互联网直播）、互联网在线播放、电子游戏（包含网络游戏）等；⑥设计和创意服务领域，包括时装设计、平面造型设计、室内设计、园林设计、建筑服务和广告服务等。

国家统计局发布的《文化及相关产业分类（2018）》将文化产业定义为"为社会公众提供文化产品和文化相关产品的生产活动的集合"，包括新闻信息服务、内容创作生产、创意设计服务、文化传播渠道、文化投资运营、文化娱乐休闲服务、文化辅助生产和中介服务、文化装备生产、文化消费终端生产九大类别。其中，前六类发生在文化核心领域中，后三类发生在文化相关领域中。上述分类虽然针对的是一般文化产业，但是对本书具有重要的参考价值。

参考各方对文化领域及其内容的划分，本书认为能够与产业发展产生互动的文化元素内容如下。

A. 物质文化遗产和自然景观，包括各类可移动文物，不可移动文物以及独具特色的自然生态景观。

B. 节庆、仪式、表演活动，包括表演艺术、节日、庙会、祭祀

C. 器物类

　①建筑设计，重点包括桥梁、民居、宗祠、寺庙、塔、园林、老街等。

　②服饰，包括衣帽鞋袜、首饰。

　③手工艺品，包括植物纤维制品、皮具、金属器皿、陶器、纺织品、木制品及特殊材料加工产品。

　④饮食。

D. 技术工艺类

　①生活技艺类，包括生产特色饮食、服饰、生活用品、建筑的独特

技艺。
　　②生产技艺类,包括种植、养殖、制作特色商品的工艺(例如酿酒、织造、制茶等)。
　E. 乡规民约,包括指导村民言行、调节人际关系的规范、习俗等
　F. 观念信仰,包括生态观、宇宙观、人生观、价值观、宗教信仰等
　　本书并未把特色文化主题园区、街区、小镇、书籍、报刊、音像和交互媒体纳入产业发展的文化基础当中,主要是考虑作为文化基础,更强调传统性、传承性。

(二) 文化元素的属性

　　文化元素的属性主要反映乡村文化元素的抽象性及其存在的主要领域,表现在人文性－经济性、生活性－生产性的对立关系中。文化的人文性主要表现在它承载着人类在价值理念、信仰归属、人际互动等方面的心灵和情感需求。乡村文化会以抽象化的、符号化的、仪式化的方式给予人们关怀和慰藉。文化的人文性由于指向精神和情感世界而具有强烈的生活性。日常生活中的岁时节日、人生礼仪、地方信仰、人情往来都深深地蕴含着人文关怀。

　　文化的经济性主要体现在两个方面。一方面,生产活动及其产品是文化的有机组成部分,完整的乡村文化必然包含经济文化。另一方面,文化本身也是一种具有经济价值的资源,通过开发、转化、利用,文化资源便能够创造出经济利益。哪怕是表面上看起来与经济利益无涉的精神信仰,在文化产业化的过程中也能够找到物化的途径和载体。文化元素经由资本的运作就能进入生产领域。

(三) 文化元素的存量

　　存量反映的是乡村传统文化要素在产业开启时的保有情况。我国的乡土社会地域广阔,万千村落因其地理位置、自然环境、文化积淀、历史变迁而千差万别。有的村落传统文化氛围浓郁、特色鲜明,例如云南红河哈尼村落、贵州西江千户苗寨、江西婺源古村落等;有的村落自古便有一技之长,例如贵州黔东南苗族侗族自治州石桥村的古法造纸、贵州怀仁市茅台镇诸村落的古法酿造、恩施土家族苗族自治州宣恩县伍村的古法制茶

等；有的村落以得天独厚的自然景观和地形地貌闻名于世；有的村落则平平无奇，特色难觅。对于村落文化元素存量的考察，不仅要衡量数量，还要考虑文化要素的内容。换句话说，要考察村落哪些文化元素留存了下来，留存了多少。

二 产业发展的文化基础

前文关于文化与产业关系的分析梳理，剥离出了二者耦合的两个维度。第一个维度是从现代视角出发，把文化界定为意义、价值、风俗、规范、观念与符号的总体，从内外两个角度审视作为自变量的文化对作为因变量的产业[①]的发展和运行的意义。不同的文化对产业经济的发展和运行产生着不同的影响。内在于乡村的文化是村落土生土长的文化，赋予产业发展的底蕴和灵魂；外在于乡村的文化由村民学习和引进而来，促使产业发展转变思路、开拓创新。由此形成文化的内部性－外部性维度。

第二个维度则是从历史角度出发，审视文化作为因变量对产业发展的适应性变迁，劳动介入直接影响着文化由人文性向经济性的转化。传统上，文化的属性仅凸显了人文性，在劳动生产条件下，文化的经济性（存在于生产过程中的一组工艺、技术）才得以凸显并快速发展。在文化产业中，文化是产业的基础和内容，民族文化更是为产业赋予了民族文化的特性，使产业具有了独特的文化价值。从市场的角度看，要实现文化的产业化，创造经济效益，就需要在文化和市场中寻求一个中间客体，即文化的产品化过程，换言之，需要把实物文化、行为文化和观念文化转化为具体的产品并进行营销，获取利润。遵循这种思路，民族文化在产业化发展过程中，生产出许多优秀的文化产品，创造了可观的经济效益。比较而言，行为文化和观念文化的产业化更复杂，它们只有依附在具体的载体上，呈现为书籍、影视、绘画等形态，才能进入市场发挥经济功能。文化产业化的过程本质上呈现了文化与产业关联的另一个维度，即把文化视为一个独立的系统，考察产业对文化的渗透与改造，探讨如何激发文化的经济性，

[①] 这里的产业是指由资本和技术主导的规模化生产和服务的集合。

由此凸显了文化的人文性－经济性维度。

借助权力、资本与市场的中介，这两个维度相互组合，即可形成如图2－1所示的文化与产业的耦合关系。

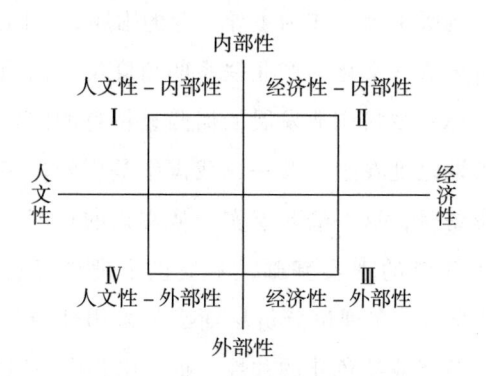

图 2－1 文化与产业的耦合关系

依据内部性－外部性、人文性－经济性两个维度，文化与产业的耦合关系可以形成四种类型的配对组合，塑造产业发展的四种文化基础。

第Ⅰ种——人文性－内部性组合模式的文化基础（整体型文化）

表示村落文化资源具有浓厚的人文性，村民的日常生活中保留有较为完整的实物文化、规范文化、行为文化和观念文化，村落文化资源的完整性较好、存留度较高，文化的经济属性尚未被文化持有人充分认识并挖掘，尚未进入生产领域，但是文化资源蕴含着强大的产业推力，具有独立驱动产业发展的能量。

第Ⅱ种——经济性－内部性组合模式的文化基础（工艺型文化）

表示地方特色性经济生产（例如造纸、酿酒、制茶、缫丝纺织、刺绣、编织等）具有一定的历史基础，且经济生产在历史发展过程中已经形成了一套成熟的生产工艺和技术，但是这些来自生产体系内部的文化仍囿于传统的家户经济中，尚未在市场经济条件下被充分激发出规模效益。

第Ⅲ种——经济性－外部性组合模式的文化基础（创生型文化）

表示村落在历史上，没有创造、传承和积累出可资利用的特色性地方文化，产业经济发展缺乏文化资源的加持。村落现代产业发展是建立在与传统产业切割转型的基础上，通过引入一套全新的生产工艺和技术，形成一个新的产业结构和产业文化。

第Ⅳ种——人文性-外部性组合模式的文化基础（移植型文化）

表示产业发展在缺乏历史性文化资源的情况下，通过复制或嫁接人文性文化资源形成市场吸引力，作为主导产业的附属，辅助产业发展。

上述四种组合模式从文化与产业关系的角度反映出地方产业发展的起点及可行路径，为思考乡村产业发展如何凸显特色的问题提供了一个有益的分析框架。其可取之处在于：其一，我国幅员广阔，多民族共同生产生活，民族文化异彩纷呈，这一经验事实为从文化的角度来思考产业发展的特色性问题奠定了深厚的现实基础，并提供了理论可行性；其二，面对"一村一品"实践理念，在理论分析层面必须采用理想类型的方法防止特殊性泛滥，把握村落产业特色化的共性，提炼出具有一般性的特色路径。

第三节 产业发展的文化逻辑和分析框架

经由前文的梳理，本书中的"文化"是指村域范围内孕育的地方文化，具有当地性、历史性、民族性、生态性等特征；"产业特色"体现为产业行业性质、生产内容、品质定位和可持续性；"文化逻辑"是指文化助力产业和文化适应产业的机制，"文化效应"体现为乡村文化变迁（从生产方式、生活方式、互动方式和价值观念四个方面予以反映）和乡村振兴的路径选择。

一 产业发展的文化逻辑

地方文化基础是分析产业发展的文化逻辑的起点。乡村产业发展的四种文化基础决定了四种文化逻辑，分别是整体驱动、局部提升、散点渗透、并行辅助（见图2-2）。这里引入恩施州四个村落产业发展的基本情况来说明四种文化逻辑的内涵。后文还将详细介绍四个村落产业发展的过程。

20世纪后期，文化需求成为主导性需求，文化对产业发展的推动作用日趋明显。随着产品的文化含量越来越高，文化已然成为经济增长的新动

	整体	局部
直接	整体驱动	局部提升
间接	并行辅助	散点渗透

图 2-2 产业发展的文化逻辑

力。文化可以通过主导、驱动、提升、渗透、辅助等诸多机制引发产业与技术、市场的关联。本书采用理想类型的方法简化文化与产业的复杂关系，是希望结合乡村产业兴旺的经济实践深入考察文化与经济的内在关系，为乡村振兴拓展思路、提供借鉴。地方文化资源禀赋是乡村产业发展的基础，技术、资本、人才等是乡村产业发展的条件。只有将两者有机结合，切实开展增量实践，推进产业与文化之间的互动，各个村落才能探索出一条适合自身的产业兴旺之路。

（一）人文性-内部性组合模态下的文化驱动产业

人文性-内部性组合下，乡村文化具有高度的原生态性、历史性、整体性和生活性。在物质、规范、行为、观念等各层次上，文化都深度融入当地居民的日常生活中。恩施州来凤县舍村正是这种传统文化深厚、特色鲜明的村落。该村有6个村民小组，共计170余户600余人。

舍村是土家族文化保存较好的自然村落，保留着最原始、正宗的民族文化底蕴——土家族摆手舞、吊脚楼、古韵摆手堂、濒危土家语等，被视为土家族的文化圣地。土家族传统文化为该村产业发展确立了灵魂与核心，奠定了该村发展文化驱动型产业的基础。政策、资本、技术等要素都服务于文化的挖掘、展示、转化和传播。舍村围绕土家摆手舞做足做好了文化产业的文章：地方政府投入大量人力、物力，架桥修路、绿化荒山、改造民居、完善基础设施，建设文化活动中心和民俗文化村；2006年摆手舞被列入首批国家级非物质文化遗产名录，2009年"来凤·中国土家摆手舞文化旅游节"拉开帷幕。随着来凤土家摆手舞队相继在上海国际旅游节、第九届中国艺术节、上海世博会上大放异彩，并荣获中国政府群众文化最高奖项"群星奖"，舍村成功走出了一条特色产业发展之路。

舍村特色产业发展的运作逻辑可以概括为：借助政策、资本、技术的推动，把村民们原生态的生活文化转变为生产文化；借助旅游观光、艺术表演、地方手工艺品售卖等方式，民族文化进入市场、成为商品；借由广告、宣传、营销系统，各种民族文化产品被观赏、体验、消费，进而创造出利润和经济价值。贵州西江千户苗寨、湖南湘西凤凰古城本质上也是遵循了这样一种特色逻辑，通过产业化发展，民族文化的人文性转化为经济性。

（二）经济性–内部性组合模态下的文化提升产业

在经济性、内部性组合下，乡村传统产业在历史上已经形成了自身的文化标志与符号表征，尤其是凝聚在劳动者身体中的知识、技艺和经验。这些传统产业有自身的运行规律，脱离文化元素也可以存在和发展，只是依托家户生产所以效率低下。这些文化元素一旦被新理念、新技术和工商资本激活，就会不同程度地提升产业发展的竞争力和潜力。恩施州宣恩县伍村茶产业的转型升级便是走了这样一条道路。

伍村拥有非常适合于茶叶生长的自然地理条件和气候条件，自古以来，这里就是优质茶叶的产地。该村充分利用茶文化资源，引入外部资本、技术和先进的管理理念，推进茶产业的转型升级。在产业运作方式上，变农户分散手工制茶为"公司+合作社+基地+农户"的合作形式，在龙头企业统筹下，收购、加工、包装和销售实现了一条龙运营。这种模式整合了伍村的茶叶种植以及加工资源，实现了规模化、产业化的生产经营。在恩施地区，茶叶种植加工非常普遍。放眼全国，各地名优特色茶品数不胜数，伍村茶得以在激烈的行业竞争中站稳脚跟、不断拓展的制胜关键就在于充分重视并调动产业的历史文化元素，提升产品质量和名气，利用"贡茶"的品牌效益增强其吸引力和号召力，增加市场价值。

伍村代表了具有一定产业文化积淀、传统产业特色鲜明的一类村落。这类村落特色产业发展的思路大致相似，即以传统特色产业为依托，利用现代理念、技术和资本推进产业转型升级。在此过程中，产业历史上积累的生产经验和技术，以及口碑与名气等这些碎片化、一度休眠的文化特质被重新整合并激活，成为增强产品吸引力和市场竞争力的文化砝码，传统产业文化元素的经济性得以发掘。

(三) 经济性－外部性组合模态下的文化渗透产业

经济性、外部性组合所反映的是一种较为普遍的情况：多数村落地方文化内涵单薄，人文性和特色性并不突出，村民们以种植粮食作物为生，面朝黄土背朝天。这样的村落，在中华大地上比比皆是。在这种条件下，乡村产业发展主要依靠外部资本、人才带入的新理念、新技术发展新产业，并在产业发展过程中建设产业品牌、培育产业文化。恩施州宣恩县黄村2003年以前还是典型的贫困村，村民们种植玉米、红薯、土豆等农作物，由于极度干旱缺水，石漠化程度严重，收成并不好。2003年以后，黄村转换观念、拓展思路、改种经济作物黄金梨，走出了一条产业兴旺的新路子。

黄村经济的快速发展得益于没有文化包袱，观念转变相对顺畅，产业结构调整迅速。目前，黄村的产业结构可以总结为"以黄金梨种植为龙头，辅以传统作物生产，带动农家乐产业的发展"。黄金梨产业作为支柱产业极大带动了整个村落的现代化进程。在黄金梨的种植过程中，农户的市场观念、种植技术、认知结构都发生了很大变化；合作社的管理水平、市场意识、本地知识认知等也极大提升。2012年该村黄金梨申请到"沃地娃"商标，主打绿色无公害、无污染、口感清甜的水果品牌。依托黄金梨生产，黄金梨赏花节、采摘节等吸引众多游客慕名而来，带动了当地农家乐产业的兴起，共建成了18家农家乐和2家民宿。文创公司和花卉公司也闻风而至，参与黄村阿尼阿兹旅游区建设，欲将其打造为集农业观光、乡村休闲、节庆活动、户外运动和生态度假于一体的乡村休闲旅游胜地。

黄村面对传统文化与特色产业基础几乎为零的现实困境，积极转变思路，创新性地种植具有良好经济效益的水果，并在此过程中，融入品牌理念、绿色理念、休闲养生理念，整体提升黄金梨产业群的形象价值。一言以蔽之，黄村产业发展的特色之处在于依托黄金梨产业，走出了一条种植业+旅游业的融合发展之路。

(四) 人文性－外部性组合模态下的文化辅助产业

人文性、外部性组合表示产业发展在缺乏历史性、地方性文化资源的情况下，通过复制嫁接他处的文化资源来提升产业知名度、增强产业的市场竞争力，辅助产业发展。恩施芭蕉侗族乡高村的产业发展之路就是这样。高村所属的芭蕉侗族乡是湖北省 10 个少数民族乡镇之一，总人口 6.4 万，其中侗族人口 2 万多，主要聚居于马河滩周边，高村的侗族人口很少。这里也是富硒茶的主产地，诞生了茶中精品——恩施玉露。

20 世纪 90 年代初，高村结合地方土壤质地以及气候条件，大力发展茶产业，以公司＋合作社＋农户的模式运作。经过多年的持续经营，该村实现了茶叶种植与加工的规模化生产，"恩施玉露"制作工艺被列入国家非物质文化遗产保护名录，"恩施玉露"成为价值达 13.28 亿元的中国驰名商标。如果从新兴产业发展的角度对高村和黄村的产业发展做比较，不难得出两个村落的思路与做法较为相似的结论。但是如果把芭蕉侗族乡整体的文化-产业关系考虑进来，就会发现它们之间存在明显差别。芭蕉侗族乡地理位置特殊，自古就是恩施去湘、川的必经之地。境内有众多的古村、古树、古墓、古石拱桥、小红岩千步梯、老街古盐道、庙宇等，也有以鼓楼、花桥和侗族大歌为代表的极具民族文化标志性和个性色彩的原生文化，但是这些文化资源都不在高村域内。

高村最大的优势在于其地理位置，距离恩施州府车程半小时，是一处山间小盆地，一条小河绕村而过，这样的地势在群山错落的恩施地区并不多见。为了辅助茶产业发展，吸引更多游客来赏茶、品茶、买茶，该村打出了侗族文化牌，组织专人到贵州侗区学习侗族歌舞和建筑工艺，在茶山上兴建"侗族风情寨"，让汉族和土家族居民为游客表演侗族歌舞，以此辅助茶产业开辟市场。

二　本研究的整体分析框架

至此，便可提出本研究的整体分析框架：以文化与产业的互动为理论视角，综合考察产业发展的文化逻辑（文化转化和文化适应产业的机制）、乡村文化变迁两个变量之间的内在关系。本书将从考察美丽乡村的历史遗存和文化基础入手，分析产业发展的地方文化条件如何影响产业的性质、内容、品质定位和可持续性，乡村文化自身因文化与产业的结合发生了哪些变化,这些变化又将对乡村振兴路径产生怎样的影响。三者之间的关系详见图 2-3。

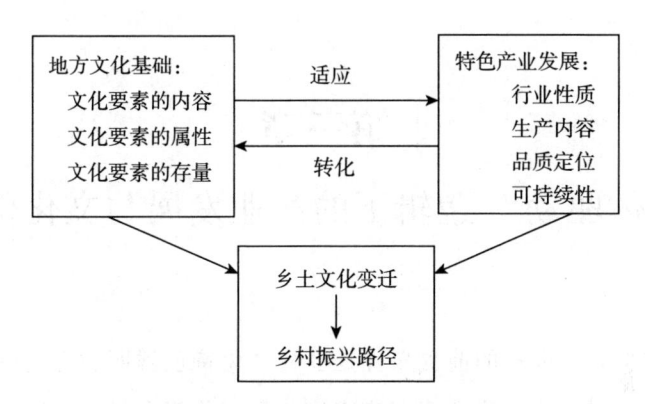

图 2-3 本研究的整体分析框架

本书的最终目的是通过简化文化与产业互动的复杂关系,深度揭示产业发展的特色之路及其对文化产生的影响,后者尤为重要。与其说是产业对文化的影响,不如说是文化对产业的适应与变迁。乡村文化千姿百媚,有机合成了中国乡土文化的整体面貌。乡村文化在市场化机制的冲击下将何去何从,不仅是关涉乡村振兴大局的重要问题,更是影响中国乡土社会转型质量的关键所在。对这样一个宏大议题,本书将通过四种文化逻辑和效应的类型学研究,予以尝试性思考和讨论。

第三章

"整体驱动"逻辑下的产业发展与文化保护

"整体驱动"逻辑的前提条件是乡村文化特色鲜明、完整度高、人文底蕴深厚。此类乡村文化资源具有丰富的经济价值和强大的助力产业发展的能量,能够独立支撑某一特定产业的发展,通常是旅游产业。

第一节 舍村、西寨和药村的故事

一 舍村旅游产业发展概况

舍村位于湖北省西南角恩施土家族苗族自治州,面积约1.57平方公里,包含6个村民小组,合170余户600余人。其中,总人口的90%以上都是土家族彭姓人口,据说大多为唐朝末年迁居此地的彭姓先祖彭相龙的后代。当地民风淳朴、百姓热情好客、关系和谐,村民不嗜赌、不沾毒,唯好摆手舞。

（一）舍村民族文化优势的挖掘

1. 土家摆手舞

摆手舞在土家语中叫"舍巴"或"舍巴格痴",是一种将舞蹈和体育兼容于一身的土家族传统舞蹈,流传在湘、鄂、渝、黔四省市交界的酉水流域及沅水流域,尤以酉水流域最为集中。舍村作为这一土家族文化的传承地,保留着最为原始、正宗的文化形态。舍村的摆手舞特色鲜明,新奇好看。其动作特点是顺拐、屈膝、颤动、下沉,摆手动作主要包括"单摆""双摆""回旋摆",形多似"砍火渣""挖土""种苞谷""薅草""插秧""割谷""织布"等。其主要伴奏是锣鼓,时有摆手歌穿插其间,歌、舞、乐浑然一体。2008年,舍村摆手舞被收入中国国家级非物质文化遗产名录。①

早在20世纪50~60年代,我国著名人类学家潘光旦先生为收集整理土家族文化,就曾来此做过翔实的田野调查。当时,潘老不仅观赏了舍村百姓展示的摆手舞,还组织当地村民座谈,为了解、核实当地土家族传统文化鞠躬尽力。与此同时,在来凤县卯洞乡民族文化馆任职的陆某和李某等人,为挖掘、整理民族文化遗产前往百福司镇河东乡开展深入调查,奔走辛劳(孙珉,1999)。

经过前人的不懈努力,1980年5月21日,苍劲有力、古朴大方的原生态摆手舞终于呈现在世人面前。在来凤成立土家族自治县的庆祝大会上,当地百姓为与会的省内外嘉宾带来了一场民族文化的视听盛宴。舍村摆手舞自此名声大噪,走向了广阔舞台,彰显和弘扬了中华文化的多样性和丰富性。1998年,来凤县民族宗教事务局(以下简称民宗局)进一步挖掘、整理了当地摆手舞。2001年,经过县级各部门的倾力打造和编排,舍村原生态摆手舞队在来凤县首届摆手节摆手舞比赛中一举夺魁。随后,这支由村民组成的原生态舞蹈队相继在恩施土家族苗族自治州成立20年庆典、武汉国际旅游节、来凤县第二届摆手节、上海国际旅游节等多场大型活动中精彩亮相、一展风采。中央电视台、湖北电视台、上海东方电视台等多家媒体也都先后来到舍村,对其原生态摆手舞进行了实地录制。一瞬间,这个昔日名不见经传的小村落被众人推到了聚光灯下,摆手舞文化熠熠生辉。

2. 土家吊脚楼

目前,舍村仍存留着大量有形文化,除摆手堂以外,最为典型的是木制吊脚楼。整个村子有140多户人家住的都是木房,其中1/3的人家建有吊脚楼,院坝和阶沿多是青石板铺成,户与户之间的道路也是石板铺成,

---

① 参见《国务院关于公布第一批国家级非物质文化遗产名录的通知》,https://www.gov.cn/gongbao/content/2006/content_334718.htm,最后访问日期:2024年3月8日。

自然和谐。房屋的用途和结构至今没有发生变化。房屋多为一字三开间，中间是堂屋，供祖先神位，是家里办大事的场所；堂屋两边是伙房和厨房，其中一边的前半部分是伙房，设有火坑，是煮饭、取暖、聚会的地方；伙房后面是卧室，堂屋上面没有天楼，伙房和卧室上都有天楼，伙房上面的天楼是用条木或者是竹子铺成，用于炕桐、茶、玉米等物；卧室上面用榫卯衔接的木板铺成，用于放粮食。较为富裕的人家都修厢房，形成吊脚楼，有吊一边的，有吊两边的。吊脚楼木房中陈列的生产工具和生活用具多是传统的木制和竹制品，如生产工具中的犁铧、搭斗、莲盖、挖锄、背篓、背篼等，生活用具中的石磨、木盆、木缸、木桶、柜子、蓑衣、斗笠等（杨思义、周潮，2021）。

3. 风俗习惯

在饮食习俗方面，舍村人喜辛辣食物，喜饮烈性酒，喝酒用大碗，三巡为敬；喜吃腊肉，过年节打糍粑，做团徽，与湘西土家族无异。舍村的传统节日保留完好。二月初二是土地菩萨的生日，四月初八牛王节是大节气，以前要杀猪、宰牛，跳摆手舞，现在仍然很看重这一节日。五月初五是小端午，五月十五是大端午，七月十二过七月半，八月十五过中秋，九月初九重阳节，正月春节摆手。

（二）依托民族文化大力发展旅游产业

作为土家族文化保存较好的自然村落，舍村不仅因土家族摆手舞发源地而备受瞩目，村落其他文化资源——土家吊脚楼、古韵摆手堂以及濒危土家语等，也为之增添了浓厚的民族韵味，使其当之无愧地成为土家族的文化圣地，吸引着慕名而来的八方游客。

为了帮助舍村发展经济，振兴乡村，地方政府投入大量人力、物力，完善村庄基础设施建设，并为其制定旅游产业发展规划。2003年，县民宗局投入16万元，先铺设了1200米的青石板路，后建设了舍村文化活动中心。同年，林业部门在该村建设了水果基地，无偿投入一万株大苗进行荒山绿化。2004年，县人民政府投资修建了百福司至舍村的柏油公路。县民宗局投资新建了舍村内的公路，并改造了部分住房。同年，武汉大学与中国地质大学的专家学者受邀为舍村量身制定了民俗文化村详细规划，为进一步发展民族文化旅游勾勒蓝图。2005年，舍村绿化工程在县民宗局与林业部门的联合推动下顺利实施。到2006年初，第一期楠竹栽植基本完成，1000株桂花树苗挺立在村级公路两旁。

2007年出台的《来凤县开展"三大战役"促进县域经济发展工作方案》明确了各相关单位帮扶舍村的任务和目标：旅游局负责完成舍村"全省农业旅游示范点"的申报工作；民宗局负责完善村文化中心的建设和舍村标志建设；建设局负责村内石板路的新建及维修工程；能源局牵头完成住房改造和环境卫生治理工作。2008年初，包括舍村在内的8个行政村获得百福司镇低丘岗改造项目支持。2010年，湖北省民族宗教事务委员会也投入120万元资金，用于舍村特色民居的改造。①

独特的土家族文化优势帮助舍村获取了诸多政策倾斜和资金帮扶，不仅为该村创造了更高的发展平台，也带动了百福司镇、来凤县的发展步伐。正如布迪厄所指出的，文化事实上是一种特定的资本，与经济之间存在紧密联系。具体而言，经济资本规定了文化生产赖以发生的条件，同时行动者的文化资本也可能转化为经济资本，带来更可观的回报。不难想象，当经济、政治资本积累到一定程度时，又能推动文化资本的扩大再利用，从而为更大范围的经济、政治资源累积创造条件。民族文化的推广弘扬所带来的村落变迁和区域发展，正是文化、经济、政治资本转化所带来的必然结果。

在舍村村口的公路旁，一座雕刻着村落名称的巨型石碑巍然屹立，石碑下方镶嵌着三行小字——"湖北省民族文化保护村""湖北省民族团结进步示范村""湖北百镇千村示范村"。这座"荣誉碑"是舍村的标志性建筑，是2007年来凤县民宗委、百福司镇政府为该村铸造的。这些光彩夺目的荣耀记载着村落厚重而浓郁的文化传奇。

二 西寨旅游产业发展概况

西寨是全国最大的苗族村寨，位于贵州省黔东南苗族侗族自治州雷山

---

① 参见《2010年来凤县政府工作报告》，http://www.laifeng.gov.cn/xxgk/zfgzbg/201908/t20190802_527197.shtml，最后访问日期：2024年3月8日。

县东北雷公坪之麓，距县城 36 公里，距黔东南州州府凯里 39 公里。西寨属亚热带湿润山地季风气候，年平均气温 14℃～16℃，年降水量 1300～1500 毫米，冬无严寒，夏无酷暑，清凉宜人。在这片 61.498 公顷的土地上，生活着约 1258 户 5326 人，苗族人口占总人口的 98.2%，故称"千户苗寨"。[1]

西寨是目前中国乃至全世界最大的苗族聚居村寨，由已经合并的 10 余个依山而建的自然村寨相连而成。苗族的"西"氏族[2]世代生活在这里。这里是中国苗族历史上第五次大迁徙的主要集结地、大本营，保存着较为完整的苗族"原始生态"文化，苗年节、吃新节、十三年一次的鼓藏节等均名扬四海。西寨就是一部苗族发展史诗、一座露天博物馆，是观赏和研究苗族传统文化的大看台。

（一）西寨深厚的文化底蕴

西寨的民族文化主要体现在建筑、服饰、饮食、节日、婚俗等方面，最具特色的是当地的民房，有平房、楼房和傍山就势而建的半边吊脚楼等类型。全寨的房屋均为木质结构，依山而建，鳞次栉比，次第升高，整体风格协调一致，古朴典雅，其恢宏气势犹如天上楼阁，是不可多见的艺术奇观。据统计，西寨吊脚楼共有 1280 栋。其他有代表性的文化遗产尚有生产工具 12000 多件（含纺织工具）、祭祀工具 1000 余件，苗绣衣服 11000余件，银饰 4000 余件。其中部分房屋和物品的历史达到了 200 甚至 300年。在国务院公布的第一批（2006 年）、第二批（2008 年）国家级非物质文化遗产名录中，西寨苗族鼓藏节、苗寨吊脚楼营造技艺、苗族银饰锻制技艺、苗绣（雷山苗绣）、苗族织锦技艺、苗族飞歌、苗医药（骨伤蛇伤疗法）等榜上有名。[3] 一个村寨获得这么多的殊荣，这在国内外都较为

---

[1] 参见《贵州旅游地标 ⑧｜西江千户苗寨》http://whhly.guizhou.gov.cn/xwzx/wldt/202306/t20230623_80453573.html，最后访问日期：2024 年 3 月 8 日。

[2] 属黑苗，也称"长裙苗"。

[3] 参见《国务院关于公布第一批国家级非物质文化遗产名录的通知》，https://www.gov.cn/gongbao/content/2006/content_334718.htm，最后访问日期：2024 年 3 月 8 日；《国务院关于公布第二批国家级非物质文化遗产名录和第一批国家级非物质文化遗产扩展项目名录的通知》，https://www.gov.cn/gongbao/content/2008/content_1025937.htm，最后访问日期：2024 年 3 月 8 日。

罕见。

1. 田园风光

西寨所在地形为典型的河流谷地，苗寨的主体位于河流东北侧的河谷坡地上，清澈见底的白水河穿寨而过。苗族同胞千百年来在这里日出而作，日落而息，开辟出大片梯田，在苗寨上游地区形成了别具一格的田园风光：山涧泉水注入梯田，光滑如镜，苗族妇女挑着砂浆为农田加固，苗家男子赶着马儿运输砂石，小孩在田边采花嬉闹，不时传来苗家歌曲，希望的田野让人心旷神怡。每年的3月至4月是当地最热闹的春耕播种期，至今仍保留着传统的耕作习俗，各种民俗活动也会上演。西寨人特别重视春耕，"春耕插秧时，需占卜看日，举行仪式"，由"活路头①"家拉开一年的春耕大幕。在当地人看来，"活路头"家第一次插秧时，出门不能遇人，特别是老人和妇女，如遇人即表示来年风不调雨不顺。而且插秧只能插单数，多少不限，开个头就行。一般看好日子都是半夜出门干活。

2. 吊脚楼

西寨的苗族建筑以木质吊脚楼为主，一间间古朴的苗家吊脚木楼依山而建，与周围的青山绿水和田园风光融为一体，和谐统一，相得益彰，是中华民居建筑的活化石。西寨苗族吊脚楼是从上古居民的南方干栏式建筑传承演化而来，分为平地式和斜坡式两大类，在结构上一般为穿斗式歇山顶，三层的四榀三间或五榀四间，运用长方形、菱形、三角形等多重结构组合，构成三维空间的网络体系，在建筑学等方面具有很高的美学价值。吊脚楼的底层主要用于存放生产工具、储存肥料、关养家禽与牲畜或用作厕所；第二层是客厅、堂屋、卧室和厨房所在地；第三层是存放谷物、饲料等生产、生活物资的仓库。一般在堂屋外侧建有"美人靠"，苗语称为"阶息"，是苗族建筑的一大特色，主要用于乘凉、刺绣和休息。吊脚楼的设计理念反映出苗族居民珍惜土地、节约用地的民族心理。在修建吊脚楼的过程中也形成了一些仪式性的文化符号，如上梁的祝辞和立房歌，具有

---

① "活路头"是西寨传承至今的自然领袖之一，负责主持农业生产，是苗寨的"农业部部长"。"活路头"由世袭产生，传大不传小，传男不传女，苗寨现任"活路头"是第十六代传人。

浓厚的苗族宗教文化色彩，是苗族传统文化重要的承载（张佳峰，2020）。

3. 风雨桥

风雨桥是苗寨最典型的建筑之一，多建在村寨附近，以关风蓄气、挡风遮雨。平寨风雨桥和南寿风雨桥是西寨目前最有名的两座。风雨桥以前是弓形全木式结构，坚固性较差，几经修复又被洪水冲毁。2008 年以后，西寨采用水泥和木材的混合材料新建了五座风雨桥，极大增强了风雨桥抵御洪水的能力。

4. 苗寨歌舞

苗族是一个擅长歌舞的民族，苗寨人喜欢身着华美的服饰，唱着动人的旋律，跳着欢快的舞蹈，讲述美丽的爱情故事。苗族歌舞具有浓厚的民族色彩，展现苗族的人文风情。寨中老人还会用苗族古语演唱史诗般宏大的古歌（苗族古歌有四部分，涵括万物起源、天地洪荒及辛酸迁徙史等）。此外，掌坳苗寨的铜鼓舞、方祥苗寨的高排芦笙、乌流苗寨的木鼓舞等是苗寨人迎接贵客或在特殊场合下表演的隆重节目（刘丽珺、张继焦，2021）。

（二）旅游产业的发展及其带动

西寨旅游产业的发展经历了村民自发、行政主导、企业主导三个阶段。2000 年前后，随着游客的零散进入，苗寨已经出现了村民自发办旅游的市场行为，但由于缺乏政府力量的引导，到 2007 年底，西寨商家尚不足 80 户，旅游市场发育不充分，经营主体规模小，村民参与旅游经济的机会少。

2008 年，当地党委政府抓住"贵州省第三届旅游产业发展大会"在西寨召开的历史机遇，整合上亿资金立规划、搞建设，在民族文化保护上设规程、定制度，鼓励、引导商户积极参与旅游市场的培育和活化（凯里学院党委宣传部，2008）。十几年来陆续投入资金 20 多亿元，解决了制约旅游发展的瓶颈。例如，针对污水横流、畜粪满街的情况，2011 年修建污水处理厂，有效整治了环境卫生问题；针对基础设施不到位的情况，持续推进各项基础设施建设与完善，有效保护了苗族传统吊脚楼群；针对村寨没有路灯，村寨居民出门"靠月亮""打电筒"照亮的情况，实施"千家灯火工程",不仅方便了生活,也增加了传统村寨的看点,"千家灯火"成为令众多游客惊叹的景区亮点。2015 年,贵州"县县通高速",高速路修到寨门口,打通了西寨和外界的快捷通道。

2009 年,政府注资 3000 万元成立西寨文化旅游发展有限公司,主抓村寨景观、旅游经营和客源市场。通过公司的专业化运营,西寨旅游市场逐渐形成规模化效应。到 2017 年,入驻西寨各类市场主体超过了 1300 户,经营主体十分活跃,旅游业态非常丰富,基本形成了"吃、住、行、游、购、娱"完整的旅游产业链。

西寨于 2015 年 4 月启动了电子商务旗舰店,当年 7 月正式挂牌试运营。该旗舰店营业面积 400 平方米,引入商品 100 多种、单品 500 多种,是黔东南州电子商务北斗七星计划中的第一颗星,也是互联网+旅游+政府公信力的黔东南电子商务发展示范项目,重点培育了雷山鱼酱、雷山银饰、雷山银球茶、雷山青钱柳、雷山天麻等当地旅游扶贫特色产品。①

旅游开发为苗寨创造了可观的经济价值,游客量从 2008 年的 77.73 万人次增加到 2018 年的 815 万人次,旅游综合收入从 1 亿元增加到 100.08 亿元;村民人均收入从 2007 年不足 2000 元,猛增到 2018 年的 20000 元;扎根在西寨参与分享旅游发展红利的企业和个体工商户,带动邻近村寨 2000 余人就业。目前,西寨已诞生千万元户 10 户,百万元户超过 20 户,更有 10 万元户 100 户以上。②

三 药村旅游康养产业发展概况

恩施州利川市谋道镇药村地处长江南岸,是一个人口 600 余人的土家族村落。该村距利川市区 48 公里,海拔 1500 米,是我国最具原始生态特色的村落之一。这里地理气候特殊,有利于中药材的生长,出产的中药材品种繁多、品质优良。自古以来,药村人都是以药材采摘、种植为生。该

---

① 参见《黔东南州电子商务工作第一季度新闻通气会发布稿》,http://www.qdn.gov.cn/jdhy/xwfb_5872258/202303/t20230315_78521186.html,最后访问日期:2024 年 3 月 8 日。
② 参见《州人民政府办公室关于印发黔东南州 2018 年政务公开工作方案的通知》,http://www.qdn.gov.cn/zwgk_5871642/zfgb_5871708/2018n_5877355/2018ndjq_5877388/zzfbgswj_5877390/202110/t20211012_70855633.html,最后访问日期:2024 年 3 月 8 日。

村的自然景观独特、风光秀丽，其中尤以 SMD 地区最为突出。

（一）药村得天独厚的自然文化优势

1. 自然地理风貌

SMD，在土家语中是"老虎喝水的地方"的意思，面积 20 平方公里，西与重庆万州接壤。SMD 以"稀、幽、奇、险、秀"著称。这里有黄杉、红豆杉、异叶梁王茶、鹅掌楸、珙桐等 60 多种国家一、二级稀有植物；有最古老、品种最多、规模最大的杜鹃群落，生长周期上百万年，总面积达 5 万亩；幽在密林，一望无际的苍茫林海，红豆杉、水红树、漫山遍野的杜鹃花等各种特色植物以及小桥、流水、鸟鸣，似画如歌；奇在小径，蜿蜿蜒蜒、九曲回肠，行走在其中，便如人在画中游；险在山峰，一边是纵横奇美的磁洞沟峡谷，一边是南方最大的高山草场齐岳山、麒麟峰、乌龟山、蛇山、罗汉山等美丽如画的景致，让人流连；秀在溪流，时而奔放如千军万马，时而温婉似恬静少女，水花晶莹、清甜甘洌。区内流淌着石英砂地貌所特有的优质矿泉水，苏马神水、凤凰泉闻名遐迩。每年 5 月，这里的红杜鹃、银花杜鹃、白杜鹃、紫杜鹃竞相开放，姹紫嫣红，堪称百里"杜鹃长廊"。大自然惠予了 SMD 独特的原始、自然、古朴、奇特和美丽，成为天地间灵性山水的绿色生态家园，堪称森林中的伊甸园。[①]

这里气候四季分明，冬无严寒、夏无酷暑，年平均气温在 18℃ 左右，被称为"天上林海、地下凉都"。加之森林密布、风光秀丽、宁静自然、风情独特，是人们休闲、纳凉、度假的理想之地。这种得天独厚的自然地理风貌为药村的发展提供了无可替代的机遇。药村目前以 SMD 旅游风景区为依托，充分利用当地旅游资源，不断加大基础设施建设力度。其宜人的气候、秀丽的风光、珍稀的野生药材、各种山货特产，都有很强的消费吸引力。

2. 历史文化积淀

药村所属的利川市是巴、楚文化的交会之地，少数民族人口占全市人

[①] 参见《走进群山环绕的苏马荡》，http://lyj.zj.gov.cn/art/2021/4/20/art_1277861_59008898.html，最后访问日期：2024 年 3 月 8 日。

口的 46% 以上，以土家族、苗族为主。这里民族风情十分浓郁，地域文化和少数民族文化独特而富有魅力。这里孕育出了地方特色小吃柏杨豆干（获康熙皇帝亲笔御赐"深山奇食"金匾）、龙船调（世界 25 首优秀民歌之一）、土家族舞蹈"肉连响"（国家非物质文化遗产）等。这里坐落着"土家第一山寨"鱼木寨、全国重点文物保护单位古建筑群落大水井、黄中土司遗址船头寨、晋代古南浦县遗址、白莲教遗址女儿寨、"南方最大的高山草场"齐岳山、紧锁蜀道的南浦关铜锣关等历史文化遗迹。

3. 传统民族习俗

作为一个土家族村落，这里仍保留着几十栋别具风格的土家族房屋建筑"吊脚楼"。"女儿会"是当地民俗节庆中的盛会。村里人仍然会在节庆时、聚会时跳起最具土家族民族特色的民间舞蹈"摆手舞""肉连响"，会拿出炸广菜、炒腊肉、坨坨肉等最具土家特色的民间菜品招待客人。

（二）药村旅游康养业快速崛起

2008 年以前，药村村民人均纯收入不足 1800 元，"土路泥房、缺水少电、通信不畅、娶妻困难"是昔日药村生活的真实写照。药村旅游产业发展经历了三个阶段（联合调研组，2016）。

自发萌芽阶段。2008 年开始，基于夏季避暑的需要，部分重庆万州居民与 SMD 的亲戚协商，合资在其宅基地上建多层楼房，建成后各分几层使用。后来，逐渐演变为购买亲戚家的宅基地，自建或联建多层楼房，一部分用作自家居住，另一部分对外出售。"避暑房"市场初步成形。

市场无序阶段。2009 年开始，SMD 避暑度假市场引发部分资本雄厚的开发商关注并进入。他们先后采取了三种开发方式：与当地农民私下协商共建"小产权房"、直接从农民手中购买土地建房、农民以土地入股开发度假旅游地产。在大资本的推动下，SMD 的旅游地产业迅速发展。到 2011 年底，当地开发建成的休闲避暑楼盘达 70 万平方米，2012 年有 40 多个小区同时开工建设。这一时期，旅游地产业盲目扩张、违法开发、无序开发和违规建设等现象层出不穷。

政府引导阶段。SMD 建设乱象引起利川市委、市政府的高度重视，于

2012年强力介入，提出并坚持"在开发中保护，在保护中开发"的原则，及时跟进补位。为了将无序建设引向有序化、规范化、集约化、规模化的发展轨道，着重解决三个问题。第一，科学编制发展规划，加强土地监管，将生态保护置于核心地位。第二，多渠道招商引资，充分发挥市场主体的作用，通过供求、价格、竞争三大机制，确保各企业在公平、开放、有序的原则下谋求合理发展，实现利润最大化。第三，健全领导与服务机制，提高开发效益。成立SMD景区开发建设领导小组，组织相关职能部门迅速研究解决SMD景区开发建设存在的突出困难和问题。经过十余年持续不断的努力，药村连同SMD周边八个村落逐渐走出了一条新型城镇化之路，顺利实现了产业结构转型、基础设施完善、居民增收、环境和谐，并获评省级旅游度假区。

第二节　整体型文化基础的特点与优势

舍村、西寨和药村能够不约而同地走上文旅产业融合发展的道路，是基于它们有着大致相似的文化基础。分析它们文化基础的特点与优势，有助于理解此类村落为什么要确立以旅游产业为主导的发展路线。

一　文化基础的构成分析

舍村、西寨和药村都走了一条旅游产业发展之路。这三个地方都是少数民族聚居区，具有较为完整的民族文化元素，对比分析三地的文化构成，会发现A～F类的文化元素在这三地基本都是具备的，但侧重不同。

表3-1　三地文化基础的构成

	舍村
文化遗产	土家摆手舞
节庆、仪式、表演活动、语言	土地菩萨的生日、小端午、大端午、过月半、过中秋、重阳节、正月春节；节庆仪式、婚嫁仪式、丧葬仪式；摆手舞；土家语
器物	土家吊脚楼、摆手堂；土家族服饰；腊肉、烈酒、糍粑、团撒；木质或竹制生产工具和生活用具

续表

技术工艺	建筑营造工艺、食物制作工艺、工具生产技艺等
乡规民约	迎宾、节庆、婚嫁、丧葬、人际关系等方面的风俗规定
观念信仰	祖先神崇拜、自然神崇拜、图腾崇拜
西寨	
文化遗产	鼓藏节、吊脚楼、银饰、苗族刺绣、苗族飞歌、苗族织锦、苗年、苗族医药、蜡染、古法造纸等
节庆、仪式、表演活动、语言	吃新节、苗年、鼓藏节，丰富的节庆仪式；节日期间举行斗牛、斗雀、斗鸡、斗狗、跳芦笙、踩鼓、游方、晚会等；铜鼓舞、木鼓舞、芦笙舞、古歌、飞歌、酒歌；苗族古语等
器物	吊脚楼、风雨桥；苗族服饰；酸汤、糯米饭、米酒、牛角酒、姑藏肉、糟辣、庖汤、苗王鱼
技术工艺	吊脚楼营造技艺、银饰锻造技艺、刺绣技艺、织锦技艺、古法造纸技艺、蜡染技艺等
乡规民约	节庆规矩、鼓藏头、活路头、寨老、理老等
观念信仰	多神信仰，万物有灵
药村	
自然遗产	得天独厚的自然风光和气候条件：SMD（稀、幽、奇、险、秀），野生药材，山珍野味，气候宜人，避暑胜地
节庆、仪式、表演活动、语言	女儿会、摆手舞、肉连响等，土家语
器物	吊脚楼、腊肉、坨坨肉等
技术工艺	建筑营造工艺
乡规民约	
观念信仰	祖先神崇拜、自然神崇拜

梳理比较后不难发现，三个村落在文化内容和存量上都是较为丰富饱满的，尤其是文化或自然遗产，节庆、仪式、表演活动、语言，器物和技术工艺，都具有较强的观赏性和体验性。这样的文化构成在少数民族聚居村寨较为普遍。不同之处在于，舍村和西寨侧重依托文化遗产，药村侧重开发利用自然遗产。发展策略的选择主要还是依据比较优势。药村的土家族文化虽然也保留得较为完整，但是与其他少数民族村落相比，并无突出优势，反而是得天独厚的自然地理环境助它走出了一条独特的发展道路。

二　文化基础的特点与优势

此种类型的村落文化资源，作为产业发展的基础，在乡村现代产业启动之前就长期存在于村落场域之内，存在于村民们的日常生活世界之中。农业生产和农耕生活自然和谐、浑然一体，生产世界与生活世界并未分离，生产文化整体隶属于生活文化，传统习俗、地方风貌、民族特色、乡土韵味共同形塑了文化的人文性。

（一）传承性与竞争优势

通过对三地文化构成的分析，可以发现产业发展的文化基础具有强烈的传承性。舍村的土家族文化、西寨的苗族文化、药村的自然遗产和土家族文化，都是这些村寨从先辈那里继承而来，从古至今鲜少改变。原汁原味的少数民族传统文化和古朴自然、未经雕琢的自然风光与现代都市风貌、工业格调完全不同。

文化与自然遗产之所以能够保留下来，主要与村落相对封闭的地理位置和闭塞的信息通道相关。村民们的生产生活以及自然生态环境仍然保持着原真状态。"原真"（authenticity）本义为真的、而非假的，原本的、而非复制的，忠实的、而非虚伪的。三个村落的文化和自然生态都具有很强的历史原真性，即文化在历史发展过程中始终保持原始的、不受干扰的状态，生态系统的自然度或天然性程度（naturalness）很高，也较少受到人类的干扰。这种客观状态赋予了当地文化独特的、无可替代的历史烙印和空间个性，意味着游客在旅游中能够获得真实可靠的信息、逼真还原的体验。此类型村落确立旅游产业主导的产业结构具有先天优势，具有很强的市场竞争力。

（二）完整性与支撑优势

文化的完整性与原真性存在密切关系。如果说原真性侧重表示文化元素所含信息的真实性，那么完整性则侧重表示文化元素所含原生态信息的保有量。而原生态信息的保有量往往与真实性联系紧密。鉴于一切事物都处于永恒的运动变化之中，文化元素的完整性并不意味着与最初的、原始的状态完全一致。在历史的推进过程中，一定有一些文化元素消逝、变形,但从文化系统的构成来看,物质、行为、制度、精神等层面的要素基本形成了一个闭环的、自给自足的文化生态系统。

对于产业发展而言,文化的完整性意味着文化能够独立孕育支撑一个完整的产业链条。游客能够在这里品尝到独具风味的传统民间美食,能够体验到民族特色的生活生产方式和乡风民俗,能够欣赏到与众不同的民族歌舞、庆典仪式,能够领略自然和谐的田园风光,能够品味粗犷淳朴的风土人情。一句话,吃、住、行、游、购、娱的所有消费内容都能够由文化系统自产自销、自给自足。

(三)不可复制性与持续优势

整体型文化的不可复制性与前两个特点一脉相承。三个村落的文化所携带的独特的历史烙印与空间个性,既与特定的自然地理位置和生态系统相关,更由文化持有者的行为和思想决定。村民作为文化的继承者、持有者、传递者,已经深深地与文化融为一体,文化因他们的言行举止获得展现,他们因文化而与众不同。

文化的不可复制性体现了文化的地方性、群体性,是无法通过复制而异地借用的。文化嫁接的结果是有其形而无其实、有其表而无其味,产业会因缺乏深厚底蕴而难以为继。只有扎根于群众的原生态文化,才能够为产业的持续发展提供生生不息的动力。在西寨,旅游产业的发展激发了村民的文化自觉和文化创造力。2008年以来,陆续有20多户村民通过收集展示当地文化符号开办家庭博物馆,连续挖掘打造出"鼓藏堂""古歌堂""刺绣坊""米酒坊""银饰坊"等近20个苗族文化点,恢复开发丰富多彩、接地气、有温度的节庆民间活动。村民们对民族文化传承与保护的意识日渐提升。文化因其持有者而兴旺,持有者因文化而实现了新的发展。

第三节 整体型文化驱动产业的机制

舍村、西寨、药村的旅游产业都是在深厚的地方文化的整体驱动下发展起来的。文化驱动产业的内涵包括三个方面:第一,文化要借助其他生产要素才能顺利驱动产业,但是资本、技术必须服务于文化的展示和传播；第二，文化是产业发展的灵魂和核心，几乎所有旅游产品的内容、形态都由文化系统提供，包括自然和建筑景观、服装饰品、手工艺品、特色美食、文艺汇演等；第三，文化要借助文化持有者来呈现，通过持有者的行动体现它的价值。以此为基础，文化驱动产业的具体机制体现为以下三个方面。

一 文化元素渗透产业特色

传统观点认为，资本和技术是产业结构演进的两大逻辑。需求结构、技术进步以及资源禀赋与配置等因素的变化，会降低某种产品的平均成本，带动相关工序的独立化和产品化，一旦实现规模化生产经营，便能加速产业发展，形成新兴产业（焦斌龙、王建功，2009）。资本和技术逻辑能够较好地解释工业化时期的产业结构演进，但是工业化生产立足于人们物质需求的满足，难以满足目前人们对文化产品的强烈需求。伴随物质生产力的发展，人类从繁重的劳动中解放出来，闲暇时间日益充裕，文化需求在21世纪必然成为主导性需求。人们越来越注重产品的文化内涵，追求在消费中获得身体放松、情感满足、心灵舒惬，甚至是一种宣告、炫耀、区隔。无论如何，精神文化需求已经取代物质需求，成为推动产业转型升级的主动力。资本和技术越来越关注如何实现文化价值，如何推动抽象文化在具体产品中的实现。文化成为技术开发的核心，资本和技术成为实现文化价值的手段，而不再是产业结构调整的主导力量。

在这个意义上，乡村产业的特色定位，或者说资本和技术推进的方向是由乡村文化的品质特征决定的。整体型文化的传承性、完整性和不可复制性决定了资本投入的对象和技术运作的内容，产业特色也由此明确。衡量产业特色的标准主要包括三个指标：行业类别、产品内容、品质定位。

（一）行业类别的选择

通俗而言，行业分类是根据一定的科学依据，有规则地对从事国民经济生产和经营的单位或者个体的组织结构体系的详细划分。在国民经济行业分类与代码（GB/4754—2011）中，国民经济行业分类多达19类，三个村落的传统产业基本为农业和林业，但都不约而同地转向了旅游业，归根到底取决于资源禀赋、资本和技术。

乡村产业发展之初，普遍存在内生动力不足的情况，外部资本和技术进入是其产业转型升级的动力。资本的本性是追逐利润最大化，以最小投入获得最大产出；技术的本性是尽量安全、稳定、高效、低消耗且高产出、可监测、可调控、易实现。资本和技术对于乡村产业发展的设计与推动主要基于两点考量：其一，山地村落难以发展大规模集约化农业和林业。舍村、西寨、药村都是典型的山地村落，山高、林密、土地稀少且零碎，又不能开荒毁林种地，集约化农业不可取，集约化林业投入高、见效慢。其二，三个地方的人文或自然资源禀赋突出，舍村有浓郁的土家族文化、西寨有浑厚的苗族文化、药村有得天独厚的自然生态条件和独特的土家族文化遗存。发展旅游业投入少、见效快、回报高，整体带动效应明显。

（二）产品内容的获取

乡村产业升级主要得益于市场化运作，而将文化元素物化、商品化则是其中的关键。这需要根据当下人们的审美需求，加入一些现代元素，改变物质文化和非物质文化的存在形态和展现方式，加强其观赏性、体验性、参与性，形成美食、歌舞、制度习俗、节庆、传统技艺等类别的文化系列品牌产品，为产业的高质量发展奠定品牌基础。

舍村的摆手舞在被发掘之后，经过专业的改编，其动作在原来的"同边手"基础上，加入了许多其他动作，节奏也有所变化。不仅更具表演展示价值，而且成为当地人的广场健身舞，也因此成为公共文化的有机组成部分。西寨依托民族特色文化开发出苗族民俗巡展、苗族飞歌、苗族传统芦笙舞展演等多种文化体验活动；开辟宋启兰刺绣店、蚩尤文化浮雕墙、嘎歌古巷等文化展示点；创新苗族酒礼习俗，发展出十二道拦门酒、高山流水和五湖四海两道酒等文化项目。药村开发出"磁洞沟峡谷""齐岳山高山草甸""杜鹃长廊"等自然景观品牌及野生药材、山货等产品。尽管需要技术转化、创意包装和资本运营，但是有整体型文化为基础，投入和开发的成本较低，文化本身可以完全提供旅游产品、休闲娱乐产品的全部内容。

(三) 品质定位的确定

品质定位反映的是产业发展的站位和产品服务的质量。对于旅游产业而言，越高端的定位越突出服务的优质性和旅游产品的精致性；对于以人文景观作为主打产品的文化旅游业而言，意味着原汁原味的风土人情、特色商品、温馨舒适的生活保障和人性化的后勤服务。用现代管理方式和服务理念对乡村特色文化进行挖掘、包装、转型是提升产业品质的根本途径。

舍村、西寨就地取材，充分利用当地民居等文化资源发展民宿业，把传统民居改造为适合游客旅居的清洁、便利、舒适的家庭式居所，让游客直接体验当地的自然、文化和生产生活方式。药村通过打造带有落地窗和观景阳台的现代化高端住宅，将优美的自然风光尽数呈现在游客眼前。此外，民宿主人及工作人员的热情服务、体贴周到的项目安排和设施供应，原真质朴的人文风貌，都决定着这些村落旅游产业品质定位的独特性、高端性。

二 文化开发调整产业结构

从分工角度看，文化产业的发展本身既是社会分工深化的结果，也是下一阶段社会分工向前推进的动力，能够引发传统产业内部的结构调整。对于广大农村地区而言，传统产业基本是农业，包括粮食作物种植、经济作物种植、养殖等形式，村民们的需求仅为养家糊口。但是，文化开发促使新的需求、更高的需求不断生成，行业分工持续深化，乡村产业结构得以不断调整、逐渐转型。文化产业的发展从根本上改变了村民们生产工作的方式。西寨就是一个典型例子。

任职文化公司 作为景区最大的旅游经营主体，西寨文化旅游发展有限公司自成立以来就聘用当地村民做景点门票售票员、旅游观光车司机、饭店或客栈服务员、环卫、安保、厨师等工作。该公司 741 名员工中 365 人来自西寨，占到了公司员工总数的 50%。

经营农家乐或民宿 西寨景区现有 300 多家农家乐，其中有 100 多户是西寨本地人经营，涌现出了像毛雨、李光雄、李珍、侯阿才、杨小伟、李文芬、侯熙、杨钦武等经济能人。大家自主创业,打造出了"侯家庄""后粮仓""农民画家""卯得罗餐厅""阿浓苗家""阿幼民族博物馆""西江饭店"等知名接待品牌。这些农家乐每年的营业额均在百万元以上,大大提升了村民的创富能力。

租赁 随着西寨旅游业的兴起,部分西寨人由于无法负担装修和改造房屋的成本(参照现代化宾馆标准改造房屋,例如隔出标间、添加各种生活设施、风格营造等,花费巨大),把自家的房子租给外来生意人,然后迁往邻近的开觉苗寨居住。当地民居按照所处地段租金差别很大,分布在主干道两边的穿斗式歇山顶结构的苗家吊脚楼一年能够收租60万~70万元,半山的房屋只能租出10多万元的价格。出租的房屋主要用于经营饭店、酒店、公司、商店等。也有人从事民族服饰租赁、拍照的营生。

在园区摆摊 雷山文化旅游产业园区综合执法局在景区内设置了311个摊位,每年以极低的价格提供给西寨村民搞经营,每个摊位每年获利都在万元以上。

西寨直接从事旅游服务行业的村民共计有2000多人。这些村民主要分布于西江1300多家各种经营主体中,在厨师、司机、环卫、安保、管理、餐饮服务、文化表演、民族特色工艺品生产等岗位工作,岗位工资每月2000元到4000元不等。西寨文化旅游业的发展为当地人提供了就地创业就业的机会,当地外出打工的人数相比于其他地区少很多,外出务工的年轻人也越来越多地返乡创业就业。西寨繁荣的旅游市场也吸引着周边村寨众多村民来此创业、就业(李天翼、麻勇斌,2018)。

类似的变化也在舍村、药村以及许多发展模式相似的其他村落上演。旅游业的发展极大地推动了当地产业结构的调整转型,农业生产不再是村民们唯一谋生的方式。随着资本、信息、知识、技术、游客的到来,当地人逐渐转换身份,从农民变成工人、服务者、表演者,服务业、演艺业、生产加工业等新业态不断萌生。产业结构的调整为当地发展注入了无穷动力。

三 文化价值的保护提升产业品质

文化产业的发展证实并坚定了非物质要素创造价值的理念,从而推动社会经济资源观由单一的物质资源向物质资源和非物质资源并重的转换。对于文化价值的再认知和重视，促使地方政府、社区和村民们积极行动，对文化元素进行保护、挖掘和再利用，反向提升产业发展的品质。

舍村通过不断挖掘摆手舞的表演价值、健身价值、交往价值，让更多村民、更多游客欣赏到土家族文化的魅力。环绕夜晚的篝火，村民们带动游客一起跳起摆手舞，映衬着身后的土家吊脚楼，一种其乐融融、宾至如归、各族民众团结一家亲的感觉便跃然而出。在西寨，更是形成了村寨文化保护发展共同体。西寨吊脚楼及其营建技艺是国家级文化遗产，上千栋吊脚楼建筑构成了西江景区的主体，具有较强的核心竞争力。在民族文化保护发展共享机制上，西寨积累了较多的成功经验，被誉为民族文化产业发展的西江模式。西寨的做法主要有两点：一是从景区门票中提取18%作为民族文化保护经费，2012年以来，年均增长率近50%；二是制定西寨民族文化保护评级奖励办法，根据特色民居的保护程度，以户为单位发放文化保护费。2009~2017年，西寨累计发放民族文化保护经费超过1亿元，户均累计超过7万元。通过近十年的旅游开发，西寨传统文化彰显出现代魅力，村民文化自觉意识不断高涨，把苗族的歌、舞、鼓、绣、银、酒等物质的和非物质的文化资源结合在一起，创新出很多新的产品形态。药村对于自然风光、自然资源的开发利用，与健康、养生、交友相结合，提升了旅游产品的人文内涵和价值意境。

第四节　整体驱动型文化产业发展中的困境

尽管这些村落在开发传统文化、发展旅游产业的道路上迈出了坚实的步伐，并取得了一定成效，但是距离文旅融合发展、乡村产业兴旺与文化振兴的同步实现还存在一段距离。

一　文化开发度低的村落所面临的问题

比较而言，舍村是文化旅游产业发展水平较低的村落。近几年，村里越来越多的中青年人加入外出务工的行列，以提高收入水平，致使村落

"空巢现象"日益严重。村落的留守人员主要从事务农和养殖。当地主要种植玉米、花生以及西瓜等作物,部分农户兼种烤烟,全村种植面积100多亩,年收入近50万元。除此之外,当地居民亦可通过运输、参加摆手舞活动、到街镇做生意等途径增加额外收入。村民的收入结构反映了当地旅游业的发展虽然为村落整体发展注入了新的活力,但是仍然没有改变村落经济结构的整体格局。

(一)乡村精英主导的内生动力不足

舍村的发展动力不足问题较为突出。开发民族文化似乎并没有给舍村带来非常显著的改变,村落依旧保持着"以农为本+外出务工"的村落经济格局,村落整体经济仍处于中低发展阶段。乡村精英是乡村发展的领导力量。他们的积极性、创新性、开放性在很大程度上决定着乡村建设的方向和成效。在舍村的发展中,村落政治精英和文化精英虽然起到了引领和带动作用,但是仍然存在问题。

1. 政治精英缺乏工作积极性

村民委员会是领导乡村产业发展的重要基层组织,其工作态度、工作积极性、工作方法和理念等关乎整个村落的政通人和、繁荣兴旺。在对村委工作满意度的调查中,部分舍村村民认为"本村村委工作积极性相较于其他村的村干部,有待提高","村委会干部思想比较保守,没有把心思放在村里发展上,没有利用好本村的文化优势"。可见,相较于当地村民迫切的发展需求,该村基层组织建设和观念转变相对滞后。由于缺乏强有力的乡村振兴领导力量和清晰的发展思路,舍村的旅游产业发展和乡村振兴陷入了"单纯依靠外力助推,缺乏内生动力机制"的发展困境。

2. 文化精英思想相对保守

一个地方民族文化保护与传承的责任,主要由当地文化精英直接承担。文化精英是推动文化产业化发展的重要力量。作为乡村内生机制中的关键节点,其对文化保护和传承所持有的态度,直接关系到文化产业化发展的效果。具体到舍村而言,摆手舞的新老传承问题,一定程度上影响了文化产业化的特色性和持续性。

一是文化精英对民族文化保护的认识存在一定误区，仍然将文化保护与经济发展简单对立起来，认为"哪里越穷，哪里文化保护就越好"。倘若持有上述观点，就会陷入为保护当地传统文化而拒绝接受文化产业化发展的误区。文化保护的内在动力在于文化仍然能够满足群众的需求，在于人们对文化的热爱，与地区贫困之间没有必然因果关系。只有正确认识"文化复兴"的动力来自民间、来自人心，才能带动地方百姓积极投身文化产业化的大潮，通过发展文化旅游等途径，实现地区文化振兴、经济繁荣的双丰收。

二是文化精英在民族文化传承上目光短浅，不能立足长远。一方面，老一代文化精英在技艺传承问题上心态保守、顾虑重重，持有"教会徒弟，饿死师傅"的心态，担心将技艺全部传予后生晚辈后，自己文化精英的地位和威信将受到冲击和动摇，表现出文化传承中的信任危机。另一方面，文化传承人担心技艺外传会削弱本地文化的特色和竞争力，拒绝将文化向外传授推广。在舍村，号称"鄂西鼓王"的PCJ表示，"倘若被外人学去搞旅游开发，我们村以后该如何发展"。可见，当地摆手舞的传承范围被限定在本村，以维护村落自身发展利益。然而，随着外出打工、上学等中青年人的大量外流，当地摆手舞的传承状况堪忧。

（二）产业化发展基础不牢

对于舍村而言，提升文化旅游产业发展必须立足于文化建设，其内容不仅包括依托民族传统文化，丰富村民业余文化生活，加强民族间交往；还表现为提高村民整体思想水平和文化素养，在提升市场经济意识的同时，培养夯实民族优良传统和道德风尚，用文化力量带动经济发展。

1. 村民文化生活形式单一，内容单调

舍村在文化建设方面，仍停留在对民族传统文化浅层粗糙的挖掘和应用中，用于文化活动的物质建设成果没有得到合理利用，文化建设整体滞后。为了提高百姓休闲娱乐等文化生活的质量，政府投资建设了文化活动中心，但当地居民对其了解度和参与度都不是很高。调查中，有近一半的被访村民并不知道文化活动中心的存在。"从来不去"和"偶尔去"参加文化活动的被调查者分别占到58%和30%。文化活动中心事实上已经成为村民们摊晒粮食的闲置场地。访谈中，当地一个村民这样看待他们的文化生活："很单一。除了在庆祝重大节日时会自发组织跳摆手舞，其他时间几乎不参加什么文化活动。平时闲置时间较少，种地、带孩子……哪里有时间参加其他（活动）？"另外，人们的思想观念和科学文化水平有待提高，绝大多数被访者表示没有参加过农业生产技术培训。对于依靠文化复兴来振兴乡村的舍村来说，忽视文化创建，就相当于偏离了经济社会发展的根基。

2. 村民文化认同被轻视，积极性调动不足

特色文化是发展文化旅游的基础。一个地区发展文化旅游产业具有多大的优势和潜力在很大程度上取决于当地文化的丰富性、独特性、浓郁性。而衡量文化是否丰富、独特、浓郁的指标，既表现为具体的外显文化符号，又蕴含于当地百姓的思想意识中。

舍村村民认为，当地特色民族文化符号首推"土家摆手舞"，其次是"哭嫁""唱山歌""吹木叶"等其他文化风俗。村民们普遍认为，"独特的文化风俗"是最大的吸引力所在。村民们不仅对土家族传统文化有着极高的认同度和自豪感，而且对当地发展文化旅游也持有较高认可度。近八成受访者认为发展旅游业能造福地方和百姓。74%的受访者认为旅游开发有利于保护当地民族文化。一位受访者的回答极具代表性："旅游可以增加经济收入，还可以保护当地文化。真希望（当地的发展）早点儿到来。"

当地居民对民族文化的高度认同以及对发展旅游的高度认可，都是文化产业化发展重要的内生动力。只要旅游开发所需的"吃、行、住、购、娱"等外在机制构建完善，当地完全适宜走文化旅游发展之路，以此改变现有经济结构，实现更快更好发展。但是，现实情况是，居民们被住房改造、交通、看病、读书等现实生活问题所困扰，无法全力投入旅游业的建设中，参与度有限。

3. 文化资源开发利用的思路还需进一步拓展

文化发展的规律决定了文化产业的发展有赖于良好的文化生态环境，多元开放的文化生态是文化产业兴旺的前提。换言之，个体发展离不开整体辅助。舍村作为一个土家文化村落，某种程度上就是一个象征性的文化

孤岛，必须借助区域文化旅游发展的大环境，与其他文化旅游资源有机整合，才能获得更加长远的发展。

舍村所在的百福司镇拥有非常丰富的文化旅游资源，除舍村的土家摆手舞之外，还有以智勇观为代表的土司文化；以卯洞为代表的自然文化；以油茶汤、土家腊肉、米豆腐等为代表的饮食文化；以舍村和兴安村吊脚楼为代表的建筑文化。此外，土家语作为展现土家族文化的一面镜子，也是当地民族文化的一大特色。多元文化资源的有机组合必将构筑起以舍村为中心的土家文化生态圈，辐射带动周边村寨，发展酝酿新的生机与活力。①

（三）基础设施建设滞后

舍村虽然已经获得多方政策倾斜和资金物质帮扶，但村落基础设施建设仍相对滞后。目前，交通是制约该村居民生活质量和产业发展的首要因素。由于村里到镇上的交通不便，没有来往公交车，路窄且长，出行安全无法保障，引发了"看病难""上学难"等问题。由于去本地乡镇医院要走5公里左右，路上起码两个小时，反而去邻近的湖南省看病更为便利，当地村民一般会选择"跨省看病"。但是跨省看病会导致村民无法享受所属地区的医疗补贴，这是当地人面临的首要难题。此外，交通问题也导致了儿童上学的诸多不便。1992年，该村撤销了村级小学，附近村落的适龄儿童全部集中到位于百福司镇的小学上学，这给无数家庭带来了困扰。如今，该村凡是有入学儿童的家庭，都会到镇上租房，由至少一名家长陪同。由儿童上学所产生的"流动大军"间接加剧了村落的"空心化"。统一的民居建设、便捷的对外交通、高质量的村级医疗站、合理的学校配置，成为当地居民对美好生活最迫切的梦想。很难想象，在上述基本需求无法满足的情况下，人们如何固守自己的家园，又如何便利游客来舍村安心地游玩休憩？产业的发展需要公共服务设施和人来支撑，没有充足的劳

---

① 笔者2013年参加了中南民族大学民族学与社会学学院龚志祥老师主持的国家民委项目"武陵山区民族团结进步示范村的建设实践与模式研究"，调研团队深入恩施黄村、水村、舍村进行实地调研，收集的资料为本书写作提供了基础。2018年，基于此次调研撰写的论文发表，详见龚志祥、李珊珊（2018）。

动力，任何产业都将难以为继。

"食宿等配套设施不完善"是另一个制约当地旅游产业发展的因素。目前为止，舍村只有三家民宿，招待能力极为有限。当地文化旅游产业的发展尚存在诸多短板，村级公路需要进一步扩宽、农家乐和民宿建设需要提量提质，旅游景点开发需要新的创意……在资金到位的前提下，这些工作都需要更加精心地规划落实。同样的问题也存在于西寨。目前在西寨的旅游业发展中，用水紧张、民宿建设缺乏统一规划、对其他未开发区域缺乏中长期发展规划等问题较为突出。

总结而言，文化资源开发度低的村落面临的主要问题是如何转变村民们的观念，激发发展的内生动力，并汲取先进村落的发展经验教训，处理好传统文化开发与保护的关系。

二 文化开发度高的村落所面临的问题

文化推动产业发展的过程，也是文化不断适应市场、适应资本、自我调适的过程。在这一过程中，文化遭受了产业化的反噬，动摇了自身的传统根基。

（一）商业化开发对传统文化的破坏

原真性是民族文化的基本特性之一，是一个民族的立身之本。在这个现代潮流波涛汹涌的时代，它们的存在产生了时间的错位美，让现代人仿佛看到了过去，看到了一个艰苦、淳朴、悠闲、兼爱相助的美好家园。这样的特点与价值，让民族文化显得弥足珍贵，吸引现代都市人争相观赏。在产业发展过程中，在旅游的凝视中，少数民族文化的一切可视物、可体验物，都被转化为文化景观。文化景观突破了简单的视觉美感认知或静态文本记录，表征着一种独特的文化过程。它们借助直白的物理表象传达了文化意蕴、习俗观念、信仰传统及社会隐喻等内涵，为旅游者、外来者感受和了解当地文化提供了真实而便捷的渠道。但是在商业资本的运作下，民族地区文化景观的原真性发生了严重异化，产生了深刻的社会影响。

1. 文化景观的原汁原味逐渐消失

在旅游产业发展最成熟的西寨，苗族文化的原真性逐渐变异。西寨文化景观的原汁原味在于依山而建的木制吊脚楼，日出而作、日落而息的农耕生活，梯田与山景融为一体的田园风光。旅游开发给当地的文化景观带来了符合现代美学和消费品位的改变：配套设施标准化、格局分布精致化、生态环境整洁化、公共服务舒适便捷化，千户灯光更是照亮了村寨的夜晚，分外迷人。与此同时发生的还有农用梯田被占用，山林遭砍伐，另类文化元素被简单移植、模仿。大量外来资本投资大众化娱乐项目，植入城市文化元素，开设歌舞厅、酒吧。汹涌而来的人潮迫使村寨盲目扩建基础设施，乡村公共文化空间被不断挤压，村寨整体性布局被无情打破。每当夜幕降临，彩灯四射，笙歌喧起，夜晚的灯火辉煌、歌舞喧嚣打破了村寨的平和宁静，黑夜中的虫鸣也被掩盖。村寨原本不经意的空间部署被刻意固定，原有的有机形态被人为改变。改造后的景观与村寨原有的高山溪流、自然风貌存在诸多不和谐之处，村民简朴的生活氛围愈发淡化，村寨的"土"味在外力改造下渐渐消失。

2. 整体性文化景观被简化为文化符号

景观是文化的直接展现，在旅游发展过程中，游客首先生成的是对文化景观的视觉感触和浅层的符号表征。文化景观的原真性认知是指客体对景观背后的文化缘由、意义、发展历程等的了解，对融于景观之中的文化历史的追踪，而不仅仅是对概括历史文化的总结性符号概念的习得。游客往往在一日游、两日游之后带着对苗寨的"符号体验"匆匆离园。他们对苗寨景观背后的历史文化深意一知半解，仅有"风雨桥""吊脚楼""露天博物馆"等文化符号停留在记忆中，形构了游客对村寨文化的全部认知。这造就了客观文化与主观体验之间不对等的"危险"信号。文化认知符号化现象意味着文化的传承在文化符号和历史渊源之间产生了断层，民族村寨文化景观的原真性发生了从历史渊源到主观认知的异化。

此外，文化景观的物质载体呈现浓厚的商业化特征。以吊脚楼为主的民族传统建筑属于国家文化遗产，其维修整顿应根据限定的标准。但是在市场经济的扩张中，开发商的逐利本性逐渐冲淡其应遵守的文化保护守则。室内结构被改造：各式各样的主题房、现代化设备、为了满足酒店的强透光而打造近乎整面的玻璃等，曾经的苗家氛围荡然无存。外在结构也在改变，钢筋混凝土替换传统的木制材料、强行加盖一层等，破坏传统的建筑结构。此外，景区内"穿苗族服饰，体验苗族风情"拍照留念盛行。苗族服饰的意义在于其传统的工序、民族身份标记，而不是用货币衡量的客观形态的展示。而街边、露台10元一次的拍照纪念便将游客的文化体验定格在照片之中。民族传统手工艺刺绣、银饰等摇身一变成为旅游纪念品，纪念品店铺缺乏有力监管，民族文化产品粗制滥造。长桌宴、饮酒相迎、歌舞表演等是各村寨普遍采用的游客接待形式，旅游产品同质化严重。

3. 文化景观的主观体验外在化

西寨为了吸引游客，刺激消费，设置了民族歌舞表演专场，特别是在漫山灯火夜景下的专属夜场。表演者在前台进行表演以及民族产品展示，游客能够观赏到的仅仅是前台展示的行动景观，而后台地道的民族文化核心区则是游客无法体验的。苗族、土家族、侗族等民族热情好客、能歌善舞的民族形象已深入人心。就其歌舞的内容、形式及其功能而言，有娱乐型歌舞和祭祀型歌舞。娱乐型歌舞表达生产、生活的内容，所谓"芦笙一响，脚板就痒"，生产丰收、聚会吃酒，举起酒杯便是歌声，端起板凳便可舞蹈。这是流淌在无数世代苗民血液中的民族本色。祭祀型歌舞则表达苗族对故土的深切思念、对祖先们的崇敬与缅怀、对流徙中苦难的纪念。这份崇拜怀念祖先的情感在生活习俗中代代相传，已深深融入苗族同胞的血液。十三年一次的鼓藏节、苗年节、龙舟节、吃新节、赶秋节等，苗族的节日繁多而古朴，独具特色，其鲜明的异质性、本真性、原生性能够充分满足旅游发展中游客求奇求新的欲望。

然而，在旅游产业发展中，原本融于苗族居民血液的，作为族群情感、信仰表达的歌舞被异化成取悦大众、收获资本的方式，失去其本真的价值和功能。为了契合旅游开发，村民们对歌舞进行商业化包装，用于舞台表演，固定歌舞表演的时间。尽管经过舞台包装、艺术设计的民族歌舞依然美丽动人，但在舞台化、固定化、程序化的接待过程中，表演者机械般运转，疲于应对。流于肢体动作的舞蹈，容易失去其独有的吸引力，难以通过歌舞展露他们的热情、幸福与对生活的热爱。歌舞文化原真性的意义在于其宗教信仰、缅怀先祖，而不是为了经济利益而表演。狭隘的行动空间、时间，刻意的行动目的使游客缺少意外之喜，无法获得原真的民族歌舞文化体验。

（二）文化产业化运作的深刻影响

文化产业化运作不仅重塑着乡村的文化景观，也改变了人们的生产生活方式，甚至重塑着乡风和心灵。民族文化独特的民族性，源于族人的文化认同与心理传承，这是在长期的历史过程中积淀形成的，它需要少数民族群众言传身教、代代传承。苗族、土家族、侗族等少数民族有语言而无文字，其丰富的精神信仰、民族记忆、审美体验都深度融入信仰仪式、民俗节庆、民族歌舞、绣片图腾、服饰色彩中。老人们用古朴的歌曲给孩子们讲述民族的历史，孩子们从小便一边刺绣一边听长者娓娓道来古老故事，族中长老凭着记忆手把手教年轻人如何祭祀神灵等，民族性的传承融入生活的点点滴滴之中。

1. 内在心灵的平静被打破

商业性开发打破了山村的宁静和人们内心的平静，发展的悬殊让世世代代艰苦生活的村民们开始渴望更好的物质条件、生活条件、教育条件，以期让后代成为"那些来旅游的人"。越来越多的人选择外出务工或定居在外，乡村青年更愿意走出村寨，通过务工获得更多、更稳定的收入。与此同时，外来资本介入后，村寨原住居民无力竞争，多数会选择相对容易的租赁或售卖房屋等方式获取短期可视收益，自己迁移至城镇中居住。这些改变直接导致村寨原住居民常住率变低，空心化现象严重。截至2015年，西寨外来人口已达该村总人口的43%，若不加干预，云南丽江古镇"已没有一个纳西族人"的尴尬境遇将复现在西江这块古老的土地上。缺失了原住居民的村寨将同时失去文化的忠实继承者和文化的活态性，导致文化传承的断代，对旅游业可持续发展产生消极影响。

商业化发展同时把外部世界的工具理性、货币经济、功利主义等现代文化的利剑深深插入地方古朴文化的肌体中，深刻改变着村民的人生观、世界观和价值观。出门便是田野山川的自然风光，邻里间的嘘寒问暖、简单饭菜中的脉脉温情、推杯换盏间的兄弟情谊、载歌载舞中的欢乐满足、古朴仪式中的血脉认同等，乡村里的这一切无不是都市人羡慕的对象。但是随着旅游开发带来的市场交换意识逐步被村寨吸收，诸如物品明码标价、没有买卖就没有交流、不顾乡邻情谊争夺生意、弄虚作假、投机取巧、欺骗宰客等不良现象，以及不给钱不让拍照、不给钱不唱歌、不到自家农家乐住宿吃饭就不接受访谈的情况在乡村时有发生。如果说农村的发展是要复制一批精于计算、世俗功利的理性人，这样发展的价值和意义确实是值得警惕和反思的。

2. 社会结构分化日益明显

一方面，区域内社会关系发生了从同质性到异质性的转变。随着外出务工和出租房屋异地定居的频繁发生，原住居民地缘关系不断弱化，村寨单纯的熟人社会关系开始容纳村民与游客、村民与商家、商家与游客等复杂的关系。越来越多的外来人口进入村寨发展小商品经营或民宿、饭店等经济生产方式，成为村寨社会关系的主体之一。这样在村寨内便存在雇佣关系、合作关系以及消费关系，村寨从礼治社会走向契约社会（杜鹰，1995），在原有的空间结构内形成一种依赖货币的社会关系。夹杂着利益属性的复杂关系冲击着原有空间中单纯的邻里关系。

另一方面，村寨内文化结构和经济结构的分层日益凸显。文化结构的分层主要体现为：物质文化元素真与伪之间的分层，以及本族文化与外来文化之间的分层。原本单一的苗族文化受到很多非本民族文化因素的干扰，不同民族的文化元素被生搬硬套地运用在苗族场域内。例如，街道充斥着其他民族的特色小吃，使得单一的苗族空间场域成为各族饮食文化的大杂烩。经济结构的分层体现为：在不同的地理生产空间内，原住居民内部出现经济收入的分层。据调查，西寨内店铺的租赁价格从核心主干道到山背面呈现至少数十倍的差距，直接导致村民收入的差别。同时外来经营者相比于原住居民更善于利用各种资源进行商业经营，因而原住居民与外来经营者之间也出现了收益分层。

第五节 可持续开发与选择性保护

具有整体型文化基础的乡村，在产业发展中面临的最主要问题便是正确处理文化开发与文化保护的关系问题。凤凰古城高度商业化开发的经验与教训值得西寨认真借鉴，对于同样具有整体型文化基础，但开发程度较低的畲村和药村，一方面要转换观念，重新认识与评估传统生态、文化的经济价值，另一方面需重视某些重要文化内容的历史价值、自然景观的生态意义，走出一条健康合理的文旅融合发展之路。

一 整体型文化开发的争议

学界对于文化开发与文化保护的关系，意见并不统一，总的来看有三种不同的价值判断。

一是持积极态度，认为文化旅游有助于乡村文化复兴和传承，能够促进文化交流与保护，增强村民文化认同。部分人类学家调查发现，乡村旅游可以促进地域文化的传承和保护，避免了一批文化遗产资源因为外部环境变迁而消失的问题（傅才武、程玉梅，2021）。

二是持消极态度，认为文化过度开发会造成乡村文化的同化、庸俗化和异化，影响社会风气等负面影响，一些非遗研究学者认为，乡村旅游开发会损害乡村文化的真实性，不利于乡村文化传承（张巧运，2014；刘轩宇，2016）。最开始乡村开发旅游是为了带动乡村经济发展，但是在实际发展过程中，旅游开发对于乡村文化和生态环境负面影响日益突出，不利于当地文化旅游产业的可持续发展。

三是持中立态度，认为文化开发对于文化保护来说具有两面性，适度的开发有利于文化保护，过度的开发加速乡村文化的消亡，需要保护与开发相结合（林锦屏等，2005；王云才等，2006；王卫才，2018；等等）。乡村文化开发与保护要遵循一定规律和原则才能走得更远。文化产业发展与文化传承保护之间并不是一对不可化解的矛盾，而是相辅相成的关系。只保护不开发，乡村发展物质基础薄弱，进一步丧失劳动力和经济活力，长此以往不利于乡村经济发展和文化传承。只开发不保护，只会让乡村文化走向衰落。如何处理好开发与保护的关系，是文旅融合可持续发展的重中之重。

有着历史沉淀的整体型乡村文化，面对人为因素或自然因素的侵蚀显得十分脆弱（郑承庆等，2008），合理、科学的旅游开发能促使优秀的传统文化得到发掘、保护，民族文化的精华得到提炼、弘扬和发展（郑凡，1997）。这种做法本质上是要让文化活起来，融入百姓的日常生活，否则就算是将文化放入一个安全的保护区，也无法遏制其消亡。但并不是乡村所有的文化内容都要进行全盘保护，而是根据人民和社会发展的需要，进行选择性保护，践行可持续发展的原则。

二 对整体型文化的选择性保护

选择性保护是保护乡村传统文化的一种创造性思路。作为一个较新的概念，选择性保护应该如何界定且由谁来界定，其标准又是什么，具体应该怎么实行，为什么要对传统文化进行选择性保护等问题还需要进一步解释。

（一）何为选择性保护

新中国成立初期，周恩来总理针对古迹文化保护问题就提出"保护历史文物是有条件的，对此要有一个正确的、全局的、长远的看法"的指导性意见，不加分析地保存古物，不仅不应该，也不可能（司军梅，2010）。乡村文化的保护可以遵循相似的原则。伴随现代化进程的不断推进，乡村地区的文化和生态环境必然受到影响，不能因为要发展乡村旅游产业就让民众的生活方式永远守旧，永远保持传统面貌，这无异于剥夺了村民追求美好物质生活的权利（张铭远，1991）。乡村传统文化可以借助合理的开发，以新的方式保存下来，成为现代化进程中的有机组成部分。

对乡村传统文化进行全面的、不加甄别的保护是不切实际的，选择性保护是更适合我国乡村文化保护的一种方式。选择性保护是指有选择地保护那些能够继续在人民的日常生活中发展，具有转化的可能性和开发的价值，有助于提升人民生活质量、适应社会发展趋势的文化内容和形态。凡是不符合社会环境发展、不符合人民需要，不顺应可持续发展的乡村文化，可以不予专门保护而顺其自然。在谨慎甄别的基础上对不同文化内容及形态进行区别对待和差别化处理是实现乡村传统文化产业可持续发展的前提。

选择性保护一直是我国传统文化传承与发展的基本原则。到目前为止，联合国教科文组织非物质文化遗产名录共收录我国43个非物质文化遗产项目，这项纪录位居世界第一。国家级非遗代表性项目更是多达3600余个，省级非物质文化遗产1570项，分布于全国各地。文化遗产就是一种典型的选择性保护的方式。通过精细的论证和考察，优先对濒临失传的、有激活潜力的、需要抢救式保护的、契合当地文化生态的传统文化进行保护，将有限的力量注入其中。选择性保护是充分考虑传统文化客观存在的异质性与传承发展的不平衡性而做出的创新性解决方案，必能在乡村传统文化保护中起到积极作用。

（二）保护对象的选择标准

保护乡村传统文化的工作任重而道远，选择性保护能够做到因地制宜、事从轻重的传承发展濒危文化。选择性保护应该遵循以下四个标准。

（1）具有现代性的潜力。传统文化历经漫长历史演变发展而来，在现代社会依旧需要根据时代底色进行改造，否则只能逐渐消亡。以恩施玉露茶为例，其保留蒸青、摊青、揉捻等较为优秀且具有特色的传统工艺，将现代技术和传统制茶工艺相结合，才造就了"恩施玉露"这个品牌。这充分说明，传统制茶工艺具有现代性的潜力，能够借助新技术实现工艺提升，为村民带来切实利益。由此，在判断一种文化是否应该被选择性保护时，一个重要的依据就是看它是否具有融入现代社会的潜力。如果不能通过适当改造回到大众的生产生活中，被现代社会重新接纳，就要认真考虑它是否具有传承下去的必要性。

（2）濒临失传、具有研究价值。诸如蜡染、锔碗、古法造纸等传统技艺，因工艺复杂，学习成本高且收益少等特点，鲜有年轻人愿意传承，其中不乏具有文化底色与文化保护价值的非物质文化遗产。它们作为一种文化符号，记录了古人生产生活的重要讯息，在社会学、人类学和民族学等人文社科领域具有较高的研究价值，不能放任其失传，而是要借鉴考古学中对即将受到破坏的古墓进行保护性发掘的做法，对传承成本高、有文化研究价值的濒危文化进行针对性保护。

（3）能够为乡村带来社会效益和经济收益。让某些传统文化得到市场的接纳和资本的注入是一种有效的保护方式：选择有经济价值的传统文化进行商业性开发，把乡村转变为广袤的市场。在科学技术深入操控生产过程的时代，传统手工生产的物质属性淡化，文化属性逐渐凸显，人们主要从美学、艺术、创意的角度欣赏和理解手工艺品。手工生产具有无限的创造力，融入了生产者的情感与经历，手工艺品凝结了生产者的时间投入、情感投入、审美投入，具有独特的价值和工业产品无可比拟的优势。这一点一旦被资本发现、挖掘，便可创造出可观的社会效益和经济收益。在村民眼里，能带来经济收益才是最实在的。生活质量的提高有助于提升村民对村落文化的认同与自信。

（4）契合当地文化生态和当代主流价值观。中国式现代化要求实现物质文明和精神文明的协调发展、人与自然的和谐共生，这两点要求体现在乡村振兴上即为，产业发展必须有利于乡村整体风貌的提升，在产业发展的同时，推进乡村传统文化底色与社会主义核心价值观的有机结合，培育开放、文明、和谐的乡村文化生态。例如，将世世代代流传的民族银饰作为旅游体验项目与纪念品项目进行开发，既契合村寨文化氛围，也能带来经济效益。民族银饰在侗族文化中具有驱邪治病，祈求健康幸福的文化内涵，此外银饰加工销售讲诚信、不欺客，这样的产业文化不会与社会风貌产生违和，更适合被选择性开发与保护。

（三）保护方式的选择性

鉴于保护对象的差异性，在保护方式的确立上，至少存在三种做法以供选择。

（1）建立博物馆、展览馆、陈列馆等文博设施，将需要保护的文化形态作为展品收藏陈列在其中，是典型的静态保护。乡村传统文化中，有大量服务于生产生活、宗教信仰的器具、文本、服装饰品、建筑房屋等，它们的实用功能被其他现代产品所替代，但是作为历史讯息的载体，仍具有欣赏、学习、研究的价值。因此，对于这样一类传统文化的载体，可以采用收藏、陈列、展览、研究的方式予以保护。当前尤其要加强数字博物馆建设。

（2）挖掘传统文化的社会经济价值，借助资本、市场、技术对其进行商业性转化。这是一种典型的活态保护,适用于具有现代性潜力的文化内容和形态。现代工业、数字技术、交通运输、全球市场能够为极具地方特色、民族特色的生产及其产品拓展生存发展的空间,延续激活它们的生命力。这种保护方式的经济效应十分明显,有助于就业和增收,但社会效应较为复杂,需要高度关注、积极引导和建设。

(3)制定相关法律法规,依靠政府力量,采用项目制的形式进行保护。党和国家历来重视传统文化的保护并为此开展了大量工作,取得了显著成绩,大批物质文化遗产和非物质文化遗产获批立项。对于具有重要历史文化价值或濒临失传的重要技艺,由政府出面干预扶持,有利于扩大影响、引起重视、集中资源进行抢救式保护和长远维护。

三 整体型文化产业的可持续发展

费孝通先生曾指出:"一个民族,不论大小,要发展繁荣,就必须有一个坚定的经济基础;一个民族要在现代化进程中保持其民族特色,就必须善于利用自己特有的优势来发展经济。"(徐平,2005)在全球化时代,民族文化即是发展经济可资利用的优势。文化产业有助于带动乡村经济发展,甚至是乡村经济发展的重要基础。具有整体型文化基础的村落是文旅融合发展的重要场域,具有丰富的文化资源、良好的生态环境以及和谐的民族关系,其经济的可持续发展,依赖于当地文化生态环境和相关产业的联动。文化产业化是文化保护的必由之路,是实现乡村文化经济价值和文化价值的重要途径,其核心是处理好文化产业发展中文化开发与保护的关系,遵循保护文化的规律,实现可持续发展。

(一)坚持文化自觉与文化自信

城乡二元结构下,城市文化以强势姿态入侵农村地区,乡村地区传统文化被不断解构。"贱农主义思想"(张玉林,2013)在乡村场域内弥漫散开,农村被认为是落后的代名词,农民被置于以城市文化为核心的发展体系,乡村传统文化被视为"累赘""阻碍",似乎唯有争先进城才是改变命运的唯一途径。城镇化、工业化提升了农民物质生活水平,但并没有从根本上丰富农民精神生活,农民曾引以为荣的乡村文化却因为乡村的生产力落后难以为农民提供精神支撑。

费孝通将文化自觉定义为"生活在一定文化中的人对其文化有'自知之明',明白它的来历,形成过程,所具的特色和它发展的趋向,不带任何'文化回归'的意思,不是要'复旧',同时也不主张'全盘西化'或'全盘他化'"(费孝通,2003)。费孝通的文化自觉提法旨在希望一个民族通过对自身文化进行深入了解,将其转化为建构美好生活的行动力。事实上,农民受其自身文化水平限制,很难从主体性视角审视村落文化的产生与发展脉络,无法在多元文化背景下真正理解乡村文化存在的价值与意义,并在此基础上进行文化传承。文化自觉是文化自信的基础,文化自信是在对自身文化理性认知的基础上对文化价值及其发展生命力的肯定(林默彪,2016)。培育和坚持文化自觉与文化自信是乡村内生性发展的动力源泉。

1. 增强农民主体性、增强文化自觉并培育文化自信

当务之急是要增强农民主体性,发挥农民的主动性与创造性。文化自觉要求农民对自己的文化有较深入的了解,具备传承乡村优秀文化的意识。然而农民自身文化水平有限,需要政府开展文化培育并进行引导。首先以青少年的教育为切入点,在学校开设相关课程,对乡村文化的历史发展与演变、乡村文化的价值与意义展开系统讲解,在青少年社会化过程中培育文化自觉意识(张玉强、张雷,2019)。其次在农闲时开设农民文化培训班,以群众喜闻乐见的文化为载体,对其文化来源及其发展进行生动讲解,帮助群众理解文化存在的价值与意义。此外,参与也是增强文化自觉、激发主体意识的重要手段(吕宾,2021)。一方面,从乡村文化实际出发,开展富有乡土气息的群众公共活动,例如赛龙舟、戏曲比赛、山歌比赛、鼓舞比赛等。另一方面,利用节日庆典,结合乡村文化开展形式多样的文化活动。在农民与乡村文化的互动中强化农民的主体性认同,增强文化自觉,培育文化自信。

2. 提高乡村文化在多元文化碰撞中的竞争力

从历史角度来看,乡村文化在发展过程中适当进行文化再建构是顺应历史发展要求的必然选择。传统乡村文化与现代文化并非绝对对立状态,

也可以实现交融与转换。坚定文化自信并不是对传统文化故步自封式的保护性颂扬，而是在辩证认识传统文化与现代文化关系、乡村文化与城市文化关系的基础上寻找创新性发展。提升乡村传统文化竞争力关键在于延续优秀传统文化的内里而非固守外壳，要积极寻找传统与现代的融合式发展道路，实现"老根上发新芽"（高瑞琴、朱启臻，2019）。通过乡村传统文化创新性发展提升农民文化自信，重新建构乡村发展面貌使之成为农民引以为荣的文化共同体。

3. 提升乡村传统的文化价值与经济价值

乡村传统兼具文化价值与经济价值。文化价值满足农民的精神需要，经济价值则是吸引群众参与、提升群众文化自信的重要驱动力。强化农民文化自觉与文化自信，要求乡村传统不仅要在精神层面为农民提供精神依托，更要将乡村文化价值转变为经济效益，以货币形式扩大文化吸引力、提升文化自豪感。

乡村休闲与旅游消费本质是中产阶级的"乡愁"消费（贺雪峰，2018）。乡村产业需立足于乡村文化价值，在生产端以乡村传统特色文化为支点，以特色非遗、艺术表演等为商品，形成独特的文化景观。同时利用特色乡村手工艺打造旅游品牌，以手工艺赋能产业振兴，鼓励非遗传承人、艺术家加入其中，带动农民加入特色手工艺周边产业的创作与发展，形成完备的产业网络，最终实现"一县一业""一村一品"的发展模式。借助文旅产业带来的客流量，拓展旅游产业链，实现农民在地就业。

（二）培育农民公共精神构建乡村共同体

1. 重建公共空间、培育农民公共精神

公共空间建设和公共精神建设是建构乡村共同体的内核。公共精神产生于公共生活，是指农民在伦理道德基础上遵守公共规范、承担包括团结合作、公平公正、志愿服务等在内的社会责任（张波、丁晓洋，2022），最终实现公共效益最大化。公共精神的价值就在于引导农民将公共利益置于个体利益之上，促进农民从私利向公利转换（张波、丁晓洋，2022）。公共精神为多元互动、利益互惠、风险同担提供价值支撑，是将农民凝聚起来的"一根绳"。

公共精神的培育可以从公共空间建设入手，公共空间是公共生活的物质载体。有学者将乡村公共空间分为政治性空间、生产性空间、生活性空间（陈洪连、孙百才，2022）。利用村民议事广场、村两委活动中心等政治性社会空间鼓励农民充分行使表达权、监督权，参与重要事务决策。在生产性公共空间促进群众互帮互助，形成守望相助、互利互惠的交往关系。正如帕特南所言"个人之所以值得信任，是寓于其中的社会网络使然"。多样化生活性空间能够为更广泛的社会互动提供活动场域，形成普遍性社会信任，还可以充分发挥社会交往过程中的舆论作用，减少越轨行为的产生。

2. 培育民间组织、助力群众动员

税费改革以来，乡村基层政府组织动员能力弱化，乡村社会"原子化"趋势不断增强，农民难以被动员参与公共事务治理。其根源在于国家与农民之间"中间组织"缺失（吕方，2013）。"中国农村人最大的问题是'私'，农村人以家为界限，家以内是'私'的事情，家庭之外则是公家的，私人的事情会尽力做好，但公家的则漠不关心（费孝通，2006）。"培育民间组织是重建乡村社会秩序的重要着力点，可以实现"公"与"私"的耦合，超越集体行动困境。

与宗族和村委会等相比，民间组织更适合担任群众动员的角色。首先，中间组织可以充分利用"权力的文化网络"（杜赞奇，2003），有效整合乡村精英、乡贤等"领头羊"作用，利用人情、面子等软治理手段实现低成本高效率治理。其次，组织化的运作形式有规章制度作为保障，在一定程度上能规避非正式因素对公共事务处理带来的负面影响，政府部门也可以对其进行监督。最后，与村委组织相比，中间组织的权威运作遵循乡土社会的逻辑，更具有民间动员力，可有效规避科层制的弊端。总之，从乡村治理层面上看，民间组织能够实现对村民的组织动员，将农民从一盘散沙的原子化状态转化为组织化状态，并在农民利益受到资本侵害时将农民团结起来，构建"道义经济"，保障弱势村民权益，完善利益分配，促进共同富裕。

民间文化组织建设也担负着"激活社会"的责任使命，其核心是乡村文化中心下移，关注农民的文化主体性（毛一敬、刘建平，2021）。我国长期依赖自上而下的行政管控，"对标对表"的考核模式有时会导致乡村文化建设目标出现本末倒置。民族风建筑改造、农家书屋等"硬表现"成为追求目标，而农民的真正需求难以表达，农民处于失语状态。民间文化组织以政府为引导，乡村文化能人为主心骨，吸引村民参与，构建乡村文化表达机制，形成以政府、文化能人、村民为主体的多元乡村文化供给网络。一方面能够落实自上而下的政策宣传，畅通政策传达渠道与意见反馈渠道；另一方面利用文化能人的领头羊作用带动群众开展农民真正喜闻乐见的文化活动，利用乡村自组织实现个体"文化自觉"到群众"网络自觉"的飞跃（秦红增，2014），最终促成从"送文化"到"种文化"的转变。

（三）数字赋能盘活乡村资源

1. "数字内容+传播"模式扩大乡村文化传播力

短视频的拍摄方式简单、使用门槛较低，农民用短视频记录生活，以主体化身份进行自我建构。短视频让农民的生活被看见，农民标签化困境得以化解，自我表达得以实现。短视频能够跨越城乡之分、地域之隔建构起不同群体的交流沟通平台，其时空分割特性也为外出农民与家乡的互动提供场域。除了满足农民表达与表演需求外，短视频作为文化传播载体，也能够让农民通过短视频获取及时性信息、需求性知识。

在乡村振兴战略号召下，各大短视频平台纷纷推出数据赋能计划，通过专业团队策划、网红探店、景点宣传等方式，扩大景区知名度、增加客流量、促进乡村旅游产业发展。"短视频+直播带货"的营销模式更是为农民经济增收、产业增能提供助力，极大推动乡村产业品牌发展，新媒体俨然成为了农民的"新农具"。

2. "数字内容+文创"模式助力文旅融合

我国有着诸多历史人物、民间故事、传统技艺、民歌民舞等优秀传统文化，这些大多是以静态的形式在博物馆、民俗馆、祠堂等地方陈列。地方方言、民间戏曲等难以用文字记载的文化更是面临传承难题。过去这些大多以单调的电子版形式加以保存，即使上传到网络也常因为枯燥乏味少有人问津。而在数字乡村建设中，利用数字储存技术和传播手段可以建设强大的数据库平台，利用数字化技术整合乡村碎片化、零散化文化资源。同时数字技术能够利用虚拟现实、元宇宙等技术手段打造沉浸式体验的数字平台，优化乡村文化呈现效果。

此外，要充分利用数字技术推动文创产业链数字化转型。一方面，利用直播讲解等形式讲述文创背后的文化故事，赋予文创情感价值，挖掘乡村文化演绎好文创故事，将乡村无实体的文化内容以有形化形式进行传播，为消费者提供获取文化信息渠道（赵嫚、王如忠，2022）。另一方面，可以通过数字平台打开线上销路，将线上与线下的销售模式相结合，开辟"云端市场"，减少中间商成本同时扩宽销售市场、提升文创销量。

总体而言，乡村传统发展模式强调外部资源输入，直接对乡村进行帮扶。这种自上而下、关注经济增长的外生性发展模式不利于基层社会的发展，农村地区的经济、文化独特性逐渐丧失，社会公平、文化保护等因素被忽视（张环宙等，2007）。乡村发展动力已经到了由外生向内生转变的关键时期。内生性发展强调通过开发本土资源、对农民赋权增能实现可持续发展。不同于外生性发展注重业务部门对各项政策的落实，内生性发展更强调依靠农民的力量，从地方性出发实现农村发展（张文明、章志敏，2018），更关注乡村文化利益与环境保护。然而事实上完全依靠内生性发展过于理想，需要适当借助外生性资源，与内生性资源进行整合。乡村文化产业可持续发展也需要找到"自上而下"的资源输入与"自下而上"的动力保障的结合点。文化产业发展既要依靠政府、社会输入资源，提供政策帮扶，也需要充分激活乡村社会内生动力，只有将二者有机结合才能真正实现文化产业的可持续发展。

第四章
"局部提升"逻辑下的产业发展与文化增殖

"局部提升"逻辑的前提条件是乡村传统文化留存不完整，但是某些重要的工艺技术、生产经验（非物质文化遗产）保留了下来。这些技艺在现代商业资本、新技术的推动加持下，焕发出勃勃生机，成为乡村经济社会文化发展的新动力。

第一节 伍村和石村的故事

一 伍村茶产业发展概况

伍村地处恩施土家族苗族自治州宣恩县贡茶产业经济带的核心区，西与椒园相邻，南与县城接壤，距离209国道恩黔高速公路16公里。村域面积8.5平方公里，由17个村民小组组成，共562户2116人。村内交通形成了横纵相交的骨架：一横为红岩卡—伍村—网台—大河坝，连接香树林至209国道；一纵为凉风—伍村—板场，连接板场至宣万公路（李迁等，2021）。

（一）伍村茶产业的发展历程

1. 家户制手工制茶

贡茶的生产主要依靠手工制作。从采茶到储藏等一系列工序仍旧是凭借民间传统经验。适时采摘，才能保证茶叶鲜嫩。采摘时，多以一尖、一尖一叶、一尖两叶为佳。当天采摘，当天加工。杀青使鲜茶叶具有柔性和韧性，杀青时，要注意火候适宜，均匀揉捻，沿顺时针方向焙炒。在焙炒茶叶过程中，用手不断翻动，让茶叶边干边定型，待冷却后便为成品茶。储藏切忌在木箱类等有气味的容器内久放，否则会吸收异味，影响茶叶品质。

除了种植茶叶使用自然肥料之外，茶叶的制造也停留在粗加工的阶段，生产的茶叶产量低，质量也相对较差。由于种茶没有带来可观收益，所以农户种茶的积极性不高，种茶对他们来说是一种习惯，没有更多的道理可讲。茶农手工制作的茶叶主要用于自家饮用，没有形成产业化、规模化，更谈不上商业化。即使有个别农户出售茶叶制品，也仅仅是在附近的村镇集市零售，没有专门的包装、销售渠道以及品牌等，利润也非常低，相当于赚取额外的生活补贴。由于地处山区腹地，交通不便，种植的茶叶很难远销外地。茶农们虽然有比较丰富的茶叶种植经验，但是精细化耕作管理以及养护的知识还比较欠缺，他们都是自己摸索着推动茶叶的生产发展。

2. 成立茶叶生产合作社

随着伍村茶叶市场需求的不断增加，扩大茶叶种植的规模、提高茶叶质量成为茶农的主要诉求。茶农自发成立茶叶生产合作社，茶叶生产大户积极牵头，先进带后进，每个茶叶生产合作社有五到十家农户不等。茶叶生产合作社成立后，对整个合作社里的农户进行统筹，农户之间互相沟通，分享种植经验，在茶叶种植和管理方面，包括何时种植、锄草、施肥、采摘等，大家互相帮助，开始小规模生产茶叶。

茶叶生产合作社对于茶叶生产、销售的作用很大：其一，合作社内部的技术互助和统筹管理，有助于提升茶农的种植技术水平，提高茶叶品质；其二，合作社通过内部分摊，实现茶叶统一收购，帮助小农户解决销售难的问题；其三，合作社将统一收购的茶叶批量卖给茶叶加工厂，凭借占据的数量优势与茶叶加工厂进行价格谈判，最大限度保障茶农利益。

尽管茶叶生产合作社有诸多优势，但仍有部分茶农对加入合作社持怀疑态度，觉得加入合作社会损害自己的利益，自己单干更具自主性。他们坚持以家户为单位，将自己生产的茶叶直接卖给茶叶生产公司。合作社延续至今，对农户的茶叶种植和销售起到了积极的推动作用，但是对当地经济社会发展的贡献仍然有限，茶叶生产销售模式有待进一步转型升级。

3. 茶厂改制，产业兴起

由于各种原因，恩施茶叶生产在波动中发展，一直没有形成规模化生产。1985 年，州委、州政府将茶叶列为全州五大支柱产品，茶产业才真正进入规模化、产业化发展阶段。2003 年村办茶厂改制，2006 年成立宣恩CC 茶叶有限责任公司（以下简称 CC 公司），企业内部逐步建立现代化农业生态模式。贡茶产业链条建立起来以后，大力发展茶叶种植生产，茶叶逐渐成为当地主要经济产物，茶产业在伍村占据主导地位。

伍村茶产业在摸索中不断做大做强，其间也经历过瓶颈期，遭遇国内市场饱和等发展困境。伍村茶产业把发展有机茶作为突破口，从 2014 年开始向有机茶生产转型。之后的 3 年时间内，虽然每年有接近 500 万元的亏损，但是伍村并没有放弃改革的机会，茶农种植的鲜叶即使质量很差、很粗糙，CC 公司仍一如既往地收购茶农的鲜叶，并没有把改革的成本转嫁到农户身上。伍村在 CC 公司的带领下在有机茶生产的道路上踽踽前行。

（二）伍村茶产业的发展现状

1. 抱团发展，进行资本运作

伍村茶产业整体以 CC 公司为龙头，逐步建立起"1 + X"的利益联结机制，施行"公司 + 合作社 + 基地 + 农户"的产业模式。"1"是指 CC 公司，"X"是指当地的各种小公司、合作社以及农户等。通过收购、加工、包装、销售各个环节的统一，聚集整合伍村的茶叶种植以及加工资源。30 多家的小工厂也代为收购鲜叶，进行初加工，将从农户那儿收购来的鲜叶初加工为半成品，再交给 CC 公司，由它进行精细化技术加工。基于"1 + X 硒火燎原模式"形成茶产业出口联盟，领办企业和各成员单位通过充分的讨论并协商一致，依法签订、执行合作协议，利益共享，风险共担，互相约束，互相监督。

2. 创新残留管控管理模式

农药残留是有机茶生产的软肋。为了提升茶叶质量，CC 公司成立专门的基地办公室，制定村民基地管控自治条例，以公司、村干部、组干部、积极配合的村民为主体成立茶叶生产监管队伍，严格按照合同处置小企业、茶农的违约行为。例如在茶叶采摘旺季，他们每天都会到茶园基地监管，以防出现不符合规定的打农药、打草药现象。同时加强检测，每10户茶农配一专柜，每户交售鲜叶时自己抽样签名放入专柜保管备检。每批干茶达到2万斤后各加工厂会进行检测，各项指标合格给予相应奖励。除此之外，农户之间以及小茶厂之间也可以相互举报问题茶叶，对于举报属实以及检测不合格的茶叶，公司会拒收该部分茶叶，甚至直接挖掉有问题的茶株。该公司在茶企自有基地、联合管控基地、出口茶叶备案基地、茶叶三品一标认证基地内推行了一系列鲜叶质量抽样检测举措，形成了产品质量的追溯体系，为严格控制农残、做好有机富硒贡茶品牌提供了坚实的保障。

3. 精细化技术推广

在种植方面，伍村经过多方探索形成了独特的生态种植方式，茶园内种植绿肥，绿肥有旺盛的生命力，相比于其他杂草，绿肥吸收土壤养料的能力更强。在绿肥长高长大后进行人工剪枝，把绿肥倒在茶园里成为天然肥料，这样就形成了一个小型的生态种植链条。另外还有一种猪—沼—茶的生态种植模式，就是将猪的粪便发酵后作为生物肥料施在茶园里。此外，CC公司也会定期邀请有经验的茶农前往种植基地，传授育苗、种植、施肥、护理的相关技巧，深入推广生物防虫和物理防虫等技术，合理使用生物农药，减少化学肥料使用量，杜绝使用化学农药。CC公司还通过与华中农业大学茶学专业产学合作，设计并初步建成贡茶连续化自动化生产线。

4. 开放式市场拓展

伍村充分利用贡茶品牌，不断拓展国内外市场。紧盯市场需求，坚持以"名、优、特"为产品开发方向，实行"高中低（档）结合、内外结合、多品开发、系列开发"策略。积极参加各类茶叶评比大赛，建立以武汉为中心、辐射全国主要城市的营销网络，建成"网络线上销售+直营店销售"的模式。目前在北京、武汉、恩施等地设立了16个直销实体店，在天猫、京东、阿里巴巴建了3个电商平台旗舰店，并在广州、长沙、济南、重庆等城市开设 30 多家营销连锁店。CC 公司生产的茶叶七成以上都销往海外，包括欧盟、日本、中东、非洲等地区。公司与许多欧美知名休闲餐饮公司签订了合作协议，每年也会有很多欧美商家来伍村进行实地考察、洽谈合作，如星巴克的奶茶选用的茶叶就是伍村生产的贡茶。2018 年伍村茶叶出口量为 4500 多吨，海外销售额占全村茶叶总销售额的 70%~80%。

5. 惠农式劳动关系

贡茶产业的发展拓展了当地茶农的收入渠道。第一条渠道是土地租赁费。当地农户以每年每亩 1000 元的租金把自家土地流转给 CC 公司，协议期为 15 年。第二条渠道是工资。茶叶公司的专属茶园实行统一规划、种植、修剪，统一管理，会提供工作岗位。农户可以根据各自的能力应聘岗位。茶叶公司向茶农支付种植、采摘、人工除草等务工报酬。第三条渠道是分红。茶叶公司会根据每年的营收情况在年底分红。第四条渠道是卖茶。茶农将自己园地上生产的茶叶卖给茶叶公司，茶叶公司一般会以高于市场 10% 的价格收购茶农的茶叶。总体而言，村民可以在家门口就业，收入渠道增多，日子越过越红火。

二　石村造纸业发展概况

石村是我国西南边陲的一个小村落，位于贵州省丹寨县南皋乡政府的西部，距乡人民政府驻地 2.5 公里。该村地处南皋河两岸，森林茂密、山清水秀，南皋河由东向西蜿蜒曲折绕着石村而过。一座天然石拱桥横跨河道，跨度 12 米、高 9 米，石村因此而得名。全村共有 1200 余人，为苗族和汉族共同居住，苗族占总人口的 81.40%。

（一）石村产业发展历程

石村的产业发展走了一条"旅游业+造纸业"的道路。该村旅游资源非常丰富，既有独特的自然景观、苗族风格建筑，还有传承千年的古法造纸技术。在漫长的历史进程中，石村造纸业的发展基本呈分散状态，其大规模造纸始于 20 世纪 30 年代，经历了四个发展阶段。

第一个阶段是于辛亥革命之后至新中国成立前。当时的社会经济和文化都有了很大的发展。石村附近兴办起学校，民间契约和刺绣画帖逐渐增多，对纸张的需求日益旺盛。为了满足不断增长的需求，石村开始扩大生产规模，造纸的一度达到30多家。因其生产的纸张质量上乘，不仅在贵州省内很受欢迎，还远销四川、湖南、湖北等地。但是后来由于抗日战争、解放战争的影响，石村造纸业受到极大冲击，又回归到少数家庭作坊式生产。

第二个阶段是新中国成立后至1990年。期间，伴随社会主义公有制经济的大发展，石村的造纸业也走上了国营生产的道路。1955年成立同心造纸工业社，1957年改建公私合营丹寨县纸厂，1958年初改为地方国营丹寨县石桥纸厂，1978年更名为丹寨县国画纸厂，1988年纸厂公改私，1990年停产。此后又恢复到家庭作坊式生产方式。

第三阶段为1990年至2008年。随着市场经济的深化发展，石村至少有70户人家经营古法造纸。但由于古法造纸工序烦琐、产量低、纸价贵，受到廉价机械造纸的巨大冲击，产业不断萎靡。在此期间，也有少数村民坚守传统技艺，不断加入创新元素，探索新纸品。

第四阶段为2008年至今，在政府"调整农村产业结构，建设新农村"和"保护文化遗产"的政策引导下，造纸技艺得以恢复传承，有40多户人家从事古法造纸。

（二）古法造纸业发展现状

目前，石村古法造纸有三家合作社，黔山古法造纸合作社是当地最大的合作社，约有70%的造纸户参加。社长WXW，是村委会成员，也是国家非物质文化遗产的传承人。

该合作社的生产经营走的是一条市场化、产业化的路子。在机械纸充斥市场的背景下，WXW和他的同伴们深信，古法造纸以其独特的技艺、质量和特质，在市场中仍能占有一席之地。为了在竞争中脱颖而出，他们不断更新生产工艺、创新产品品种、改进纸张质量。

经过多年摸索，合作社陆续开发的品种有三大类十大系列160多款产品。三大类分别是书画纸、白皮纸、特种工艺纸。其中，书画纸有七种型号，白皮纸有五种型号，特种工艺纸主要包括花草纸、凹凸纸、麻丝纸

（金丝纸）、云龙纸、落水纸、捆纱纸、蚕丝纸、超薄纸等。合作社生产的各种纸品在国内外都享有很高声誉。同时，合作社也是国家图书馆古籍修复用纸供应商。WXW 及其团队历时两年研发出古籍修复用纸，整个生产工序多达 120 道，每个环节都不可或缺，每个环节都必须小心谨慎、不出差错。纸张材料全部采用天然植物，生产过程保持纯天然性，不添加任何化学试剂，纯手工完成。生产出来的纸张柔韧性好、光泽度好、白度适中、吸水性强，能够长时间保存，符合古籍修复用纸标准。合作社先后申请注册了"贵纸""蔡纸迎春""纸有一套"系列商标。

经过十几年的奋斗，该村古法造纸产业规模逐步做大，产品类型丰富多样，初步形成了一套完整的产业链。现在的石村以旅游发展为依托，迎合现代人的需求，结合原料、工艺、品质等特色因素，大力开辟传统手工纸的其他用途，将手工构皮纸制作成集民族特色和时尚感于一体的旅游商品，推出了一系列纸糊工艺品、皮纸绘画、主题纸灯笼、雨伞、折扇、面具、挂件、纸雕等 100 多个品种的产品，极大拓展了古法造纸手工艺产品的用途。

合作社采用股份制形式运营，工人的工资由技术和劳动量决定。技术含量较高的捞纸工人每月收入在 1 万元左右，普通选料工人月工资两三千元。合作社目前的年营业额达数百万元，入股合作社的家庭年收入都在 10 万元以上。

当地对古法造纸的另一条发展思路是研学游。其代表人物 PYH 是文化部公布的第五批国家级非物质文化遗产项目代表性传承人。他认为古法造纸的市场有限，要依托旅游业带动乡村经济发展、宣传推广造纸文化。在经过 2008 年成立合作社的尝试后，2013 年 PYH 建立了古法造纸研学基地"纸会唱歌"。他将烦琐的造纸技艺简化为浇纸浆、摆花、压榨脱水、烘干等几道简单的步骤，以便游客体验。该基地集造纸作坊、食宿于一体，可供参观的造纸作坊有五余处，单次总计能接纳 150 人，教授游客造纸一次收费 30 元。研学基地开拓了一条新的乡村经济发展之路，帮助石村 100 多户村民实现了在家门口就业（范生姣，2013）。

第二节 工艺型文化基础的构成、特点与优势

伍村和石村能够走出一条独特的产业发展之路，有着历史的必然性。村民们自古以来形成的特定的生产经验和工艺技术在现代资本与技术的推动下被成功激活、转化。

一 工艺型文化基础的构成

一方水土养一方人，但凡有传统工艺传承的村落，一般都具有得天独厚的自然地理条件，能够为独特的生产工艺提供最重要的、无法替代的元素。伍村和石村就是这种大自然的幸运儿。

（一）独特的自然地理条件

伍村地形多为高山盆地，地势以陡坡为主，平均海拔在700米左右。神秘的北纬30°线穿境而过，自然条件适宜，山间常年云雾缭绕，重云积雾，云雾翻腾于丛林之间，当代人称之为"仙境"。这里的阳光，经过云雾和高湿度空气的过滤，直射光少，漫射光多，紫外线充足，非常有利于茶叶芳香物质和氨基酸的形成。这里的气候温润，属于中亚热带湿润型山地气候，日照充足，温暖潮湿，全年无极寒极暑，昼夜温差大，平均气温15.8摄氏度，年降水量1491.3毫米。土壤属于高山红壤土，土壤裂隙大，土质较为稀疏，土壤含天然硒元素较高。从自然地理和气候条件上看，该村具有非常优良的茶叶种植条件（李迁等，2021）。

石村的自然条件也非常优越。这里的钟乳石景观神秘而美丽，古寨景区的穿洞是其典型代表。穿洞洞深2000米有余，洞中曲径幽深、暗河交错，五颜六色、千奇百怪的钟乳石令人流连忘返。最宝贵的是洞中河水天然弱碱性，为造纸提供了价廉质优的生产条件。村民们自古便在洞口造池产纸。景区内还有第一批国家级重点保护古生物化石集中产地"贵州黔东南化石产地"，寒武纪古生物腕足动物、软体动物化石随处可见。

（二）独到的传统生产工艺

伍村茶叶的生产方式历史上主要是传统的手工制茶。采茶时，家庭成员无论年轻还是年长均加入采茶大军，彼时制茶也停留在手工制作阶段。总结起来主要的手工加工流程为：采摘、杀青、揉捻、烘干、整形、精选、包装、储藏。采摘后，薄薄地散铺在晒席或干净地板上，保证鲜茶通风透气而不发热被烧坏。当天采摘，当天加工，以免堆放时间过长鲜叶枯萎，影响茶的品质。揉捻时，用力要均匀，过重会造成茶叶破碎，过轻则去不掉鲜茶叶的苦涩味。将揉好的茶叶再放入锅中焙炒，沿顺时针方向、反时针方向不断用手翻动，让茶叶边干边定型。通过专用袋，按一定重量过秤包装，以便销售或储藏。储藏，最好选用陶器、瓷器类的罐或坛，切忌在木箱类等有气味的容器内久放，否则会吸收异味，影响茶叶品质。

石村皮纸制作技艺的基本工序有十道（张和平等，2016）。①采购原料：以小构树树皮为原料，经刮削处理后晒干。②蒸煮：把构树皮放入清水中浸泡一段时间后，用料耙、料杆钩入高温高压锅中蒸煮。③河沤：将蒸煮之后的纸料放到河里浸泡一段时间，清洗蒸煮时带入的草木灰。④地灰蒸：把洗净的构皮纸料榨出水分后再次放入蒸煮锅里进行蒸煮，待到变成白色时可取出纸料，用清水冲洗再榨干水分并剔除杂质。⑤打浆：将构皮纸料放入打浆机中，利用机械作用使得树皮纤维长度缩减、交联致密，变成纸浆。⑥添加纸药：添加植物纸药，如猕猴桃根、仙人掌根、野棉花根，或添加聚丙烯酰胺达到纸浆悬浮均匀的效果。⑦抄纸：匠人使用固定在木架上的矩形竹帘，两手平抬，将浆液反复多次荡入帘中，再把纸帘平提起将纸扣在木板上。⑧压纸：将捞出的纸叠放在一起，沥干水。⑨晒纸：将沥过水的纸张倾斜放置，指甲轻轻扣动边缘，沿着角落拉出，贴于长十米的钢板烘箱晾晒。⑩揭纸：烘干后，用揭纸木片将纸一张张揭下。

（三）附加的人文典故与历史声誉

据传，伍村最早开始种茶的是一个名叫伍昌臣的人。伍昌臣家境贫寒，想以经济作物"发家"，在屋边开垦土地时，发现有几十棵野生茶苗，昌臣如获至宝，将这些野生茶苗进行培育，便成为伍村茶叶的最初来源。据说，此茶非同一般，独具特色：汤色清绿明亮，味甘，似熟板栗香。即使用坛子密闭封存，次年启封饮用，其色、香、味、形依然能够保留新茶之特色，故有"甲子翠绿留乙丑，贡茶一杯香满堂"之说法。一时间，远近驰名，官吏豪绅争相求购。乾隆四十九年，乾隆皇帝得到宣恩伍村茶农伍昌臣献的茶叶，满口称赞并赐皇匾"皇恩宠锡"一块，此匾现保存在州文化馆，这也是湖北省唯一的一块由皇帝为茶叶赐的匾。此后，凡是官员到此匾前，文官下轿、武官下马，"伍村贡茶"名扬天下。清末民初的《湖北通志特产》对伍村贡茶就有如是评价："伍台、贡名茶、遍地生植，伍台数株所产最佳，其水清洌，甘美异常。"

石村作为苗族的集中居住地，充斥着浓郁的苗族文化风情。吊脚楼、风雨桥、苗族服饰、苗族蜡染、挑花、刺绣、苗族银饰、木制家具等民间工艺美术让人目不暇接。其中最令人印象深刻的是古法造纸。据考证，石村造纸技艺起源于唐代，先民受汉族造纸术的启发，以当地丰富的构树皮、杉根，以及略带碱性的河水为原料制作纸张，至今已有1500余年的历史。在1934年贵阳举办的画纸评比中，石村出产的纸张获得了第二名的殊荣。

二 工艺型文化基础的特点与优势

经济性-外部性文化基础具有典型的非物质文化遗产的特质。联合国教科文组织发布的《保护非物质文化遗产公约》中，将"非物质文化遗产"定义为"被各社区、群体，有时是个人，视为其文化遗产组成部分的各种社会实践、观念表述、表现形式、知识、技能以及相关的工具、实物、手工艺品和文化场所"。我国《非物质文化遗产法》也明确规定，"非物质文化遗产"是指"各族人民世代相传并视为其文化遗产组成部分的各种传统文化表现形式，以及与传统文化表现形式相关的实物和场所"。国务院公布的非物质文化遗产名录将其划分为十大类：民间文学、民间音乐、民间舞蹈、民间美术、传统医药、传统戏剧、传统手工技艺、杂技与竞技、曲艺、民俗。

（一）具身性与产品的独特竞争力

伍村的手工制茶和石村的古法造纸都属于传统手工技艺，具有具身性

(embodiment)、手工性与知识性。作为乡民们在漫长历史岁月与大自然博弈的结果，制茶与造纸技术充分体现出了乡民适应与利用自然的人文价值、民间智慧。人们以身体作为转化器，在简单工具或者设备的帮助下，对自然原料进行加工、制造，将之转变为可满足人们日常生活所需的手工产品。手工劳动使人成为"完整的人"，手工产品作为人的主体性、能动性、创造性与大自然的联结物，能够充分体现出生产者的个性、喜好、感悟等。在乡村手工技术（或技艺）的生产中，劳动者会把自身情感和心理活动充斥其中，因此手工生产能够反映人的气质与品格，具有人格性。

人格性是乡村手工业技术生产与机械化大生产的重要区别。与机械生产仅具有物性不同，手工艺人具有"手艺精神"，他和生产工具之间是一种"伙伴关系"。手工艺生产是手工艺人充分发挥其人格、品格、气质和精神来呈现自我、重构社会关系的过程，具有"完善的人格"。手工艺品是通过人的身体（四肢或感官）塑造出来的"物我合一"的产物，凝结着人之生命力、人之感情、人之温度，体现着人格性。每一片茶叶、每一张纸张的背后都汇聚了制作者的智慧与力量、品质与人格。正因为如此，各家制作的茶叶才会品出不同的茶香，各家所造的纸张质地和手感不一，有薄有厚，有优有劣，这是机械化大生产无法替代的。

（二）知识性与竞争优势的长期维持

传统手工技艺本质上是一种工艺知识，其生产和传承的过程也是"知识的传递"过程。通过身体协作劳动或者耳濡目染的经验传递过程，技艺逐渐融入人的身体感官之中，成为一种经验的、默会的"具身知识"（embodied knowledge）。这是技术通过长时间的实践，融于从业者的肢体和感觉器官中形成的知识。这种知识的传承会深刻受到劳动者学习能力、操作能力的影响，传承效率较低。以学习古法造纸为例，一般3年的时间打基础，3~6年的时间学会白皮纸制作工艺，再需6~10年的时间才能掌握书画纸和迎春纸的生产技术。许多技艺，程序较多，学习周期较长，在达到一定水平后还会面临难以突破的瓶颈。之所以学程长、学习效果不确定，主要是因为造纸技艺作为一种具身性经验知识，光靠努力还不够，天赋和悟性也是非常关键的因素，特别是在没有专人引导、缺乏学习资料的情况下，技艺的突破往往依靠自己领悟。相比白皮纸与花纸，贵纸与迎春纸的制造对材料和工艺的要求更高。现在的石村，几乎家家户户都会生产白皮纸与花纸，但掌握贵纸生产技法的人全村不超过5人，而真正掌握迎春纸技术的仅1人。只有技术更全面、更细腻、更具创新性的手工艺人，才能在竞争中长期立于不败之地。

（三）文化性、观赏性、体验性与生产的转型优势

乡村历史上沿袭下来的悠久的、厚重的乡民文化最终沉淀在手工技艺上，手工技艺天生携带着乡土文化的基因。传统工艺在继承、发扬民族文化、提高民众素养和民族自豪感方面具有不可替代的作用。伍村手工制茶和石村手工造纸都是地方文化身体化凝聚的结果，与当地村民的日常生活和互动交往深度融合在一起，彰显着地方的、民间的、民族的文化特质。

由于生产过程的具身性、手工性，这些制作过程都是通过身体表演而呈现出来，从而建构起生产者与观看者之间的主客互动关系。乡民的身体技艺不同，分工协调不同，操作过程各异，一些关键的制作步骤可以让游客观看或体验。传统手工技艺的表演性、观赏性和互动性极易转型为旅游的人文景观和体验项目。伍村和石村都利用了传统技艺的这种特质，与旅游产业紧密挂钩。伍村允许游客到茶园采茶，并指导游客亲自揉茶、炒茶，并买走自己制作的茶叶；石村也让游客观看手工匠人在作坊内的造纸过程，并亲身体验造纸的关键环节。这无疑增加了旅游内容的丰富性和旅游体验的深刻性。

第三节　工艺型文化提升产业发展的机制

传统手工技艺作为乡村文化的重要部分，自古便具有生产性、经济性，但由于手工生产的自然化、人格化、自给化，其经济效益并没有被完全激发出来。类似的例子包括酿造（酒、酱油、陈醋等）、纺织（布、锦等）、染色、铸造、建造等。在乡村振兴、产业发展的过程中，乡村传统手工技艺在外部资本、技术的催动下，焕发出勃勃生机，奠定了乡村产业发展的基本方向，赋予了乡村产业无可替代的竞争力。

一 传统工艺决定产业发展方向

类似于伍村、石村此类的村落是非常幸运的，得天独厚的自然地理条件和自古就发展起来的、享有一定声誉的生产工艺为乡村产业的现代化奠定了深厚的历史基础，提供了优越的发展条件。

伍村内部蕴含着悠久而深厚的文化资本、社会资本。文化资本方面，乾隆皇帝御赐的皇匾"皇恩宠锡"，为其带来了良好声誉，使"伍村贡茶"名扬天下。该村茶文化历史悠久，有300多年的种植、加工史。数百年来，逐渐形成了独到的手工制茶技艺，每道工序都有其独特的操作要领和技术要求。贡茶的传统制作技艺是伍村茶产业的文化底蕴所在。社会资本方面，该村村民世代以种植玉米、红薯等粮食作物为生，辅以家户式茶叶种植加工，过着朝耕暮息、自给自足的田园生活，村民们世代为邻、守望相助。加之该村得天独厚的生态资本，它们共同奠定了该村茶产业发展的基础。

石村南皋河的河水（PH值呈现弱碱性适合造纸）和周边繁茂的构树树林为造纸提供了最天然的原材料。由于构树皮纤维细密，以此为原料造出的纸张质地均匀、柔软坚韧、吸水性强、易长久保存，石村古法造纸不需像其他古法造纸那样通过多次弱碱蒸煮来延长保质时间。这一切都为石村造纸竞争艺术用纸市场提供了有利条件。

二 乡村文化资源的活化利用

文化资源作为各种意义的综合力量，一种精神体系，是对现存实体的一种意识理念的反映。布迪厄认为文化资源本身具有价值并且能够通过一定的程序转换成经济价值，实现资本的价值转换。生产是实现资产状态变换的有效路径，可以实现从资源到资本的升级。文化的资本化过程，重点在于将资本的性质体现在文化资源的塑造过程中，将文化资源活化成文化资本形态。当然并不是所有的文化资源都可以资本化、产业化，文化资源资本化增值的前提条件是能够进入设计、加工、包装、宣传等流程并最终生成大众文化产品（如可再生文化资源，在每一次开发中都能增值和创新）参与市场交换，实现商品传播（高波、张志鹏，2004：102~112）。

（一）文化资源经济价值的再认知

伍村的文化资源包括生态基础、历史文化以及制作工艺等，均具备可资本化的潜力。在现代消费社会，消费的对象是一种整体性结构，包括具体存在物以及该物存在的生态、社会环境。在消费升级为社会的一种文化形态的过程中，起主要作用的是人类主观理解的变化，人们开始注重消费行为背后所倾注的主观看法。基于这一主观意象，消费与文化之间形成了一种互动关系，"在现代消费社会中，文化化的发展比例高于其自然化的过程"（让·波德里亚，2001：71~72）。

从消费视角出发，伍村茶叶种植的生态条件和文化典故都是其产品背后蕴含的文化情怀。"绿色""富硒"非常符合现代养生理念；"甲子翠绿留乙丑，贡茶一杯香满堂""皇恩宠锡"等传奇典故蕴含了伍村茶叶的历史深意；"旧茶如新，皇帝赐匾"则暗含茶叶口感上乘，质量之高，给游客以无限的想象力和吸引力。这些典故传承了伍村贡茶的文化内涵，彰显其在区域文化中的独特历史地位，成为该村茶产品消费的文化"卖点"，能够满足消费者的文化消费需求。手工制茶也可以通过技术进步改革生产方式，实现产业升级，扩大产能，创造更大的经济价值。

石村造纸业的发展也是以转变观念为前提。一方面，古法造纸工艺被国家列为非物质文化遗产，该工艺的物质载体和身体化呈现因此便成为承载稀有文化内涵的独特商品，能够吸引消费者猎奇的目光。另一方面，经古法造纸工艺生产出来的手工纸，确实能够满足某些特殊行业、特定产品的需要，具有一定市场。

两个村落产业的发展正是基于对自身文化资源经济价值的再认识。这个观念转变的过程是一个政府引导、自上而下、逐步深入的过程；是一个能人引领、由点到面、逐步扩展的过程；是一个由分散生产到合作经营、先进带动后进、用成效逐步打动人心的过程。

（二）组织经营方式立体再造

经济组织的结构、功能、属性和特点由经济活动中的组织要素决定。伍村贡茶产业转型的关键在于利用外部资本向村落引入现代化的管理理念和先进的组织架构，以此重组各种生产要素，形成独特的组织形态和经营管理模式。这一发展过程大致经历了三个阶段。

第一个阶段，将分散在农户手中的土地大规模流转到企业名下，统一生产、管理、运作，参与土地流转的农户可以受雇为企业员工，在茶园进行生产劳作。同时，未参与土地流转的农户组建贡茶专业合作社。企业与合作社联合运行，集茶叶种植、收购、加工、销售于一体，融"产供销、贸工农"于一身。这实质上是一种以雇工为基础的大农场式土地经营方式，企业拥有土地、农资、机械等生产资料，雇用农民做工并实施有效监管，这是一种以土地集中为特征的"横向一体化"经营策略。

第二个阶段，从"企业+合作社"模式发展为"1+X硒火燎原模式"，在CC公司的带领下，当地合作社、小茶厂、家庭农场、农户等抱团发展，形成茶叶现代化生产与传统作坊生产的有机结合，采取保底收购、利益返还、就业扶贫三重机制带动农户发展，提升农户利益。在该村的农业资本化过程之外，仍有万余亩茶园未参与流转，小茶厂、合作社、家庭农场以及分散种植仍然存在，家庭农业仍留有一定的发展空间。但是，它们的茶叶种植、制作、销售都围绕CC公司的运营需求来进行，CC公司与这些小茶厂、合作社、家庭农场之间形成了核心与拱卫的关系，利益共享，风险共担。这是一种典型的"纵向一体化"运营模式，即小农家庭农场只有通过农民合作组织实现农业生产、加工、销售的纵向一体化，才能够抵御大资本的入侵，持续存在。在伍村，资本化的大农场和普通小农户动态存在于同一个生产关系里面，相互关联。

第三个阶段，以茶产业的发展为核心，推出乡村旅游项目作为辅助，拓展挖掘茶文化的经济价值，丰富村民增收渠道。

经过三个阶段的发展，伍村形成了立体纵横的组织体系和经营网络，实现了以CC公司为主体的大资本农企的横向一体化经营与由诸多不同类型农业经营主体围绕CC公司形成的纵向一体化经营的有机结合。各主体在茶产业的整体链条中各据其位、相互配合、协同发展。

石村的产业经营模式明显不同。由于没有外来商业资本的介入，村民们在村里经济能人的带领下，通过集资入股的方式成立了合作社。虽然三个合作社的业务各有侧重,但是都采取了统一经营管理的方式,一定程度上实现了生产运营的集约化、规模化,建成了以手工纸为核心的较为全面的产业链条。"造纸+销售""造纸+研学""造纸+手工艺品生产销售"模式开拓了造纸业的发展思路,也在纵深方向上推动了产业发展的升级。

(三) 产业精英多形式引领

1. 伍村村干部的全员深度参与

CC 公司作为贡茶产业的龙头企业,是通过土地流转获得其新型农业经营主体身份的,对农村熟人社区及其成员利益带来了挑战。为了获得村民的理解和支持,CC 公司通过邀请村支书担任公司法人,接纳村组干部参与茶叶公司的经营管理等方式,积极嵌入乡土社会,扎根村落场域,适应来自乡土社会各种社会关系、伦理关系及社会结构的约束。

在 CC 公司成立发展的过程中,伍村村支书发挥了积极作用。他不仅发起、筹集本村与外部资金共 300 万元成立 CC 公司,还担任公司总经理,直接负责企业经营管理。伍村村支书在计划经济时代曾担任贡茶厂车间办主任,是一位传统的乡村技术精英和经济精英。在茶厂转型的过程中,他凭借自身在学习能力、社会资本、信息获取等方面的优势,顺势而为、把握契机,积极创新求变,充当下乡资本与茶厂的中间人,把外部资本引入产业发展,促成了茶叶公司的成立,并担任公司法人兼总经理。由于他在招商引资、发展经济中的杰出表现,2008 年被任命为村支书,正式成为政府的基层管理者和村落"当家人"。此后,他凭借其经济精英和政治精英的双重身份,通过关系建立、利益回报等形式,帮助 CC 公司顺利完成了土地流转,获取各种惠农项目及补贴,回应了"体制内精英"对企业的承诺。在 CC 公司吸纳村落资源、融入当地社会的过程中,该村村支书发挥了重要的桥梁与纽带作用。

其他村组干部以非正式的、松散的形式参与企业管理,联系协调 CC 公司和其他经营主体之间的关系。在乡土社会,村干部不仅是经济资本和社会资本的拥有者,而且往往处于乡村关系网络的关键结点,是人情往来的中枢,也是第三方信任的基石。在伍村土地流转的过程中,村支书及其他村干部担任企业和农户交易的中介和担保,帮助双方降低交易成本、规避交易风险。村民出于对其的了解和信任，将土地流转给企业，村干部也始终居中协调，在保障企业利益的基础上，避免农户利益过度受损。一言以蔽之，在工商资本进入乡村的过程中，乡土精英发挥了重要的引入、担保、承接、推动作用。

CC公司与华中农业大学茶学系深入合作，培育出一批懂技术、有经验的茶叶生产能人，有效带动了茶叶种植、生产、加工、储存技术的提升和人力资本优化。新经济能人利用具有乡土内生性的"村里人"身份，在茶叶生产经营领域如鱼得水，建立家庭农场、合作社、小茶厂，提升了普通农户的模仿动机与采纳预期，实现了茶叶生产的乡村内组织，增强了村落发展的内在驱动力。

总之，伍村资本顺利下乡的成功经验在于能够正确认识和利用村域内生社会资本，尤其是把握住了村落社会关系结构中的关键节点——村干部，通过聚合经济精英的企业身份和政治身份，为茶叶公司的土地流转和集中规模化经营提供权力支持。同时，乡民也获得了下乡资本在利益、技术、经营理念、管理方式等方面的回报，为乡村内生力量的发展创造了条件。

2. 石村少数能人的以点带面

在石村特色产业发展中，精通古法造纸技术和熟悉市场规律的少数能人发挥了极为重要的作用。在石村有三位产业带头人，他们分别是国家级非遗传承人WXW、省级非遗传承人PYH、县级非遗传承人WQG，三位能人代表了三种造纸产业发展之路。

作为国家级非遗传承人的WXW可以说是石村唯一精通古法造纸全部技术内核，并结合市场需求推陈出新的技术型能人。WXW以一己之力先后开发出花草纸、古籍修复用纸、高级书画纸等；带头成立了村里第一家造纸合作社，以集中生产经营的方式扩大生产规模，认识到人工造纸的局限之后，大力推动造纸业的机械化生产。对于WXW而言，精通古法造纸技术带来的最大收益并非经济收益，而是"国家级非遗传承人"的名誉和声望。

相比之下，省级非遗传承人PYH是一位经营管理型能人。他立足于古法造纸技术的关键环节和步骤,将其开发为独特的研学产品,融入村落整体风土人情,通过体验感知呈现给国内外游客、学子。研学旅游通过手把手地教导游客亲自制作纸张,为游客提供了独一无二、无法复制的旅游体验。

县级非遗传承人 WQG 探寻了一条石村造纸工艺延续的新路径——生产销售纸旅游纪念品,是一位营销型能人。旅游纪念品是旅游经历的象征,是旅游者炫耀性消费的表达,也是其展现对亲朋好友关心记挂的形式。旅游纪念品所代表的地方特色、民族特色、文化特色越鲜明,它的纪念性就越突出,也越容易获得消费者的青睐。WQG 正是把握住这一点,大力开发手工纸品,本子、书签、灯笼、纸伞、扇子、贺卡等,走出了一条把保护与开发有机结合的道路。

(四)生产技艺古今融合创新

文化资本是一个以传承、积累和创新为基础的历史概念,也是一个以物质和精神为基础的结构概念。伍村茶产业发展的文化资本生成于贡茶文化资源活化的过程。从"皇恩宠锡"的贡茶典故到手工制茶技艺,文化价值得以不断积累,传承百年的贡茶文化资源构成了该村茶产业的比较优势。传统手工制茶工艺是决定茶叶品质的关键,是贡茶文化的核心。无论现代工艺多么科学、先进,都无法完全复制再现手工制茶的韵味。

村民们深谙手工制茶的精髓和价值,重视传统制茶工艺的无可替代性。家庭农场和小作坊坚持传统工艺制茶,延续着传统茶文化的核心,生产着量少质优、口感古韵的贡茶精品,作为招待客人、走亲访友的礼品。CC 公司则遵循市场化路线,采用现代制茶技术,不断加大工艺创新和技术开发力度,在传统工艺中求新,在新型技术中求优。公司借助产学研平台,与华中农业大学茶学系合作组建重点产业创新团队,设计并建设成贡茶自动化生产线,研发出鲜叶保鲜、透气杀青、在制品及时冷却、动态回潮全程保优的完整技术。在全国率先开发出由风机、冷风系统、风道、带孔网板等组成的风动大平面摊叶装置,每平方米摊叶量达到 15~25 千克,这款水冷保鲜摊青机有效解决了名茶鲜叶摊放与保鲜的技术难题。CC 公司用自动化、标准化、规模化生产,既有效确保了茶叶品质,又提升了伍村贡茶的产量和种类，丰富了贡茶文化资本的客观形态。在伍村，茶叶制作的传统手工工艺和现代工艺并存，在同一时空中找到了各自的立足点，互补共生，同时满足品质传承与市场拓展的需要，实现了贡茶文化价值的持续积累。此外，伍村将传统茶文化与现代健康理念相结合，积极把时代内涵融入传统文化，把硒元素的现代医学释义引入茶叶的生产与销售，把"养生""健康""抗癌""排毒"等现代理念融入茶叶的包装与宣传中，为传统茶产业的现代转型找到新的文化立足点。

在石村，面对多种纸张市场的不同需求，无论是继续制作传统皮纸，还是对纸张外观和质地进行改良，或是把纸张设计加工成纸类手工艺品和旅游商品，古法造纸的传统做法在某些细节上发生了改变。在一些要求不高的纸张的生产中，石灰已经被氢氧化钠所取代，草木灰被工业漂白剂所取代。过去用纸耙靠人力来搅动纸浆，现在则在电钻前安装铁架以电力来操作。尽管如此，村民们依然保留了手工造纸的核心环节——人工在河水中清洗皮麻料，凭经验把握皮麻料蒸煮的程度，使用竹帘或滤网等工具有技巧的人工抄纸。在可预见的未来，不排除以现代机械代替部分人力来造纸。

第四节　工艺型文化提升产业发展的成效

自古传承的传统工艺通过创造性转化和创新性发展，便能"活化"为乡村产业发展的催化剂，有力提升产业的内涵与价值，进而带动乡村的整体振兴。

一　伍村整体风貌焕然一新

（一）乡村经济蒸蒸日上

伍村现有茶园4545亩，每亩产值4500元左右，人均面积突破2亩。该村坚持打造有机茶第一村的目标，2018年达到有机认证标准的茶园3600亩，达到有机产品认证标准的茶叶1700吨，以省级龙头企业为依托，采取"龙头企业+专业合作社（家庭农场）+基地+贫困农户"的产业扶贫模式，建立起了贫困农户与市场主体共同发展的利益联结关系。

目前，全村共有茶叶加工企业 12 家，其中规模以上 2 家（包括 CC 和 XL），茶叶清洁化生产线 23 条，贡茶直营店 43 家，加盟店 33 家，电子商务 30 家。CC 茶业有限公司已实现产值过亿元。随着茶产业不断发展，茶叶综合效益不断提升，在同等劳动强度下茶园的收入也呈现增长，茶叶每亩综合收入从 2013 年 1200 元增加到 2017 年 4000 元以上，2018 年高达 7200 元。另外，伍村贡茶已成为中国驰名商标，品牌的推广已走进中央电视台 6 套节目、星光大道节目，甚至沪江高铁都在高度宣传伍村贡茶品牌。伍村的茶叶远销海外，2018 年茶叶出口量高达 4500 吨，茶叶的出口额已经占到总体的 80%，只有 20% 才是生活茶，这一点就足以证明伍村茶产业已经达到国际标准。

伍村茶产业的发展优势总结起来是基地好、品质好、市场好、结合好。伍村茶产业取得了巨大荣誉，2009 年获准使用地理标志保护产品专用标志，湖北省第四届二十佳名优茶，2017 年国际茶业大会推荐用茶，2018 年第二届中国国际茶业博览会金奖，2019 年伍村贡茶绿针评比获得金奖等荣誉称号，便是伍村茶产业发展蒸蒸日上的最好见证。

茶叶经济的发展也带动了伍村旅游业的兴旺，2008 年伍村贡茶园开始建设以茶为主题的旅游区，2013 年正式推出旅游业，2014 年耗资 3000 余万元的贡茶科技产业园投入运营，2016 年伍村茶公园成功获批国家 4A 级景区，伍村旅游有限公司投资 1200 万建设景区停车场、栈道等公共基础设施，主打农业开放式旅游项目。国际魅力茶乡、全国最美茶园成为伍村的亮丽名片。2017 年 4 月该村正式启动中国贡茶小镇建设，同年被国家民委评定为中国少数民族特色村寨。伍村作为湖北旅游名村，2018 年接待游客 180 万人次，实现旅游综合收入 2816 万元。

伍村现有 8 家农家乐，5 家民宿，为村落经济的增长做出了一定贡献。伍村是一二三产业融合、茶旅融合、文旅融合的典范，茶叶经济的发展带动旅游业的兴起，同时旅游业的发展也使得更多的人了解了该村的茶产业，促进了茶叶的销售，带动了农副产品生产的整体提升。

（二）村容整洁环境优美

在茶叶种植规模化和产业化推进的过程中，伍村原有的废沟荒坡都被充分利用起来，开垦种上了茶叶，整个村落森林覆盖率达85%以上。漫山遍野的茶树不仅创造了可观的经济价值，还极大改善美化了村落的生态环境。4000多亩茶园依据山势，连绵不断、高低起伏，呈现独具美感的茶园景观。为把茶园变公园，伍村打造出了以贡茶明珠为核心的山野风情区、茶山漫翠区、皇家茶园区、山水茶色区四个特色景区。景区内有数家特色浓郁的茶家乐，向游客们提供茶叶加工、观摩、品尝、采购一体化服务。数千亩茶林，枝枝吐茶香，成为伍村的天然氧吧。伍村在得天独厚的生态环境基础上，建设得日益明媚动人、清新脱俗。

同时，村里为了动员大家全面参与居住环境的改善，开展了一系列环境改善活动，评选清洁户，挨家挨户检查，极大增强了村民们的环境保护和卫生意识，村里的卫生状况在大家的共同努力下有了很大改善。2019年伍村开始推行垃圾分类，将村里的垃圾统一干、湿分类再运送到县里的垃圾处理站处理。政府也大力支持环境整治，投入资金修整村里主干道。如今的伍村，山青水绿、天高云淡、冬无严寒、夏无酷暑，非常适宜居住和养生。

（三）乡村文明之风盛行

走进伍村，整个人都会有焕然一新的感觉。随着茶产业和旅游业的发展，到伍村旅游散心休闲养生的游客越来越多，村民说看到这么多来来往往的游客，他们心中甚是欢喜。相比于前些年村民都到外地打工，整个村子显得空荡荡的，他们更喜欢如今这种热闹的景象。村民们慢慢练起了普通话，拉近了与游客的距离。村民的市场经济意识普遍提高，认为与其花两个小时的时间去斗嘴、扯皮，不如去赚钱，去接触来来往往的游客，在游客心里留下美好的印象和口碑。在茶产业发展的客观推力和旅游业发展的拉力下，伍村村民主动自发地提升自身文明素养，树立主人翁形象，村委会也有计划地开展一系列乡风文明引领活动，例如五佳五好评选活动，好心人、好姑嫂、好婆媳、好邻里、好标兵等等，对村民起到了一定的促进作用。2017年，伍村获评第五届全国文明村镇。

（四）基层治理另辟蹊径

伍村在基层治理这一块的典型做法就是村企合作对茶园基地进行管

理。伍村村支书同时也是 CC 茶叶公司的总经理，不仅肩负带领大家致富的经济责任，更有基层治理的政治义务。同时公司和村委会的事情也会有所交叉，特别是对茶园基地的管理。企业负责管理，督查茶农按照规定人工除草等；村委会负责宣传，近距离接触村民，讲解农药对茶叶基地的破坏性，通过村规民约来制约村民的行为。企业管理+村委会服务双管齐下共同治理村里的茶园，取得了良好的效果。

（五）经济和社会效应显著

伍村茶产业在发展道路上越走越远，大面积的茶园是茶农脱贫致富的福音，当初的小茶村成功转变成为今天集有机茶叶种植、收购、加工、生产、宣传、销售于一体的一条龙茶产品全产业链示范基地，大大增加了村民的种茶收益。村民们可以通过参与茶产业来提高经济收入，将鲜茶叶定向出售给合作社或者加工企业获得收益，还可以进入茶企务工获得额外的工资性收入。据统计，伍村 12 家茶叶公司，其中仅 CC 公司就可以给当地村民提供包括粗加工、精加工、车间工人等 100 多个工作岗位，其余的小公司平均每个公司提供 4~6 个工作岗位，这样村民基本上可以实现在家门口就业。加上前文提到的，村民土地流转每亩地 1000 元，每年年底根据当年的收入情况进行分红。村民如果根据公司的要求按规定种植、管理茶园还会有额外的奖励等。村民的收入渠道比较丰富，2018 年的人均可支配收入达到 11445 元（谭萌等，2017）。

伍村茶产业的发展特别带动了贫困户的脱贫。伍村易地扶贫搬迁安置点位于该村 4A 级景区核心区，占地面积 9673.81 平方米，设计建设楼栋 10 栋，楼层设置 3~7 层，共安置贫困户 125 户 384 人。安置对象来自全乡各村。安置点紧邻省级龙头企业和茶叶产业基地，与茶产业、旅游产业深度融合，真正实现了"稳得住、能致富"。为了支持村民创业，伍村金融扶贫互助社向新兴市场经营主体发放贷款 265 万元，向建档立卡贫困户发放贷款 60 万元，累计发放扶贫小额贷款 325 万元。

脱贫攻坚成效显著。一是补齐民生短板。对照国家标准，重点解决制约发展的"最后一公里"问题，交通、水电、通信等方面的难题得到极大缓解。截至 2019 年初，道路交通补短板工程建设完工比例为 92%，受益农户138户498人，其中贫困户42户141人；饮水工程建设已经全部完工，正在完善管网铺设及入户安装。二是东西部协作项目顺利推进。2017年，杭州市西湖区帮扶伍村贡茶产业发展，投入资金100万，主要用于茶产业升级。目前加工厂房改扩建、加工机械采购、建立电商平台等项目已顺利完工验收。2018年帮扶资金50万元，用于进一步挖掘贡茶文化，延伸茶产业链，进一步带动120户贫困户增收。原来的建档立卡贫困户125户409人，现已脱贫112户369人。

另外在旅游业方面，村民们也有相当不错的收入。160多户特色民居散落在国道旁、山野间，游客络绎不绝。种茶的村民在家门口炒茶，在与游客的家长里短中就把茶叶卖掉了。不种茶的村民搭着乡村旅游的顺风车，经营农家乐，把自家种的瓜果蔬菜变为美味佳肴款待宾客，也从游客那里获得经济回报。伍村充分依托国家级4A景区——伍村休闲度假旅游区，开拓景区、微工厂、物业管理、茶家乐、民宿等平台，为贫困户提供服务员、清洁工等200余个就业岗位，同时也解决了村民因年龄限制而失去就业机会的问题。总体而言，村民的生活水平有了明显提高。伍村在社会主义新农村建设的康庄大道上昂首挺胸、阔步向前。

二　石村非遗文化获得新生

经过村民们的不懈努力，石村的古法造纸技术得以继承发扬，造出的纸品非常丰富。石村作为"中国古法造纸之乡"，其世代传承的古法造纸被誉为造纸的"活化石"。中央电视台为了宣传该村的故事，专门为其制作了2集专题报道。

古法造纸的发展推动了该村经济发展，目前全村有15家造纸工坊，主要生产白皮纸和彩色皮纸。彩色手工纸，纸质良好，在国内外声名远播，可被用来制作贺卡、手提包或装饰店面等，部分远销澳大利亚、东南亚等地区。直接和间接带动50户村民就业增收，造纸产业年产值在1000万左右。

另一方面，石村依托古法造纸发展特色手工业旅游。该村每年会在"七月半"举办以"传承千年造纸技艺"为主题的文化旅游节。通过宣传造势，吸引游客参观、体验古法手工造纸技艺，这在当地是一场集体动员、全民参与的文化"盛宴"。村民依托家户作坊向游客操作、演示、介绍造纸技艺，游客通过参观体验手工造纸来加深对这一传统技艺的认知，表达对先民的勤劳与智慧的赞叹。手工造纸的生产过程，从原来"后台"的默默无闻地操作，转向"前台"营利性的、宣传性的"身体展演"。游客们不管制作效果如何，只在乎体验制作的乐趣。在这个过程中，生产者和游客作为文化的主客体，展开了表演与观看、生产与消费的浅层互动，造纸技艺实现传播、传承与创新。这种独特的体验式旅游为石村带来了诸多殊荣，包括"全省十佳特色旅游城镇"称号，连续三年在全省100个重点示范景区中排名前20。该村每年接待游客人次在20万左右，旅游总产值超400万。

第五节　产业发展困境与文化转型的深化

伍村和石村所代表的一类村落，相对幸运地得到了大自然和历史的眷顾，能够形成并保留自古以来传承的独特的生产工艺，并与新技术、新理念、新生产经营方式相结合，焕发出蓬勃生机，成为乡村发展的强大的内生动力。不过，这种动力下的产业发展存在一些普遍的困境。

一　产业发展的本质性困境

对于依托局部留存型文化大力提升的产业发展而言，其本质性困境是围绕局部留存型文化的活化转型问题而生成的。

（一）对待传统工艺技术的态度不一致

这里要讨论一些无法回避的问题，即传统工艺到底是什么；如果加入了现代技术和设备后，传统工艺技术还是传统工艺技术吗，还是非物质文化遗产吗；传统工艺技术的延续一定要通过使用机械来代替部分人力吗。对于这些问题，村民们的认识并不统一。

在伍村，茶农们普遍承认机械制茶的口感没有手工制茶的口感好。农忙之余，大家还是会自己精心焙制一些手工茶，自家饮用。但同时他们也认识到机械制茶效率更高，是一种来快钱的途径。手头缺钱时，男女老幼只要到自家茶园里采摘一些茶树叶，卖给茶厂，就能够立刻来钱，有效期长达九个月。机械制茶带来的现实利益使得村民们并不重视手工制茶工艺的传承发展。

在石村，对待古法造纸技术的态度分化是形成三种发展路径的深层原因。一部分人强调技术的工具价值，坚持古法造纸技术的原汁原味，忠实于其原始的造纸功能；一部分人突出古法造纸技术的文化表征价值，将其凝缩成几个关键环节作为体验式旅游产品加以营销；一部分人并不关注技术本身，而是其产品的外延价值，注重纸制品的创意开发与销售。古法造纸产业尚未形成合力，无法实现规模化生产、销售。三种思路、三群人，各自为政，一时难以寻找到更好的出路。

从整体形势来看，坚持传统工艺技术一成不变的人是少数，而且会越来越少。从古至今，社会文化的变迁一直没有停止过，工艺技术也在不断变化。单纯把传统工艺视作工具或某种技能，传统工艺在小范围内或可保存，但它至多成为少数家庭独特的谋生手段，从长远来看是难以为继的。

（二）传统工艺技术传承后继乏人

产业的发展离不开人才，伍村近些年虽然很重视人才的培养，与华中农业大学茶学系一直保持合作关系，也会经常邀请专家学者进村指导，人才引进持续进行，但是在这个过程中对本土人才的培养力度却不够，这将引发一系列问题。虽然引进的人才技术水平很高，但是人才流动甚至是流失率也比较高，不够稳定。例如，寒暑假华中农业大学的硕士研究生会到村里实习并指导，但是时间比较短暂，刚对村里的情况有了一些了解就要离开，人员每年更换，所以无法形成长期稳定的指导。年轻人更愿意去大城市发展，无论是整体社会环境还是工作机会，村企都无法与城市相比，难以留住人才。目前当地茶产业的发展只考虑引进技术及人才，没有注重培养本土的专业人才。茶产业相关工作对外来人才而言是工作，是机会，对本地人而言则多了一重生活的内涵，他们会更加关心和投入乡村经济社会发展。令人遗憾的是，当地企业并没有注重吸引有文化有知识的本村青年回村发展，削弱了产业长远发展的人才基础。

石村的造纸业也遭遇了同样的困境。石村的年轻人基本都外出打工了，这是当地产业单一、机会成本过高下的"推力"与外部社会经济繁荣的"拉力"共同作用的结果。古法造纸流程复杂、环节众多，很多技术知识是靠身体化感知与经验积累获得的，学习周期长（短则3～5年，长则上十年），对学习者的悟性与钻研要求较高。高昂的时间成本和成功的不确定性使年轻人望而却步。他们更向往外面的世界，更开阔、更繁华、更多机会。现在的石村，真正掌握迎春纸制造工艺的只有一人。古法造纸工艺后继乏人现象较为突出。

（三）深加工发展薄弱，副产品开发力度不足

伍村茶产业发展势头迅猛，但是产业内涵略显单一。目前，该村的贡茶产业整体处于粗加工阶段，聚焦于种茶、采茶、制茶、卖茶等几个基础环节，侧重宣传绿色、养生理念。对贡茶的"硒"元素的附加功能重视和开发不足。硒元素对结肠癌、皮肤癌、肝癌、乳腺癌等多种癌症具有明显的抑制和防护作用，可以提高人体免疫、促进T淋巴细胞的增值及抗体和免疫球蛋白的合成，与维生素E、大蒜素、亚油酸、锌等营养元素具有协同抗氧化的功效，可以增加抗氧化活性，减轻和缓和金属毒性。如果可以和生物制药相结合，对伍村茶产业链条的延伸来说无疑是一种质的提升。另外，伍村茶叶产品的深加工比较少，与茶叶相关的文化创意产品存有大片留白，仅仅小规模开发了茶叶手工皂，茶叶饼、茶叶糕点之类的新产品尚未问世。究其原因，是由于当地产业发展思路过窄。

石村古法造纸的产业链比较原始。虽然当地的三家合作社逐步实现了规模化经营，但因为是手工造纸，生产率低，只有老客户或是与当地村民相熟的人才能采取预订方式买纸，其他人要购买石村纸，只能直接去当地购买。游客能够购买的纸质产品的品种比较多，除了纸张，还有系列皮纸绘画、主题纸灯笼、特色日记本、折扇、雨伞、面具、纸糊工艺品、相册相框、挂件等100多个品种，既充满民族特色，又不失时尚感。这种对古法造纸产业的拓展思路是好的，但是品牌效应不明显。与国际知名的日本、韩国纸质产品品牌相比，石村的纸制品牌名不见经传。石村造纸产业的发展需要实施品牌战略，塑造"自主品牌"、利用"地域品牌"、学习

"知名品牌",为特色产业创造品牌生态,用工匠精神打造精品"纸文化"。

(四) 基础设施建设滞后,产业发展条件受限

伍村地处偏僻山区,海拔 800 米的山区环境为茶叶生产提供了优质的自然气候条件,同时也给茶叶销售及休闲旅游带来了负面影响。从宣恩县城到伍村的山路崎岖,每天只有 2~3 班的固定班车。蜿蜒的山路,路面比较窄,一路没有交通信号灯,对司机的驾驶经验和技术要求很高。当地时常降雨,山路泥泞,几乎不太可能自驾游进村。

苛刻的交通条件一方面限制了访客数量,原本想进村考察或者参观茶园旅游的人群会因为交通安全而止步。另一方面,茶叶产品的外销外送不太顺畅。遇上天气不好的情况,就会特别影响物流,物流运送时间长,不仅影响产品的质量,而且会在一定程度上影响顾客的心情。对于线上订单,这里每天都是统一邮寄。因为是山区,所以不像大城市的快递点可以做到快速发货,每天只是傍晚往外集中出货一趟。这里通常只使用 EMS 和顺丰两种快递,EMS 虽然运费便宜但是运送速度慢,顺丰虽然运送速度快但是价格偏贵。崎岖的山路在一定程度上限制了产业发展的速度和空间。

石村的交通也极不便利。离该村最近的公交车站设在丹寨县城,村里没有公交站点,也无候车站牌,往返的过路车总是临时停靠,运行时间不确定,给外来游客造成诸多不便。另一种入村的方式是在村口等私家车,一般是七人座私家车,人满即开,没有固定的发车时间和地点,经常因为拼凑乘客要等一段时间。总体来说,石村的交通出行不方便也不规范,对于古法造纸产业和旅游产业的发展,具有极大的制约作用。

(五) 环境污染削弱产业发展根基

特定工艺文化得以保留的基础之一便是独特的自然地理条件。伍村的山、气候和富硒红壤,石村的构树和弱碱性河水,为地方性生产工艺的创生提供了得天独厚的自然条件。在产业扩张的过程中,生产性平衡被打破。在伍村,漫山遍野的茶树需要防治病虫害,茶农喷洒农药不仅直接影响茶叶品质,也会对土壤构成污染,影响肥力。在石村,大规模、持续不断的造纸必然排放大量污水、废水,河水酸碱性的改变会压缩造纸的生产空间,越来越依赖于源头水,也会给本村和下游村落的居民健康带来损害。这些变化对当地的自然生态带来了破坏性影响,削弱了特色产业发展的根基。

二 传统工艺文化的增殖与产业发展提质

传统工艺文化是伍村和石村产业发展的根基,但是在某种程度上也限制了产业发展的思路。对于这样的发展困境,这一类型的村落需要根据现代经验和主流价值观重新界定文化和认识文化,不仅重估和确定某种文化的价值,还要繁衍出新的文化意义,在质和量上对传统文化工艺进行放大。这本质是一种文化的再生产和创新,是一种文化的原有价值或意义在传播过程中生成一种新的价值和意义的现象。

(一) 坚持传统工艺文化价值与经济价值的统一

伍村贡茶具有深远的文化价值、科学价值和经济价值。贡茶的传统制作技艺,数百年来承载着不同时期的农耕文化信息,记录着不同时期的社会风貌和科技发展水平,是一部研究中华茶文化与传统制茶技艺的教科书。贡茶制作有一套完整的加工工艺流程,每道工序都有其独特的技术要求和操作诀窍,一般的茶叶加工技艺无法比拟。这些生产技艺是劳动人民长期的智慧结晶,难以用现代化技术设备代替,它蕴藏着丰富的科学技术基因,具有宝贵的科学价值。贡茶从古至今都深深融入了当地村民的生产生活之中,满足他们日常啜饮、待客、交友、生计之需要,具有深厚的经济价值。石村造纸的价值也是如此。

在经济的人文性日益增强的背景下,乡村手工业技术的文化价值与经济价值的统一愈加紧密。换言之,乡村手工业技术的经济价值开发得越全面深入,其文化价值就越多地彰显。手工艺产品的消费内涵就体现在其所蕴含的文化意义上。经济价值与文化价值一体两面地融合在传统工艺中,并不会带来通常意义上的文化困扰。这主要是因为手工艺技术、生产工艺是劳动人民在生产生活实践中创造发明的,本身是一种通俗性文化形态,是站在古典的、高雅的精英文化的对立面的。它扎根于生活、立足于生产,在田间地头、日常劳作中不断生成经济价值,也体现着劳动者的智慧与勤劳。因此,对于传统生产工艺、手工业技术而言,把它们应用起来、投入生产、创造经济价值的过程，也是重视、传承、保护此种文化形态的过程。

在乡村振兴的过程中，必须把乡村手工技术的生产权力、创造权力与文化权力归属于乡民。他们是乡村技艺和文化的承载者、拥有者和传承者，最熟悉和精通地方性的传统技艺。乡民要完全持有、参与、融入本民族、本地区的技艺或文化，发挥主观能动性和自主创造力，凭借自己的手艺生活，勤劳致富。实践文化的创造性转化，增加家庭经济收入，改善生产生活状况，提升生活幸福感，是村民们自然滋生的主动选择。伍村的村民们自主生产、自主经营，自负盈亏，自开作坊或选择加入合作社或选择受雇于人的劳动，按劳计酬、多劳多得，生活质量蒸蒸日上。石村的造纸匠人家中有田地，也有造纸作坊。农忙时务农，农闲时造纸，半工半农，兼业经营。作为古法造纸的传承者，能够见证手工纸打开销路，被人们所喜爱和需要，或者被转化为具有经济价值的手工艺品、旅游纪念品远销海内外，他们的价值感、幸福感、获得感便油然而生。

坚持传统工艺文化价值与经济价值的统一性要防止割裂二者、用经济价值取代文化价值。云南石林县小菁村彝族传统刺绣工艺的质量蜕变就是一个例子。刺绣产业在当地经济生产中占据重要地位，几乎家家户户都制售民族刺绣品。然而随着市场需求不断扩大，绣品的质量不断下滑，粗制滥造、以次充好的现象时有发生。实际上，小菁村村民手上有两种刺绣品，一种是省工省料省心血的劣质工艺品，一种是"舍不得出售"的、倾注了真情的真正的刺绣品。小菁村村民在刺绣产业的发展中显然割裂了刺绣工艺的文化价值与经济价值的内在关联，造成对石林彝族刺绣文化和对市场的伤害。[①]

（二）推动传统工艺文化内涵的收缩与外延的扩展

技术作为社会的表征，不是单纯的工具，而是具有丰富的文化内涵。传统工艺文化的核心是"非物质"的、无形的，但也需要有形的文化形态予以承载和展示。在生产中传承和保护传统生产工艺和手工技术，不表示

[①] 小菁村彝族刺绣的例子，详细参见马翀炜、陈庆德（2004：115）。

技术内核和工艺过程的原封不动。随着现代新技术、新工艺的不断创生，传统工艺文化的无形内核和有形呈现都必须做出积极的适应与调整，以满足市场多元化的需求。

传统生产工艺的内核在于"手工"二字，在于其具身性上。但是烦琐、复杂的手工技艺用料原始、效率低下，无法满足扩大化生产的需要，全程手工制作是非常不现实的选择。因此，传统工艺文化的现代化适应必须对"手工"的内涵予以重构。可行的思路是把生产流程适度分解，实现机械力与人力的有机融合，例如贡茶生产中的"人工采茶—机械制茶—亲身品茶"的搭配组合。或者像古法造纸那样，突出某个生产环节的意义，把"手工抄制"作为认定手工纸的标准，如此其他生产环节和工艺便可引进现代技术和新型材料。这样的做法，利于在保持传统生产工艺核心要素的同时，实现技术转型和传统生产工艺的新生。

传统工艺内涵的压缩与转型必然导致文化外延（有形部分）的扩展。新技术和新材料的加盟能够延伸生产链条、创新产品形态。第一类创新形态是原初产品的多样化，例如各类茶叶制品（红茶、绿茶、白茶；高档茶、低端茶等），各类纸张制品（不同用途的纸张）。第二类创新形态是原初产品的变形，或可称为元素类产品，例如茶元素制品（化妆品、日用品、食品等），纸元素制品（灯笼、雨伞、风筝、装饰物、笔记本等以纸为原料的深加工产品）。第三类创新形态最值得关注，即把无形和有形的工艺文化作为旅游消费的对象，转化为旅游产品。伍村和石村的产业发展都关注了文旅融合的思路，但是旅游产业对于工艺文化的聚焦不足，没有充分挖掘工艺文化的旅游价值。

云南省普洱市芒田村的经验具有典型性和参考价值。芒田村的地理条件和气候条件适宜茶叶生长，有古茶12000亩，是著名的天迈山"千年万亩古茶园"的重要组成部分，另有现代茶园10900亩。为了配合旅游开发以及村落茶叶经济的发展，芒田村以茶为核心，对传统文化进行恢复和再造，从具体内容和形式方面进行改造，主要表现在三个方面。第一，多种途径收集与整理芒田村的历史和文化，从口述、石碑、文字中提取芒田村的建寨历史，首任首领帕哎冷及其夫人七公主的传说，中断的节日和传统习俗的形式与内容，茶叶发现、种植、利用的历史，以及村落传统服饰、饮食、文化艺术、手工制品歌谣等。第二，恢复与新建仪式场所。通过多种渠道筹资，芒田村重建了帕哎冷寺，按照传统式样修建了茶魂台（用以举办呼唤茶魂仪式），塑立帕哎冷和七公主雕像，建设了收集并陈列制茶工艺、马帮物件、古秤、陶罐等实物的布朗族博物园。第三，依托仪式场所开展仪式活动，包括茶祖节镖牛仪式（祭祀茶祖帕哎冷）、茶魂祭祀（每片古茶园中最早种下的一棵茶树是为茶魂树）。芒田村的茶文化再造本质上是一种"地方性生产"，茶文化与茶产业的结合，有效延伸了茶产业链条，深化了茶产业的内涵，两者之间形成了良好的互促关系。[①]

---

① 芒田村的经验，详细状况参见耿言虎（2019：24~30）。

第五章
"散点渗透"逻辑下的产业发展与文化创生

在中国形形色色的村落中，不是所有的村落都像前文中提到的村落那样，是自然和历史的宠儿。大多数的村落都是普通的，没有出类拔萃的自然景观、没有与众不同的人文风貌。这既是它们的不幸，也是它们的幸运。不幸在于没有可资利用的传统文化资源和自然景观能够支撑和承载特色产业发展；但从另一个角度看，这些村落可以轻装上阵，更顺利地引进现代文化元素，创生产业文化，推动产业升级。

第一节 黄村和水村的故事

一 黄村"黄金梨"产业的兴起

恩施市宣恩县椒园镇黄村平均海拔860米，属石灰岩溶地貌，距宣恩县仅10千米，209国道穿村而过。全村12个村民小组，555户2086人，总面积5200亩，现有耕地面积2453亩。这里的土地，除了沟沟岔岔的小块平地，大多数是挂坡地。以前的黄村贫穷落后，极度干旱缺水，石漠化程度严重，村民依靠种植玉米、土豆、红薯为生，是典型的贫困村。自2003年开始，黄村拓展思路、转换观念、积极推进产业转型升级，大力发展黄金梨产业，走出了一条产业兴旺的新路子。黄村的产业发展思路可以总结为"以黄金梨种植为龙头，带动观光休闲旅游业的发展，辅以传统作物生产"。但是，梨产业的发展并非一帆风顺。

（一）黄金梨产业的发展历程

在 2003 年以前，黄村的经济发展以传统种植业为主，但是由于山地、坡地较多，可耕地面积较少；再加上人口较多，人均可耕地面积很少，所以黄村是恩施较为贫穷的自然村之一。随着交通、通信的发展，当地的有识之士认识到传统的生产方式已经不能满足农村经济发展的要求，不能使当地村民增收，无法改变落后的经济水平与生活质量。因此，调整农村产业结构，找到一条新的农村经济发展之路成为必然选择。

2002 年，以 YYX 等人为主体的新的村干部队伍正式走上工作岗位，他们认为，要想改变黄村落后的面貌，必须改变发展思路。经过多方考察，借鉴其他村子发展的经验，他们认为只有发展产业才能实现农村经济的发展，实现农民增收。2003 年初，YYX 与几位村干部一道，前往宣恩县多种经济办公室（现为宣恩县特产技术推广服务中心）咨询。结合黄村当地自然条件、交通条件等，时任办公室主任 LCS 建议黄村试种黄金梨。

1. 克服困难，艰难起步

确定了初步方向后，准备工作便紧锣密鼓地展开。当地村委开始征求村民意见，并与县委不断沟通，制定具体可行方案。2003 年冬，宣恩县首次在黄村推广黄金、圆黄两个梨品种，黄金梨种植产业正式起步。

在推广种植初期，当地政府给予农户充分的支持。首先是资金支持。由于梨树从种植到挂果获得收益需要三年左右的成长期，因此在种植初期，农户不但没有任何经济收益，还要投入农药、化肥等成本。因此，宣恩县政府通过政府担保的形式，为种梨的农户提供贷款支持。梨树苗的价格是 10 元/株，农户可以凭借自己购买树苗的数量在农村经济合作社获得全额贷款（例如购买 100 株树苗，可获得 1000 元贷款）。获得贷款的农户在前三年内可以不用还款，也不用缴纳贷款利息，三年后再偿还本金和利息。这就相对减轻了种植农户的经济负担，增加了推广的可能性。其次是技术支持。在发展黄金梨种植产业时，当地政府与湖北 QJSL 有机农产品公司签订了合作合同，该公司负责黄金梨种植的全程技术服务，在关键技术环节派遣公司的技术人员对农户进行培训，确保农户能够顺利种出梨。相应的技术支持给了农户很大的信心，黄金梨种植产业在村里顺利推广。

2004年春，试种的梨苗长势良好，适应当地自然条件，该村更多的村民开始种植黄金梨。湖北QJSL有机农产品公司相关人员也与当地村民紧密合作，对种植农户提供相关技术指导，通过召开培训会或带领农户进入实地示范等方式，从种梨技巧、施肥数量、控制果树长势、除草除虫等方面给予全面指导。同时，在种植过程中，村民们经常互相交流种梨经验，互相学习种梨技术，探讨种梨心得，大家的种梨经验日益丰富，梨产业的发展也越来越得到村民的认可与响应。

梨树种植初期，植株比较小，对闲置的土地资源是一种浪费。为了最大限度提高土地利用效率，当地村委鼓励村民发展林下经济，在梨树植株之间种植蔬菜等矮小的农作物，增加经济收益。部分农户因为管理得当，在让梨树得到较快成长的同时，还获得了较大的经济效益。在当地政府、村委的领导下，在村民们的配合与辛勤劳作下，黄村的梨产业种植逐步走上正轨。到2006年初，黄村共发展近1400亩黄金梨，村民人均收入有了一定程度的提高。

2. 发展不顺，磨难重重

2006年春，果树开始陆续挂果，在收获的同时，阵痛也相伴而生。其一，劳动力流失带来打理难题。种梨是一个比较复杂的过程，在需要技术的同时，也需要投入大量人力、财力去管理。由于梨树从种植到结果需要一定周期，而这段时间土地被梨树占用，所以很多劳动力被闲置下来，选择到外地打工。因此当梨树开始挂果，需要人力、财力来打理时，却缺乏劳动力，造成很多梨树因管理不善而不能结出高品质果实甚至不能结果，大大降低了产量。其二，技术不成熟造成梨品质低。在2006年、2007年梨树刚结果阶段，由于农户掌握技术不成熟、不能准确把握套袋时间、不能适时预防病虫害等，到黄金梨成熟时，所产的黄金梨不能达到公司的收购标准，公司最终只能将部分不达标的黄金梨作为残次果进行处理。许多农户因此亏损不少，损害了种梨积极性。其三，销售渠道不畅通，销售困难。梨的种植是依托QJSL有机农产品公司发展起来的。种植、结果、销售的各个环节都与公司签订了合约，但是当梨的品质达不到公司收购标准，作为残次果品处理时，村民们才想到需要其他途径销售果品，尽可能挽回经济损失。但是，由于信息、交通等原因，销售渠道迟迟不能建立。而梨的成熟期较短，不能在树上停留太多时间，许多梨都因此烂在了树上。种出了梨，却不能销售出去，这令当地政府和村委会始料不及。在很长一段时间内，销售问题都是困扰当地梨产业发展的重要问题。其四，生长环境较差地区种梨为村民带来困扰。黄村总体以山地为主，但是，村里9组、10组村民生活在山脚，地势相对较低，光照不够充足，不适合梨的种植，梨树挂果率很低、果品品质不高。因此部分村民开始动摇，对种梨也慢慢失去了热情。

因为上述原因，有许多村民选择外出务工，造成更多的梨树无人管理，也有村民选择砍掉梨树，种植玉米、茶叶等。其中，9组、10组的村民基本砍掉所有的梨树，种植茶叶。在2006年底，黄村有几户村民全部砍掉了梨树，大多数农户砍掉了部分梨树，当地种梨面积大幅减少，黄村的梨树产业面临着巨大危机。

针对梨产业的危机，当地政府和村委开始不断反思、总结。为破解梨树种植的瓶颈，村里从县、州、省请来专家对梨农进行了多次技术培训，提供更全面的技术指导，对拉枝、套袋等关键技术进行示范指导，协助梨农进行精细化管理。同时，帮助不适合种梨的9组、10组农户发展茶叶种植，并在茶叶种植中，给予一定补贴。经过一系列调整，一些重点扶持的农户因为管理得当，在2007年秋亩均收入达到6000多元，一些管理不当的农户却连投入的成本都无法收回。这种差距促使村民们越来越重视对梨树的精细化管理，经济效益明显提升，梨农们又重新恢复了信心，种植黄金梨的积极性空前高涨，黄金梨产业一度恢复了生机。

2008年，国家领导人来到黄村视察，提出给当地特色产业黄金梨的种植每棵树5元的补贴，大多数农户反映每棵实际只拿到了2.5元，认为另一半进了当地政府的腰包。彼时正是黄金梨产业的艰难时期，由于合作社尚未建立，市场渠道单一，农户的梨没人收购，"政府只管种树（基本上是强行推动的），却不管收购"的不满情绪在农户中蔓延，国家补贴被当地政府贪污的说法也在黄村传开。部分农户对当地政府的不作为和中饱私囊十分气愤，"一气之下，干脆把大部分的梨树砍了，改种原来的玉米"。

这个时期全村几乎一半以上的梨树被砍。

3. 日趋成熟，破茧成蝶

在黄金梨产业规模日益扩大，种植技术日趋成熟，产量逐年提升的同时，黄村梨产业的发展瓶颈日益突出，即梨的种植与销售过于分散，各自为政，难以形成更好的市场竞争力，特别是在市场销售上，问题更加凸显。为解决这些问题，黄村结合自身特点，采取了一系列应对措施。

建立合作社。为使黄金梨产业发展形成规模，避免果农各自为政，同时深化梨产业链，提升市场价值。2008年，黄村黄金梨专业合作社成立，组建了技术服务部、市场信息部、修建服务队、机防队，对社员的黄金梨种植实行统一管理、对果品进行统一收购销售。村党委鼓励梨农加入合作社，对入社的梨农在种梨工具、农药等方面都有一定的支持。通过合作社，梨农可以在生产、销售上实现更紧密的合作，从而形成规模效益，提高市场竞争力。在合作社牵头下，黄金梨产业进一步扩大，产量也大幅度提升，原有的合作社已经不能满足农户的需求。在此基础上，2011年，由黄村村委会组织筹建了黄村第二个黄金梨专业合作社，由此，黄村农业产业化规模进一步扩大。果农们在梨的生产和销售上有了更全面、更有力的保障。

筹建冷库。2008年，部分黄村村民依托村党支部，成立了黄金梨生产合作社。入社农民自筹资金建立了黄村第一个冷库，解决了部分黄金梨贮存问题。合作社确定了黄金梨果的分类定级标准，根据大小、品相等标准把黄金梨定级装箱，贮存到冷库中，有效延长了梨的保鲜期和销售期，尤其是实现反季销售。黄金梨反季销售的价格是鲜果的3倍左右，极大提升了黄金梨的经济效益，在反季销售的市场上更具竞争力，黄金梨品牌在市场上知名度进一步扩大。但随着种植规模的扩大和产量的提升，现有冷库的保鲜能力难以满足需求，冻库规模急需扩大。

拓展销售渠道。为解决销售问题，黄村村民想出了很多办法。要想富，先修路。为了解决销售的运输问题，村里首先修建公路，公路由村民自筹一部分资金，政府补助一部分资金，公路实现了全面硬化，通往各家各户门口，建立了村里和外部联系的便利通道。其次是修建冷库，贮存一部分黄金梨，延长其销售期限。但是由于储藏能力有限，合作社收购黄金梨主要面对入社梨农，入社梨农的梨不分品质好坏，冷库都会实行统一收购。但对非入社梨农的梨，冷库会分品质好坏予以定价进行收购。即便如此，冷库依然不能满足需求，梨农们开始积极寻求其他的销售渠道。在梨成熟期，没有入社的梨农会积极寻求外地的收购商到村里收购。这种统一的收购不分梨的品质好坏，且价格较高，能够解决一部分梨的销售。

冷库解决一部分梨的销售问题。但由于建立冷库成本较高，冷库数量有限，仍然无法满足需求。因此，当地政府结合209国道穿村而过的优势，在国道上修建了一些摊位，鼓励梨农将梨运到国道上进行零售，这种零售的方式也能解决部分梨的销售问题。

（二）黄金梨产业带动乡村休闲旅游业

如今，黄村的黄金梨产业正在逐步走向规范化、标准化。在生产方面，套袋、采收、施肥、储存等环节都已经形成了固定工序。在销售方面，通过合作社的冻库、零售等方式已经形成了很强的销售能力。在品牌能力上，黄金梨以它的绿色无公害与极佳的口感在国内外都享有一定的知名度。黄金梨在当地的发展前景也越来越被看好，村里一些外出打工的农民也开始陆续回到村里，重新开始种植、管理梨树。截至2018年初，黄村黄金梨总种植面积超2400亩，总产值达到1000万元，人均收入涨到1.1万元，小轿车、小洋楼承载了半数以上村民的新生活。黄金梨产业已成为黄村的农业支柱产业。

除了黄金梨产业和传统作物（玉米、土豆、西瓜等）种植，黄村也尝试了一条黄金梨产业+旅游的融合发展路径。春天，柳絮风轻、梨花雨细，漫山遍野的梨花让人赏心悦目、流连忘返；夏末秋初，梨树挂果压弯枝、硕果累累寓意高。黄村的赏花节、采摘节，吸引远近游客慕名而来，农家乐生意红红火火，共诞生大大小小18家农家乐、2家民宿。目前，宣恩县在黄村建设阿尼阿兹旅游区，欲将其打造为集农业观光、休闲娱乐、节庆活动、户外运动和生态度假于一体的乡村休闲旅游胜地。

二　水村的探索

从宣恩县椒园镇向西，乘车行驶约7公里，便来到茶园葱绿、民居别致的水村。水村因地得名,曾以盛产水稻而远近闻名。2008年以来,乘着社会主义新农村建设的春风,水村抢抓发展机遇,立足该村实际,打造"千户土家"有机农业观光茶园与特色民居,改善基础设施,创建民族团结进步的繁荣局面。2012年,该村荣获"湖北省十佳民族团结进步示范村"称号。与黄村相比,水村的发展存在以下特征。

第一,主导产业不同。水村以茶叶种植为主,需要的技术指导远低于黄金梨的投入,种植方式简单。虽然技术的投入低,但是产出很大。其性价比远高于黄金梨的种植。同时,茶叶在保存等方面的要求远比黄金梨低,采摘和销售的战线较长,可以持续创收。水村根据市场的需求,不断改进茶叶的种植,引进更具有市场潜力的茶苗,其中白茶生叶最高卖价可达每斤180元,最低单价也有每斤20多元。同时辅助种植富源1号,富源6号等品种的普通绿茶,多品种齐头并进,为增加村民收入提供了极大保障。2012年该村人均纯收入4187元,较2007年增加2500元以上。此外,水村还有自己的茶厂,实现了对茶叶的大规模现代化加工。

第二,多产业协同发展。水村在搞好茶叶种植的同时,充分调动农业部门与非农业部门的动态流通,大力发展旅游业,充分利用当地的自然资源,借助发展机会兴修基础设施,同时带动农家乐等一系列服务业的发展。在我们前往调查的时段,水村正在为即将在该村举办的宣恩县环"千户土家"自行车比赛完善各类休闲娱乐设施。该村形成了一条以产茶为主体,旅游为辅助的特色农业产业链,走出了经济发展与自然生态相协调相适应的发展之路。

第三,提升居住环境。"靠山不占田,集中不分散"是水村规划与建设的基本原则。在"青瓦白墙、飞檐翘角、栏杆跺脊、木门木窗"十六字方针的指引下,水村融地方传统建筑和现代建筑元素为一体,采取新建与改造相结合的方法,对当地民居进行设计建造,共建成特色民居170余栋。它们相对集中,分布在穿村而过的小河两岸,风格统一、样式新颖,在蓝天白云之下,宛如一串耀眼的明珠,镶嵌在青山绿水间,格外惹人注目。新砌的河堤足有4米高,新硬化的路面和清澈见底的小河融为一体。村级小路蜿蜒蜒蜒通向各家各户,路旁树立着路灯,凉亭矗立于茶树花丛之间，清净幽雅的环境让人流连忘返。基础设施和环境卫生状况的明显改善极大提高了村民的生活质量（孙万心，2019）。

第四，精神文化建设欣欣向荣。水村是一个土家族、苗族、汉族杂居的村社，四山合围，自然资源丰富，文化底蕴深厚。在传统文化资源方面，该村内坐落着明清时期位居三品的施南宣慰司土司皇城遗址。该遗址已被列为湖北省重点文物保护单位，该村正围绕遗址打造文化旅游新看点。在现代公共文化建设方面，水村的进步也可圈可点。一方面，重视公共文化基础设施建设，新建了党员群众服务中心，服务大厅、综合活动室、卫生室一应俱全；配备了标准化农家书屋，陈列有图书1000余册，各类报纸、杂志、影音制品10余种，村民在劳作之余，可以尽情徜徉在书海之中。此外，"千户土家"生态旅游区建设也为村落增加了文体活动中心、民族风雨桥、民族水碾房及水车等极具文化特色的新建筑。另一方面，村民们的公共文化活动也更具时代感。村民自发组织了腰鼓队，秧歌队，打起了三棒鼓、跳起了摆手舞，在紧张的劳动生产之余集体锻炼身体，"跳舞热"成为村民生活的新时尚。新的生活方式带来了轻松、祥和的感觉，也为水村增添了一道亮丽的风景，营造出和谐快乐的文明乡风。

短短5年时间，水村发生了翻天覆地的变化，村民们对此感慨万千，表达出较为强烈的满意度和幸福感。相比之下，黄村的村民们多少流露出对水村的羡慕，觉得他们做得比本村好。在我们看来，水村之所以能够发展如此迅速，是因为它具有几个黄村不具备的优势：其一，水村地理环境相对优越，是四面环山的一块平地，河流穿村而过，土地集中而平整；黄村则全部是山地，土地分散贫瘠。其二，黄村基础好，是该地区首个开展新农村建设的村落，建设思路、建设方法等都是"摸着石头过河"；而水村是近几年才开始新农村建设，充分吸取了其他村落新农村建设的经验教训，并融入新的理念。其三，随着农村发展建设事业的推进，政府需要树立新的典范、新的样板。

第二节　创生型文化基础的特点与优势

创生型文化以乡土文化为基础，把现代文化、都市文化有机整合进自身文化体系中，文化构成的矛盾统一性较为突出，这意味着这种文化突破传统、实现创新的可能性更大。

一 创生型文化基础的构成

创生型文化集乡村与城市、传统与现代于一身，主要表现在三个方面。

（一）转型经济作物种植的农耕文化

农耕文化是与农业生产直接相关的知识、理念、技术的综合，包括农学思想、耕作制度、栽培方式、农业技术等，农耕文化还包括了农业哲学思想和农业美学文化。昔日的黄村，常年干旱缺水、石漠化严重，处处是泥巴路，村民们靠种植玉米、马铃薯、红薯为生。"中间一条槽，两面都是坡，大米吃不饱，玉米也不多。"村民们靠天吃饭，生活困窘。水村因一条小溪穿村而过，形成了一个小面积的冲积平坝，村民们常年也以种植水稻、玉米、马铃薯、红薯为生。2008年以前，这里千亩稻田连成一片，每到秋收时节，黄灿灿的稻穗让整个村子格外耀眼。但是，由于河床高于田坝，河水一涨就溃堤淹没水稻，村民们的收成经常受到影响。

2008年以后，两个村子乘着新农村建设的东风和政策支持，分别改种黄金梨和茶叶，在剪枝、挂带、施肥、打农药、保存等诸多生产环节传授推广相关技术，创建产品品牌，拓展销路和市场，确保农业转型、农民增收。与此同时，村民们开阔思路，依托经济作物的生产种植，大力发展农家乐、田园采摘、花卉观赏、亲朋游乐等项目，深入挖掘农业的经济价值和美学价值，逐步生成新型农耕文化。

（二）新旧建筑综合标识的景观文化

乡村景观以大地景观为背景，以农业活动为基础，由聚落、田园、社会生活和自然环境四个部分的景观共同构成，集中体现人与自然的和谐关系。黄村属于山地型村落，各村民小组分散在山顶沟壑之间，相对集中居住，209国道两边聚居规模最大。2008年开始，对国道两边的民居进行改造，统一样式、统一风格。水村，分为上坝和下坝，皆有宽敞平整的水田。上坝有一亭子，还有一块大石牌坊。这里房前屋后溪流淙淙，片片茶园曲径通幽，吊脚楼旁翠竹掩映，一派迷人风景。下坝在平坝的东部，有一小山丘，面积约 10 亩，为施南土司城"皇宫"所在地，小溪绕城而过，成为"护城河"，村民们主要聚居在河堤里边。两个村落的传统民居都是木制的吊脚楼，多隐藏在偏僻的山林间。

水村从 2007 年开始整治河渠，茶园建到哪里，河渠就整治到哪里。镇里争取到了国土整治项目资金、防汛项目资金、农发项目资金、扶贫项目资金和老区建设项目资金共 2000 多万元，修建了长 7 公里、均宽 10 米、均深 4 米、低于田坝的排水渠、防洪渠。自 2007 年以来，河渠多次经受住洪水冲击的考验，没有溃堤淹没茶园。与此同时，沿河堤打造特色民居一条街，现已新建 35 户、改造 16 户，带动全村改造 150 户，青瓦白墙、木门木窗、栏杆垛脊、飞檐翘角的融土家族、苗族、侗族建筑元素为一体的特色民居，取代了过去的老旧民房。长流不断的河水从茶园和特色民居一条街中流过。[①]

站在穿村而过的河堤上驻足观赏，只见平整的水泥路面，沿路而建的花台里种满了各种各样的鲜花，和清澈见底的小河融为一体，慢慢地延伸向远方。一栋栋风格统一、样式新颖的特色民居一字排开，背靠在偌大的岩石壁下，甚有气势，在蓝天白云之下，宛如一串耀眼的明珠，镶嵌在青山绿水间，格外惹人注目。沿着河堤顺流而下，沿河而建的大大小小的便民桥、风雨亭，茶园里古朴的观光步道，都成了游客拍照的绝佳处。游客还可到农家乐游玩，回归自然、体味乡趣。如果愿意，客人可以在夏天亲自挑选自己喜爱的瓜果蔬菜，交给主人烹饪，也可与主人一道在茶园采摘新茶。饭前、饭后的闲暇时间，还可以赏茶园、品茶味、玩棋牌等等。

(三) 传统与现代融合的乡村生活文化

村民日常生活的人生礼仪，衣食住行的方式，生老病死、婚丧嫁娶的习俗、岁时节令、民间信仰与禁忌以及街谈巷议、娱乐活动、饮食习惯等都是传统文化载体。黄村和水村的村民们基本是聚族而居，邻里之间多少

[①] 参见《水田坝村》，http://travel.people.com.cn/n1/2019/1014/c422585-31399245.html，最后访问日期：2024 年 3 月 8 日。

沾亲带故，血缘、亲缘、地缘关系结成了村里的关系网络，联系亲密、走动频繁、相互扶助。黏糯的小土豆、烟熏肉食、豆渣、红薯粑粑都是极具地方风味的特色食品。村民们日出而作、日落而息，每到吃饭的时候，各家端着饭碗，走家串户，围坐在一起边吃饭边闲谈聊天，日子过得安静、恬淡、舒适。

伴随新产业的发展，村民们的生活越来越具有现代气息。物质层面的日益富足激发了农民脱贫奔小康的强烈欲望，生活节奏明显加快。乡村传统的社会关系也在同步变迁，亲戚还是亲戚、邻里依旧是邻里，但是彼此间的来往不似以前那般频繁和纯粹，而是人情味逐渐淡薄，"钱"味更重。

二 文化基础影响下的产业发展特征

（一）乡土性与乡村发展的现代化取向

乡土性既是创生型文化的劣势，也是其优势，虽然没有前文中所提的几个村落那样丰富、特色鲜明的传统文化、民族文化，产业发展缺乏先天文化优势、文化底蕴薄弱，但是非常利于先进文化理念和生产工艺的引进、驻扎和推广。在黄村推广黄金梨种植、水村推广茶叶种植的过程中，最大的阻力来自生产生活的惯性和对未来利益的不确定性。"祖祖辈辈都种苞谷、洋芋，瞎折腾些么子！""附近都没人种过这个品种，太冒险了！""本地梨子每斤几角钱，没得前途！"在新的种植品种引进之初，村民们反对的声音主要投射出经济的考量，而没有文化的忧思。事实证明，只要充分发挥示范作用，以切实的利益回报吸引村民参与，加之政策扶持和技术支持，新产业便能在乡村获得立足与发展。

乡土性也意味着乡村的景观文化和生活文化都是传统的，极易受到现代文化的影响而发生改变。黄顶白墙的砖瓦房、清洁能源（自来水、电、沼气等）、代步交通工具（摩托车、三轮车、面包车、小轿车等）、各种电器设备（电脑、冰箱、彩电、洗衣机、手机等）等现代生活元素几乎是无阻碍地进入乡村，深受村民们的欢迎。黄村生活方式的现代化表现在很多方面：越来越多的吊脚楼被水泥洋房取代，越来越多的人家出门骑摩托、开小车，各种家用电器、现代设备逐步普及，现代化公路延伸到各家各户门口,自来水、电、沼气成为当地主要生活能源,生活污水和垃圾得到及时净化处理等。与生活方式现代化相伴随的是观念的现代化。当地村民的法律意识、民主意识、理性观念、发展观念都逐渐增强。在当地村民的诸多开支中,教育是最大的开支项目。村民们普遍认为,读书是改变命运的最好出路。

(二) 大众性与产业定位的同质化倾向

创生型文化的乡土性的另一个隐含特质是普遍性、大众性,乡土性是对农村文化特点的底线化描述。因此,它能够代表大多数普通中国村落的文化特点,平平无奇。这种大众性乡土文化与现代大众化产业间具有天然的亲和性。村落的主导产业以及围绕主导产业构筑的辅助产业,都是以满足普通大众的无差别需求为目标,提供的产品和服务同质化倾向较为明显。

黄村的梨、水村的茶,都缺乏文化底蕴,产品的特色不够鲜明,市场竞争力有限。基于主导产业的局限,两个村子都确定了建设"集农业观光、乡村休闲、节庆活动、户外运动和生态度假于一体"的乡村休闲旅游胜地的目标。依托黄金梨产业,黄村相继推出"梨花欣赏季""黄金梨丰收季"等乡野趣味活动,吸引游人来黄村赏梨花、摘梨果、品梨味。十几家农家乐分布在209国道两侧和半山间,招待远近游客。水村以新农村建设为契机,重点发展休闲观光体验、民俗文化旅游业,逐步实现农家变社区、古迹变景点、农民变居民、农村变景区的"三农转型试验区"建设目标,初步形成以观光、避暑、休闲、度假为主要内容的乡村旅游大格局。在发展壮大乡村旅游产业的同时,该镇积极引导农民在景区周围、公路沿线和自家门口搞起集观光、休闲和食宿于一体的农家乐,进一步拓宽农民增收渠道。两个村子的发展思路本质上具有高度同质性。大众化、普通化的农耕文化基础,限制了此类村落产业定位的基本思路,在策划理念、资源开发、项目设计等方面高度雷同。

第三节 文化渗透产业的机制

创生型文化把外部世界中的现代元素有机融入乡土社会,通过对村民思想和行为的现代性改造，文化理念渗透到产业设计、生产、营销、市场、品牌、经营管理等环节，改变产业的价值创造链条，对产业的价值创造起到画龙点睛之效。

一 经济精英的角色扮演

乡村产业转型的基础是现代产业理念的引入和传播。作为一种知觉、一种主张、一种主意、一种风格和一种方式的现代产业理念，寄宿在乡村第一批走出去的人的身体上，通过他们的回乡创业带动了产业文化内涵的更新。黄村的黄金梨产业是在村支书的带领下确立并发展起来的。2002年Y书记临危受命，回村担任村支书，与上级部门一道结合实地条件，确立了种植黄金梨的产业脱贫之路。为了确保黄金梨产业顺利发展，Y书记投入了非常多的时间和精力，付出了大量心血。从培训种植技术，增产扩容，到成立合作社，提高议价能力，再到联系外部市场，修建冷库等，黄金梨产业发展的每一个过程都记录了Y书记砥砺前行的足迹。

村干部虽然是兼具政治精英和经济精英身份的复合型精英，但是在产业发展的起步与起伏阶段，其经济精英的角色更加突出。首先是生产的示范者和引导者。在农业产业结构调整过程中，只有看得见、摸得着的成功实践才能打动保守安稳的农民冒着风险投身产业转型，毁掉原来的作物而换种新型经济作物。该村的经济精英率先尝试，用自己的成功向其他村民示范并带动其紧随其后。经济精英通过典型引导使普通农民找到合适的致富途径，解决结构调整中"种什么"的问题。

其次是科技示范推广者。乡村经济精英重视现代农业科技的运用和推广，以此提高农产品的科技含量和在市场上的竞争力。在梨产业的起步与成长阶段，村干部对技术普及和果园管理投入了巨大精力，经常请农业技术人员来讲解，更是隔三岔五穿梭在田间地头与农民交流，面对面地传授经验。培土、施肥、剪枝、挂袋，每一个技术环节，都通过精英与村民、村民与村民之间的"传帮带"而得到普及。

再次是市场进入的组织者和"农商结合"的推动者。在家户小生产与多元化大市场对接的过程中，单个农户由于成本高、技术含量低、分散经营、规模小等原因而竞争力不强。黄村的村长和书记以其强烈的竞争意识、风险意识和组织能力，通过龙头牵动，把分散的家户小生产与大市场较好地连接起来，提高了生产规模与效益。同时，为满足逐渐扩大的市场需求，成立了两家合作社，建设了两个冷库。合作社与入社农民签订长期购销合同。一方面稳定了进货渠道，减少了中间环节，压缩了运营成本，增加了产品竞争力（能够保鲜并反季销售），有助于产业良性发展；另一方面也为农民解除了销售难题、提供了稳定的收入来源。

在乡土社会，村干部具有"双重角色"，兼任国家"代理人"与乡村"当家人"。作为政府代理人，他们能更好地理解和把握各项惠农政策并加以利用，更容易得到体制性资源的支持。作为土生土长的地方能人，他们充分了解当地文化底蕴、民情民心、内在资源，能够有效组织生产、转变观念、推进发展，也能够瞄准村民需求，多方位对口帮扶，提高生产与扶贫效率。总之，乡村精英具有熟悉本土情况、热心公益事业、能力出众的特点，他们是政府与村民、市场与村民之间的桥梁，能够在项目获取与落地、生产经营、帮扶带动等方面有效推动产业发展和精准扶贫。

在黄村，随着合作社的建设完善，村干部在原有双重角色的基础上，又新添了一个"企业家"的身份。合作社由村干部出资创办和管理，其运作类似私营企业，遵循市场原则，黄村的两个村干部实际成为两家"公司"的所有者和经营者，在公职之外戴上了个人头衔——农村CEO。书记有知识、有技术，曾经在公司当过技术骨干，而村长占有优势资源（矿山），懂得投资和经营，其每年十几万的年收入全部用来投资（买挖掘机和货车，聘请劳工开采矿山，兴办幼儿园，修建冷库等）。这种三重身份的获得本身得益于"代理人"和"当家人"提供的便利。村干部向上能得到政府公权力的支持，向下具有天然的领导和团结农民的力量。这种精英带领与农户参与有机结合的产业发展实践构建出一种具有乡土特色、符合乡村实际的"精英—农户"式产业发展模式。

二　经济精英亦是文化精英

通过观察与分析黄金梨产业发展中以村长、村支书代表的乡村精英所发挥的作用，我们认为在"代理人"身份和"企业家"身份之外，乡村精英们同时也具有"文化人"身份。换言之，在部分人身上出现了"财富""权力""声望"等资源整合的情况，乡村社会产生了新"乡绅"群体。新乡绅不仅在政治和经济领域发挥着积极的作用，也在乡村文化振兴方面扮演着重要角色。

黄村和水村的文化属于典型的创生型文化，其突出特点是传统文化包袱少，乡村文化开放而易变，极易受到现代文化的影响，这些村落是城市文化无障碍辐射到的地方。乡村传统的政治精英与经济精英，由于身份和地位的特殊性，是村落中最先"开眼看世界"的一批人，这份经历、眼界、目光、雄心比一般的知识和技能更加珍贵。从这个意义上讲，文化精英不能仅用文凭和学历来衡量，它更突出的表现为更贴合现代风格的一种眼光、一种品味、一种主张、一种创新。

黄村的 Y 书记在回乡担任村支书以前，长期在外面创业。上一任村支书退休之际，动员他回乡造福乡民，本着强烈的责任感和使命感他毅然担起了重任。上任后的第一件事便是带领全村探寻一条脱贫致富的路子，甩掉贫困村的帽子。他以在外创业的切身体会、观察和思考，结合国家的政策，为黄村确定了种植黄金梨的致富之路。从 Y 书记的身上，可以提炼出乡村文化精英的"文化"新内涵：思维灵活，善于变通，勤劳、有技术、知识面广，接受新事物的能力强，并且有一定的判断能力（旷宗仁、杨萍，2004：45~49）。

这里"文化精英"的内涵不同于以往关于文化精英概念的界定，在学界关于乡村精英的分类研究中，文化精英主要是指拥有较多文化资源，包括传统文化或地方性知识等，且利用这些资源为乡民服务，获其赞许和认可，具有较高声誉和威望的人士（杨洪林、姚伟钧，2011：187~192）。在传统中国，乡村文化精英的主体是乡绅，他们往往是由有一定文化素养的科举及第未仕或落第文人、告老还乡或乡居养病的官员以及有文化的地主等组成。以乡绅为代表的乡村文化精英是维护乡村秩序的重要力量，在乡村文化知识、礼仪规范的传承和再生产中居于主导性地位，对于农村文化的保存和社会稳定起到了非常重要的作用。近代以来，在全球化进程和中国社会结构的双向互动中,中国乡村社会的传统秩序逐渐瓦解,乡村传统文化精英逐步没落,乡村文化渐趋衰落,文化功能日益丧失,文化氛围越来越淡薄(刘博,2008:44~49)。与此同时,出于文化遗产保护和传承的重要性、紧迫性,生活在农村的国家级非物质文化遗产项目代表性传承人便成为当今乡村文化精英的代表。此外,文化程度较高的乡村教师、大学生也是新时期乡村文化精英的组成部分。这两种文化精英,虽然有自身能力、学历的加持,但主要还在于名录制度的实施。一系列符号性仪式、证书塑造了他们的声望,奠定了他们新时期乡村文化精英的身份和地位。

由此可见,学界通常是把政治精英、经济精英和文化精英区分开来,强调文化精英对地方性知识、技艺的掌握与引领,这是对文化精英的狭义理解。实际上,在乡村现代化进程中,乡村的政治精英和经济精英,首先是文化精英。在布迪厄看来,文化是当代社会中最活跃的因素,它已渗透到社会的各个领域,对于现代社会生活所发挥的作用已经超越政治和经济等传统因素的影响。正是由于文化的大规模介入,政治和经济才会充满生机与活力。文化是一种珍贵的资本,可以积累并创造价值。文化资本有身体、客观和制度三大形态①。其中,身体形态的文化资本,在乡村现代化过程中,突出表现为某种新发展理念和思路、新知识和技术。此类文化资本与权力资源或经济资源相结合,便能实现乡村治理的创新、乡村产业的转型升级。

第四节 产业发展带动乡村文化风貌提质

黄村和水村虽然缺乏特色文化基础,但是原本贫瘠的乡村因为现代文

---

① 文化资本的身体形态是指通过家庭环境及学校教育获得并成为精神与身体一部分的知识、教养、技能、品位及感性等文化产物。身体形态文化资本的积累不仅十分漫长,极费时间和精力,而且它最终也只能体现于特定的个体身上。它"是无法通过馈赠、买卖和交换的方式进行当下传承的"。文化资本的客观形态,即物化状态,是书籍、绘画、古董、道具、工具及机械等物质性文化财富,可以直接传递。文化资本的制度形态是将行动者掌握的知识与技能以考试等方式予以承认并通过授予合格者文凭和资格认定证书等方式将其制度化。这是一种将个人层面的身体形态文化资本转换成集体层面客观形态文化资本的方式。

化的传播而快速转型，产业升级、观念转变不仅带来了收入的增加、生活水平的提升，也使得整个村落洋溢着文明的气息和欣欣向荣的风貌。

一 居民生活日益宽裕

2013年，通过对黄村103户的调查，在90户愿意提供家庭年收入的家庭中，家庭平均年收入约为6.8万元。扣去买肥料、种子、农药，及雇请人工等花销，家庭平均年纯收入约为5万元。以每户平均5口人计算，人均年纯收入达到1万元，15年间，黄村村民的收入增长了近10倍。

宣恩县离武汉有将近700公里的距离，地处鄂西南大山深处，是恩施土家族苗族自治州最小也是最贫困的一个县。黄村在宣恩县城的北面，因为山高路远，这里的农民祖祖辈辈都受穷。"中间一条槽，两面都是坡，大米吃不饱，玉米也不多。"黄村2003年人均年收入仅有1200元左右，2006年的人均收入为1700元左右，2006年比恩施的平均水平还要低100多元，与全国水平相比更是相差甚远。

自2003年以来，黄金梨种植面积达到1850亩，人均收入从2003年的1200元涨到1.1万元。以前全村外出打工的有700多人，现在300多人回来了，经营农家乐、民宿。在2013年的调查中，有88户村民对近年来家庭收入变化的趋势做出了有效评价，其中认为近年来家庭年收入较前几年有较大程度提升的占79.6%，选择不如前几年的占6.8%，认为变化不大的占13.6%。这说明，黄村村民近些年经济收入增长较快，那些认为经济收入不如前几年的，都是因为家庭出现了重大变故，例如主要家庭劳动力重病等。

随着家庭收入的增加，近些年居民居住环境也在不断改善。在最近5年中，该村居民有新建住房的家庭比重为43.69%，对住房进行装修的家庭比重为14.56%，在近期有对住房进行改造计划的家庭比重为3.88%。在梨产业蓬勃发展的推动下，该村居民的经济状况明显改善，半数以上的家庭不仅开上了小车，还装修或新建了房屋，且新建房屋基本都是三层左右的小洋楼，居住条件大大改善。

二　村容整洁乡风文明

坚持以农民增收为目的，做好"生态农业+"文章是黄村乡村振兴的基本思路。在发展黄金梨产业的同时，也不忘保护当地的自然生态环境。当地农民给梨树施的肥主要是生态复合肥，并且采用先进的套袋技术防止果实生虫或被叮咬。由于没有喷洒农药，黄金梨可以不经削皮或水洗，直接入口。生态产业的发展，不仅直接保护了自然环境，而且为生态旅游这一新型产业模态创造了条件。

每到梨花盛开的季节，黄村境内，209国道两边，土家风情的农家乐大红灯笼高高挂。一条7.1米宽的旅游公路旁修建了观景平台和停车场，路旁的梨园护坡统一颜色，整齐划一。盘山而上，一栋栋白墙黛瓦黄窗、富有土家风情的小楼依山而建，门前屋后，干净整洁。碗口粗的梨树上，白色小花开得正艳。梨园内，石板小径蜿蜒，凭栏远眺，民居错落点缀在片片花海之中，游客穿梭其中，如同进入世外桃源。黄村坚持以解决老百姓最关心、最直接的问题为着力点，以解决饮水难、行路难为突破口，加强村级基础设施建设，修建了生活污水净化池20多个，12个村民小组的公路全部硬化，农户全部用上安全卫生饮用水。针对农村环境卫生整治难问题，黄村充分发挥村民自治作用，成立环境卫生督察小组，要求与村支"两委"密切配合，每日抽样查看，每月进行一次环境卫生大检查，同时结合"支部主题党日"、村民代表大会等，实行量化打分评比制度，张贴公示农户"干净、基本干净、不干净"三个环境等级评比结果，全村环境卫生建设成效显著。卫生状况的改善与基础设施的完善有效配合了黄村生态旅游产业的发展，越来越多的游客愿意在这里小宿一两日，安心赏花、品梨、观山景。①

三　民族团结进步和谐

黄村是农业部、省、州、县新农村建设的试点，并于2007年获批首批

---

① 参见《水田坝村》，http://travel.people.com.cn/n1/2019/1014/c422585-31399245.html，最后访问日期：2024年3月8日。

民族团结进步示范村。外来资本的投入和生产技术的转型都是依托当地传统的政治格局和生产关系，黄金梨产业的成功发展，繁荣了乡村经济，帮助各族居民实现了共同富裕，也促进各族居民的和谐共生。黄金梨的种植和生产仍然以家庭为主，各家各户在自家土地上进行系统种植，家庭成员分工协作、相互扶持；兄弟姐妹邻近而居、家族成员聚族而居，各族居民散杂而居，乡里乡亲之间沾亲带故。农忙时互相帮助、农闲时聊天喝茶，民风淳朴、热情好客、和谐自然。黄村的民族关系可以概括为"融合一体、和谐共生、不分你我、亲似一家"。

在黄村，村民之间经常相互帮助。亲人、邻居、朋友在村民的互助体系中都发挥着非常重要的作用。相比较而言，在村民的日常生活的情感、经济、信息三个方面，亲人的援助程度都是最高的，朋友的援助程度次之，邻居的援助程度最低。而实际上，三个群体的区分不甚明显。例如，亲人和邻居这两个群体，在很大程度上是高度重叠的。很多家庭都是聚族而居，兄弟姐妹之间既独立成家，又聚居在一起，"这半个村子的人都是亲戚"。

村民们不仅在生产生活中相互帮助，而且对于生活中的矛盾纠纷也往往相互体谅、相互宽容，形成了非常融洽和睦的关系。乡村日常生活中最主要的矛盾纠纷是生活琐事纠纷和经济纠纷。面对纠纷，村民们大多是相互体谅、互相包容，"亲人邻里互相劝一劝，大家就和好了"，遇到一些大矛盾大纠纷，比如土地分界的问题，可以找村委会，一般都能得到满意的解决。

比较之下，村民与村干部之间的关系反而更紧张一些。有些村民心里有怨言，认为他们可能以权谋私，但实际上，经过税费改革，村干部手中的国家资源少之又少。造成这种状况的直接原因是村干部的家庭经济条件普遍比村民的家庭经济条件好。社会资本的不均衡也是造成这一差距的原因之一。中国乡村社会秩序原来是建立在血缘关系、地缘关系基础之上的，原有的乡村秩序和以"差序格局"为特点的乡村人际关系在现代化过程中正在发生重大改变，从封闭走向开放，从熟人社会走向市场社会，从同质性走向异质性，从经验走向科学……这一切的变化在最根本的意义上改变了农民的社会资本格局和社会资源获取能力，农民必须适应新的发展环境，重构自己的社会资本。而在社会资本重构这一点上，村干部普遍比普通群众做得更好，他们更能适应市场的发展，有更好的知识素养，能获得更多的资源和渠道。虽然村民对村干部有一定的看法，但两者之间的关系也是相对融洽的，并没有较大的冲突。

第五节　创生型文化的合理现代化

黄村和水村的创生型文化集传统与现代于一身，是物质、制度与精神元素的整合性呈现。

一　产业发展存在的问题

黄金梨产业的发展确实带动了黄村的整体建设与发展，但是仍存在诸多问题，限制着黄金梨生产的进一步提升和乡村的持续振兴。

（一）黄金梨产业持续发展面临制约

生产管理分散。自古以来，中国农村都是自然经济的发展模式，土地分散，家庭拥有土地实际面积小，小农化生产，自给自足。由于资金、技术等多重原因，农民自身难以将土地进行整合，使土地发挥出最大效用。尽管黄村已经进行了产业结构调整，传统的粮食作物生产转变为经济作物生产，但是在土地使用与管理方式上仍然停留在分散化状态，以每家每户的自主经营、自负盈亏为主。家庭人力资本、劳动力投入、人际关系乃至家庭地理位置等因素都会对生产效益造成影响。受制于单个家庭生产能力、抗风险能力的局限，无法最大限度地发挥土地效益，创造更大的产业价值。因此，如何对土地实施集约化管理、如何把分散的个体种植转化为适度的有组织形态，是黄村产业结构升级必须解决的难题。

技术普及不足。提高产业管理水平的重要手段是加大资本和技术投入，仅靠单纯的劳动力投入难以维持经济发展的长期性。黄村在技术培训方面，早期培训比较频繁，现在每年也会举行一次到两次的技术培训，同时还会邀请专家到较近的农户上门指导。但是对于居住较远，或者交通不太便利的农户就鲜有专家上门,每户种植过程中出现的不同问题并没有得到针对性解决。

保鲜条件有限 水果保鲜反季销售是提高水果经济效益的重要手段。黄村的冷库建设相对滞后,水果保鲜量有限,绝大部分黄金梨要由村民们在两个月内自行消化,销售不完的梨只能白白烂掉。随着梨产业的不断成熟,可以预见黄金梨的产量将会在一段时期内逐年增长后再趋于稳定。以销售一半、储存一半的规划,黄村至少还需要建设15个冷库,而一个冷库的建设至少需要7万元的资金投入,这意味着要追加投入100万元才能基本满足需要。现有冷库都是村民以合作社的形式筹资建设,未来需要政府和社会的更多支持。

销售渠道单一 黄金梨的销售渠道主要有两个。其一是通过合作社,把梨分类、定级、包装(黄金梨已于2012年申请到"沃地娃"商标),销售到周边、全国乃至国际市场。其二是以分散的方式,农户各自为政,沿着209国道两边一字排开,沿街叫卖,主要卖给过路的游客或者附近村镇慕名而来的人们。前一种销售方式渠道稳定,价格高,收益大;后一种销售方式波动性较大,激烈的市场竞争使得梨的价格极易被挤压,收益较小。黄村70%左右的梨都是以第二种方式销售出去的,浪费较大,给村民利益造成了严重损害。显然,这种"沿街叫卖"的传统销售方式难以适应黄金梨产业化发展的需要,开发新的销售渠道(我们在黄村的调研中发现,大多数村民没有网络意识,对网络销售知之甚少),拓展黄金梨市场是该村梨产业升级迫在眉睫的任务。

深加工产业迟滞 到目前为止,黄金梨的出路只有"原果销售"这一条,作为当前国内顶级的梨品种,该产品的深入化和专业化发展尚未起步。因此,大力推动黄金梨深加工,挖掘黄金梨的附带价值,是黄村未来黄金梨产业发展的重要方向。

(二)农家乐产业浅表单一

黄村的农家乐产业是依托黄金梨产业发展起来的,存在经营理念落后、发展层次较低的问题。其在经营方式上基本属于"等客上门"的散客经营模式,接待能力和服务质量都非常有限,在本质上就是"家庭餐馆"。

"吃"的成分较大,"游、乐、玩、赏"的部分太少,极大限制了该村农家乐产业的发展升级。

黄村现有的农家乐并没有和该村的自然生态、乡村人文资源结合在一起,产业发展缺乏纵深。农家乐离开了特色产业支撑,就难以实现稳定、持久的发展。根据黄村农业产业区域的具体情况,该村的农家乐应当深化对黄金梨产业的依托,因地制宜地开展农家乐经营。黄村虽然已经推出"梨花欣赏季""黄金梨丰收季"等乡野趣味活动,吸引游人来黄村赏梨花、摘梨果、品梨味,但是这与其"集农业观光、乡村休闲、节庆活动、户外运动和生态度假于一体"的乡村休闲旅游胜地建设目标还相距甚远。黄村还需不断挖掘和丰富乡村旅游文化内涵,以文化提升产业,按照"一村一品"推出特色旅游产业。同时,在投资方式上,不能仅仅依靠农户自身,还要积极争取政府支持,大胆创新投融资机制,积极招商引资,多方筹集资金,建立多元化投入机制。

二 乡村振兴面临的困境

(一)居民贫富差距扩大

虽然黄村整体经济状况大为改观,村民们的生活水平整体上了一个新台阶,但是由于各家各户在梨种植规模、收益状况、有效劳动力、外出务工等方面的差异,黄村的家庭贫富差距也越来越大。我们的调研以五等分法测量了黄村贫富差距状况。调查结果显示,收入最高的1/5(18户)的家庭平均年收入为11.4万元,收入最低的1/5的家庭平均年收入为0.8万元,最高收入组与最低收入组的比为14.25∶1,即收入最高的18户家庭的平均年收入是收入最低的18户家庭平均年收入的14.25倍。① 若按照累积收入计算,则收入最高的20%样本农户与收入最低的20%样本农户的累积收入之比为14∶1。而根据华中师范大学中国农村研究院发布的《中国农民经济状况报告》,2011年,中国农村家庭收入最高的20%样本农户与收入最低的20%样本农户的累积收入之比为10.19∶1。所以,从数据上

---

① 数据来源:国家民委项目"武陵山区民族团结进步示范村的建设实践与模式研究"课题组2013年实地调研资料。

看，黄村的家庭贫富差距比较明显。

（二）合作社家族化运营

1. 合作社由村干部家族所有和经营，缺乏社员参与

合作社本应是社员的自治组织，但现实却并非如此。合作社创办的初衷是入社各家可以利益共享、风险共担。在合作社成立的初期，几家种梨大户以入股的形式建立联合。合作社的运营管理者会与社员签订"协议"，规定各家的分红比例，明确优先收购社员家的梨。但是，在合作社实际运行过程中，这些规定并未得到贯彻和落实。大部分社员并没有实际参与到合作社的管理上来，对合作社的管理事项几乎一无所知，也没有参与黄金梨收购价格和收购规则的制定，只能被动接受合作社每一项要求，社员缺乏议价能力和实际事务的话语权。合作社的管理者与社员之间地位不平等、信息不对称，社长与社员之间并非合作伙伴关系，更类似于市场中买家与卖家的关系。总之，社员的"自治"角色是缺失的，合作社遵循的是市场利益最大化原则，并没有有效保护社员的利益，甚至在一定程度上损害了农民利益。

2. 合作社准入门槛较高，村民不能自由加入

黄村的黄金梨合作社对入社有一定的标准和门槛，只有种梨大户才能加入。黄村是一个山村，各组村民广泛分散在山顶沟壑之中。由于石漠化严重，石头缝里刨田，村里的耕地十分有限，户均只有3～4亩地，能够达到入社标准的种梨大户只有不到十几户，且多与村长、支书关系亲密。这就将大部分的农户排除在合作社之外。正因为如此，普通农户对入社的概念十分模糊，对合作社也颇有微词，"只有他们大户才入社"，"只有村长的亲戚几家才入社"，"合作社是他们（指村干部及其亲戚）几家办的"。

村长主持的合作社建在国道旁边，是由自家平房改建而成，在上面加了两层。通过个人集资，筹集了上百万元，新修了两个冷库，不涉及村集体和社员。如此筹资修建的冷库，自然优先服务于出资的社员，只有在货源不足的情况下才会收购非社员的梨。尽管合作社冷库后来进行了扩建，其容量仍然供不应求，大部分农户的梨不能够进入冷库贮存，只能够沿街摆摊叫卖。结果是，合作社因为其店大、招牌硬，对周围其他农户的销售

形成了巨大挤压,村民们对此心存不满。

对非社员,收购的条件则比较苛刻,梨按照大小区分等级,7.0~7.5公分大小的梨价格最高,平均每斤3~4元,不符合规格要求的梨收购价格很低,每斤1.5~2.5元。在产业发展初期,合作社只有7个冷库,果树还处在成长期,加上管理不善,农户收获的梨品质、大小都不符合要求,合作社不予收购,一度挫伤了果农的信心和积极性,大片的梨树被砍,改种原来的玉米,这直接导致了种梨大户数量的减少。可见,在一开始,从主观和客观上,农户的入社就不是"自由"的,且条件非常苛刻。资源(冷库)的稀缺造成合作社的绝对强势地位(因而能制定苛刻的入社门槛和收购标准),在"优胜劣汰"的市场化竞争规则和乡土社会的"差序格局"下,少数关系密切的群体的利益被最大化,使合作社的集体性质异化,俨然成为少数人的公司。

(三) 乡村精英的多重角色与职能偏离

在前文分析中,黄村黄金梨合作社在实质上已经私有化,村长和村支部书记成为合作社的实际拥有者,黄村村干部并没有处理好同时作为政治精英和经济精英的矛盾关系,两者之间不是相互增强,而是相互排斥。村长和书记的主要精力放在了经营合作社上,挤压了作为村干部应承担的职责。由于没有起到带领全村实现共同富裕的作用,村民对村干部也逐渐产生疏离和不满,调查中村民普遍对村干部感情淡漠、评价较低以及颇多怨言。

1. 重小家利益,轻大家利益

黄村的合作社本质上并非集体组织,而是由村长和书记两个家族分别所有和经营。合作社只不过是一个集体经济的幌子。合作社性质的变化,揭示了村干部借助身份便利,为家族谋私利的事实。

黄村有两个合作社,分别由书记和村长两家所有。根据书记的介绍,合作社由农户入社组成,一开始只有几家大的种梨农户加入,后来发展为几百人的合作社。合作社的主业是种植黄金梨,同时也为黄金梨种植提供相关生产资料的购买、标准化生产技术培训、指导,相关信息服务,组织社员运输及销售。合作社本质上是农户入股的乡村企业,类型是"集体企业",经营模式是"服务型"。

在创立初期，黄村黄金梨合作社是在社会主义新农村建设的政策下，探索一条因地制宜、推广特色产业、发展全村经济道路的需求下创办的，其初衷是服务全村果农、推进新农村建设。"宣恩县椒园镇的村子中，我们的新农村建设是最早开始的，2004年就开始了，很多地方这两年才开始。"在全村范围内推广黄金梨的种植，村干部筹办合作社也是在这个时间，可见，种植黄金梨、开办合作社是在政府的主导下，自上而下的一场生产变革，村干部履行的是发展全村经济的职能。

合作社的早期是符合其自身定位的，但在发展的过程中，谋取私利的性质越来越明显，服务群众的特征越来越淡化。种种迹象表明，黄村的两个村干部的职能重心发生显著偏移，淡化了政治职能，强化了经济职能。更为重要的是，其经济角色很大程度上是个人化的。

2. 职能偏离导致干群关系疏远

转变发生在黄金梨产业逐渐成熟、产销矛盾日益突出的时候。2008年，为解决保鲜和反季销售问题，黄村集资成立了合作社。到2013年，黄村共成立了两个合作社，建有7个冷库。书记和村长各负责一个冷库，他们绝大部分精力也聚焦到梨的收购、销售环节。在我们为期半个月的调查中，村长和书记天天都在合作社，村委会的办公室因为长期不使用，而显出荒凉之态。村民们也反映，现在村干部很少走家串户，了解大家的困难和需要，干群关系越来越疏远。

能否扮演好"当家人"的角色由很多因素而定，这涉及村干部的责任心和个人能力，以及村民对其的信赖和认同。为了方便黄金梨的储存、运输和销售，村长和村支书两家都在国道旁经营起合作社，每天都忙着种梨、收梨、联系市场，村委会的办公室逐渐闲置，村干部与村民的关系越来越疏远，村干部"家长"角色在不断稀释和弱化。村长和书记的主要精力都放在了合作社上，扮演"企业家"的角色，在黄村的两个村干部身上，政治精英身份与经济精英身份之间相互冲突。这一点可以从村长和书记同时作为合作社的"CEO"但角色仍有不同程度分化中体现。书记除了共同的角色外还要扮演农民的角色，而村长已经脱离了农业生产和农民身份。"两个冷库之间有竞争，我是种梨大户，他纯粹经营，不种梨，我们的想法不同就分开了。"书记自己是种梨大户，而村长自家不种梨，纯粹经营，导致的结果是书记作为农户使得其立场能够向全村农户这边倾斜，在某种程度上保障了农户的利益也就能保障自己的利益，其经营更能够从果农的角度考虑。而村长则完全是市场化经营，追求自身利益最大化。这种角色的差异，导致其与村民的关系截然不同。"他（村长）收购必须参照我这边，2004年他参照公司价收，价格每斤1.3~1.4元，他如果不是村干部就算了，但他是村主任，不能这么做。"

从农村中彻底分化出来的村干部（调查中，村长一家人已经不再是农村户口而转为城镇户口，其经营方式有投资幼儿园、挖土机及办合作社，已脱离农业生产），由于立场不同不能够代表农户的利益，无法为农户服务。相反，由于承担的角色使其站在了农民的对立面，经济精英的角色挤压了政治精英的职能。没有互动，就缺乏交流；没有交流，就缺乏理解；没有理解，就容易造成误解。因此，当黄村的村民遭受某些不公对待时，他们会首先把矛头直接指向村干部，认为村干部"贪污腐败，徇私舞弊"，"对老百姓的事情不上心"。而实际上在农村税费改革之后，村干部有权力经手的钱已经全部由乡镇一级掌握，用村干部自己的话说，"我们顶多在审批低保名单时有点权力"，干部们似乎也觉得委屈。

然而他们对乡村治理的职责理解依然存在偏差。村干部的政治职责可以包括两个方面，即工具性职责和表意性职责。工具性职责是在落实国家政策过程中承担的具体工作，例如税收、计生、安保等。表意性职责是代表国家与民众进行情感联络、收拢人心，例如关心百姓疾苦、嘘寒问暖等。随着工具性职责在农村改革中被大大削弱，表意性职责更加突出。然而，黄村的村干部们显然还没有认识到这种职能重心的转化。

（四）乡村风气面临现代化的冲击

现代性带来"去传统化"的改变。时空分离和脱域的制度化反思促使传统全面而快速地从现代生活中撤离，吉登斯认为"现代性毁灭传统"，不断被修正的科学知识成为反思的中介，习俗和日常实践受到严重的改变。它们远离地方性情景，由不在场的系统主导行动。传统的撤离和全球化的发生是反思性现代性阶段的双重过程，社会关系抽象化程度的不断提高，必然导致一个地球村的出现，而跨越全球化的知识传统也必然导致行动日益从其他地方性传统的限制下脱离出来。目前我国正处于转型期，传统与现代并存。在现代性的冲击下，传统逐渐消失，人们的生活方式越来越现代化，人情交往的"钱"味越来越重，传统观念受到巨大冲击，连带一些传统习俗也失去了支撑。

在黄村，部分村民整日不工作，聚众打麻将，"都是带钱的，那就是赌博"。在水村，也有部分年轻村民、夫妻两人一起打游戏（网络扑克、麻将或者角色扮演类游戏）。改革开放40余年，广大农村虽然在物质方面取得了巨大成就，但在精神文化方面出现了世俗化、功利化等问题。大众文化一方面劈开了精英文化构筑的铜墙铁壁，引入了像麻将、广场舞、游戏、微信等生活方式；另一方面也滋生了地下赌博、性交易等恶瘤（赵秀玲，2018：11）。

三 避免自反性现代性

（一）乡村面临的现代性陷阱

"自反性"概念是贝克在分析第一次现代性和第二次现代性时提出的，他认为第二次现代性就是"自反性现代性"，作为一种新的经济、新的全球秩序、新的社会和新的个人生活，它们削弱着第一现代性的根基，并改变着它的参照框架。在贝克那里，"自反性"首先是指"自我对抗"（self-confrontation），它是对工业社会时代所取得的胜利成果的毁灭与重新嵌合（贝克、吉登斯、拉什，2001：5）。第一次现代性孕育了这种自反性，并最终因为自己的过度强盛和自负而走向自我毁灭。

在城乡一体化思想的指导下，类似黄村、水村这样没有典型地方文化羁绊的村落，正全力以赴地向现代化迈进。从生产方式到生活方式、从伦理道德到言行举止，乡村传统文化的乡土性、和谐性、亲密性正逐步被工业文化、消费文化、大众文化撕裂。种种迹象表明，乡土文化的传统根基正逐步被瓦解，第一次现代性的诸多特征，例如进步、可控制性、科学技术、对自然的开发开始在农村地区出现并积累。在这些表面的振兴和繁荣之下，第一次现代性的副作用也在同时生成，如若不加以引导、创新、重构,可能会出现较严重的问题。对此,有学者发出了振聋发聩的声音:离开了"土"的帮助,中国人在精神、身心方面很难长久支持下去。只有把自己重新种回"土"里,中国道路才不至于"失根",中国精神才会不倒(贺照田,2020:129)。

普通的中国农村根本难以抵御现代性的冲击。建立在工业文明基础上的现代性,在其扩张的过程中,能够吞噬一切阻碍力量来扩展自己的生存空间,深度侵蚀乡土文明的根基。我国在乡村振兴、推进城乡一体化的进程中,要高度警惕现代性的扩张对乡土社会、乡土文化带来的巨大威胁,警惕自反性后果的产生,包括过度消费与攀比、人情淡漠、工具理性化与道德滑坡、经济利益至上与生态环境破坏等。

(二) 乡土文化现代化重构的可能性

乡土文化现代化重构的可能性源于对现代文化和传统文化关系的再审视。过去,现代文化与传统文化处于矛盾对立的状态,现代文化是通过否定传统文化而确立起自身地位的。传统文化也会出于恐惧而简单排斥抗拒现代文化。但是,残暴、蛮横、扫平一切是否是现代性的全部面貌呢?

西方学界对于现代性的论争为我们提供了两个分析现代性的视角。批评性的观点认为,现代性是启蒙运动中形成的思维方式和行为原则,它崇尚实证科学原则、信守工具理性,主张通过工业化来追求物质财富增长。这种主观与客观二元对立的思维方式,过度坚持功利原则,忽视了人的价值理想,忘记了人出于本性对情感体验、道德伦理、艺术审美的多维需求,把现代人引上了片面化、异化的发展道路。辩护性的观点则坚持现代性是一种自启蒙运动以来追求进步的精神,它坚信人类的理性能力,主张在不同的领域按照不同的理性原则和价值目标来行动。作为一种指向人类的进步、幸福、自由与和谐的整体性精神,它是开放的、扩展的,永远不会过时,也值得人类为之而不懈奋斗。[①] 哈贝马斯描绘了现代性的另一副面孔:进取、创新、多元、包容、柔和。这与传统乡土文化的温和、柔

---

① 在关于现代性的论争中,贝尔、福柯、利奥塔、布迪厄、吉登斯、贝克等学者对现代性持批判态度,哈贝马斯则扮演了特殊角色,他从维护现代性的角度出发,讨论了推进现代社会健康发展的思路和原则。

软、润泽万物不谋而合。富含现代性的现代文化与传统乡土文化并不必然对立，后者中的某些元素恰恰是驱除现代性的自反性，帮助现代性回归温和、平衡的有效助力。

在笔者看来，我国乡土文化的回归应辩证吸收批评性观点和辩护性观点中的合理部分，选择一条创新之路：不是退守农业的纯粹保守，而必须在革新中走出一条城乡一体化、乡土与现代融合之路，打造能给予中国人向心力和凝聚力的、实现乡村振兴的新型乡土文化。

（三）以新型乡土文化改造现代性

建设新型乡土文化要避免两种错误倾向。第一，对乡村文化进行贬低和排斥，以自卑心态看待乡村文化，缺乏与现代文化平等交流的意识、能力和水平。要相信数千年的乡村文化有着深厚的土壤和魅力，蕴含着克服现代性之弊端的智慧与方略；要坚持乡村文化建设的自信与自觉，尚属年轻的现代文化需要它的指引与调和。第二，对传统乡土文化过分依恋，认为它无须改变，能以不变应万变，同时对现代文化持强烈的批评态度，认为它是祸水之源。对此，要以开放、包容的心态对待现代文化，积极汲取有价值的营养，从整体上提升乡村文化的价值品位。乡村文化的未来应融入更多城市文化、现代文化元素，满足人们不断提高的文化品位需要。我们需要的乡村文化既能保持乡村特色，又能从城市文化中受益，还能在城乡文化互动中进行对话、交流。

在具体思路和做法上，需从以下三个方面着手。首先，重视大地与自然环境的价值，培养对大自然的敬畏之情。在产业转型、生产方式提质的同时，强调绿色生产的重要性，避免环境污染，维持生态平衡，保存乡土文化中自然元素的原真性。其次，珍视淳朴和谐的人际关系的价值，加强社会主义核心价值观的教育和引导。乡土文化中的关系元素是乡土文化的核心魅力之所在。"仁义礼智信"的传统人伦道德在乡土社会保留得较为完整，这正是被工业主义、工具理性、消费主义等现代性文化所侵蚀的现代人的心灵最怀念的部分。再次，尊重村民们的主人翁身份，动员村民主动参与乡村文化的更新。只有生于斯长于斯的村民，才会形成对乡村文化的认同，并在此基础上建构自我。乡土情结是村民自我意识的有机组成部分，能够为他们参与乡村产业发展、文化振兴提供强大动力。德国当代哲学大家哈贝马斯把社会行动划分为三种类型：面向外在自然的、面向外在他者的和面向内在自我的，并认为三种行动在三个不同领域要遵守不同的原则，即真实性、正当性和真诚性。唯有区分互动双方的关系本质并划清领域之间的界限，按照不同的原则行动，系统世界对于生活世界的殖民才能够化解。这种思想为我们在发展经济的同时守护乡土提供了重要思路。用新型乡土文化来实现传统与现代性的平衡，是乡村振兴的不二选择。

第六章
"并行辅助"逻辑下的产业发展与文化根植

前文所述的三类村落,其产业发展的文化基础都是土生土长的地方性文化。但是,在乡村产业发展中,也存在一种独特现象,即为了达到某种产业发展的目标,通过人为的方式刻意打造出某种特定的文化形态,而这种移植嫁接的文化形态在当地并无实质根基。恩施土家族苗族自治州芭蕉侗族乡高村的产业发展便向我们展现了此种独特的路径。

第一节 芭蕉侗族乡高村产业发展的"两条腿"

芭蕉侗族乡位于恩施市西南部,面积303.48平方公里,是湖北省十个少数民族乡镇之一,辖1个居委会、18个行政村。芭蕉侗族乡地形大面积隆起成山,周围天然湖泊较少。年降雨量800~1590毫米,年平均温度15.6摄氏度,无霜期265天左右,相对湿度为70%~80%,夏少酷暑、冬无严寒,雨量适中,四季分明,属亚热带季风性湿润气候。地理位置虽算不上优越,但这里诞生了茶中精品——恩施玉露。

高村位于芭蕉侗族乡北部,距城区10公里,辖区内有14个村民小组,1671户。其中枫香坡组、范家坝组和金家院子组共200余户被划入枫香坡景区。枫香坡景区所在地域为一个微型的山间盆地,有河流环绕而过。景区现有耕地植被完好、山清水秀、气候宜人,具有得天独厚的地质条件和生态环境。村落内飞檐翘角,青瓦屋面,白脊白墙,木门木窗,石头砌成的民族建筑鳞次栉比，在山林间若隐若现，风雨桥、鼓楼、铁匠铺、油榨坊、响磨、水车、织布机等旅游景点匠心独运。枫香坡"侗族风情寨"已然是一个集休闲、娱乐、乡村体验于一体的优美景区（龙慧，2018）。

一 "恩施玉露"的由来

（一）外力推动茶叶种植产业化

历史上，高村村民主要以种植苞谷、水稻等农作物，饲养猪、牛等牲畜为生。20世纪90年代初，当地政府励精图治，想改变当地的经济社会发展状况。通过多方探索，他们认为芭蕉侗族乡的地理位置和气候条件无法有效提升传统作物生产效益，只能立足于当地环境资源特点，通过改变当地的产业结构来寻求突破。他们极富战略眼光地瞄准茶产业。首先，一亩茶园的边际产值高于普通作物，农民在一亩地中进行同样的工作量，种茶会获得较高的收入。其次，普通作物每年需要重新播种，产出周期也较长，而茶树产出周期较短。最后，芭蕉侗族乡这片土地的土壤质地以及气候环境非常适合种茶。综合以上考虑，政府鼓励芭蕉侗族乡村民们种茶，试图通过茶产业替代之前的传统作物，以此提高村民们的经济收入，提高生活质量。高村也顺势而为，开启了种植茶叶的历程。

茶产业的推广起步并不顺利，困难重重。首先种植苞谷和玉米的村民，需要将之前种植的作物全部拔掉，村民极不情愿。其次村民对于茶作物所能带来的产值心存顾虑。干部们边说服村民边身体力行，自掏腰包购买茶树苗，将自家地里的苞谷和水稻拔掉，水渠里的水放掉，亲手在自家地里种上茶树，所有人都在静观其变。茶树经过时间的洗礼，茁壮成长，经过换算一亩茶的产值相当于七亩左右的苞谷、五亩左右的水稻产值。茶叶数倍于普通作物的收益让农民心动了，他们也将自家地里的传统作物更换为茶树，开始了茶树种植。

（二）内力驱动茶叶经济腾飞

随着茶叶经济的利多效应逐渐显现，越来越多的村民加入了茶树种植。他们自愿出钱购买茶树苗，将地里原先种植的玉米拔掉种上茶树。在这种积极的氛围下，村干部们将工作重心移至茶叶后续管理，引进一系列的茶叶种植管理技术。为了保证茶树的正常产出，扩张茶园面积，不仅在原先种植其他作物的土地上换种茶树，而且开垦荒地种植茶树。一系列措施实施后，村民们收入增加，开始认同产业变革，高村茶产业蓬勃兴旺起来。

经过数年发展，村民们已不仅仅贩卖鲜叶同时还进行鲜叶加工，茶产业在当地形成了相当的规模，在周边具有了一定知名度。此时，茶产业开始面临发展的瓶颈——如何拓展销路、开拓市场。制约芭蕉侗族乡茶产业发展的主要因素不是交通，而是茶叶的知名度。

在当时的市场环境中，芭蕉侗族乡所产鲜叶质量已属上乘，但缺乏品牌效应。成熟企业拥有丰富的品牌塑造经验和现代茶叶工艺技术，通过企业的经营可以提升芭蕉乡茶叶的知名度并打开市场。为此，芭蕉乡积极接触外部资本，让外来企业看到当地茶业发展前景而愿意入驻芭蕉侗族乡。很快，外来企业陆续在当地建厂，一边探索当地传统的优秀茶叶工艺，一边将现代茶叶工艺与当地传统制茶工艺相结合。在多方努力下，芭蕉乡的茶叶销量开始提高，农民的收入明显增加。外来企业的成功运作让本地农民意识到茶叶规模化销售可以带来更高的经济效益，发展茶产业的热情极大提升，正是在这种环境之下恩施玉露品牌应运而生。

（三）打造恩施玉露品牌

恩施玉露起源于20世纪80年代。一位名叫蓝药尚的村民在鲜叶加工中崭露头角，纯手工对鲜叶进行加工，通过蒸青、摊青、揉捻等较为优秀的工艺技术赋予茶叶更好的口感，知名度由此打开。之后外企入驻，将现代技术和传统制茶工艺相结合，打造了"恩施玉露"这个品牌。

恩施玉露本质是一种地理标志。2007年3月5日，原国家质检总局批准对"恩施玉露"实施地理标志产品保护。恩施玉露的品质、声誉取决于原产地芭蕉侗族乡，要使用"恩施玉露"这个品牌的茶叶公司必须通过地理标志认证。目前为止通过认证的企业有26家，其中最著名的是RB茶叶公司。2018年4月28日，国家主席习近平与印度总理莫迪在武汉东湖非正式会晤，饮用产自RB茶叶公司的恩施玉露，优秀工艺赋予恩施玉露独特的口感，备受两国领导人好评。这次事件给RB茶叶公司以及恩施玉露这个品牌带来了巨大的市场效应，RB 茶叶公司更是获得无数荣誉。笔者到 RB 茶叶公司调查，印象最深的一段访问如下。

> 别人看到的都是习总书记喝了我们的茶，我们公司一炮而红。其实这些都是表象，最根本的秘诀还是顶级的工艺。我们的加工流程有 8 大工序 22 道工艺，可以说是中国茶叶中加工工艺最为复杂的，像其中摊青、揉捻等这些工艺其他茶叶公司也有的，但是蒸汽杀青这一个工艺，我们有独到之处，就是这一道工艺让茶叶口感更好。当时恩施市在二十多家能做玉露的公司里面选，最开始并不是一下子定在我们公司的，其他的做恩施玉露的茶叶公司为什么没选上？还是工艺问题，这就是核心竞争力，是一种优势。

这段谈话直接揭示了 RB 茶叶公司知名度提升的最本质原因——优良的工艺。这种优良工艺又来源于公司管理者富有远见的眼光，在茶叶公司入驻当地发展之始，管理者就善于发现传统工艺中优秀的精华，再结合现代工艺，取长补短，终为集大成者。

茶经的记载，蓝药尚的手工制茶，茶产业大面积发展，获准地理标志产品保护，在国家外交会晤中被选用……从恩施玉露发展的关键节点来看，当地政府大力发展茶产业提供的政策支持、当地人民的积极响应、优良手工艺的流传、外来企业入住带来的广告效应拓展等一系列因素在恩施玉露的发展中都发挥了作用。在综合推动力下，恩施玉露才能成长起来，形成如今的规模和知名度。

二 "侗族风情寨"的诞生

2006 年恩施市提出大力发展乡村休闲旅游业，芭蕉侗族乡乘势争取各级部门的重视和支持，把枫香坡区域确定为乡村休闲旅游景区进行重点打造，以枫香坡独有的生态环境和侗乡民俗文化为基点，提出了"唱特色戏、打民族牌、走旅游路、建风情寨"的发展构想。

（一）旅游产业发展的三个阶段

总体而言，高村的旅游业发展大致经历了三个阶段。2007～2012 年，是旅游业发展的第一个阶段。高村在20世纪末21世纪初开始推广种茶，农民把大量的农田变为了茶田，茶产业在当地迅速发展。在之后的新农村建设中，高村完善了村里的基础设施，为旅游业奠定了一定的基础。恩施州在2007年大力推动"三张名片"（恩施大峡谷、恩施女儿会、恩施玉露茶）的发展，依托这个大背景，在大多数村民的支持下，高村枫香坡在2007年开始发展旅游业。在第一阶段，当地旅游业发展以城郊休闲体验旅游为主，枫香坡的旅游业主要面向的是附近城区的游客。这一时期开展的工作包括：农家厨娘、服务员、导游员等的技能培训，改厨改厕，文化挖掘等，"大家都是农民演员，村里的喇叭一响，农民们就换上服装唱歌跳舞"。

2012~2017年，是枫香坡旅游业发展的第二个阶段。由于恩施州"两路"（高速公路、铁路）的开通，恩施的旅游业得到了进一步的发展，枫香坡的旅游业开始面向更多的外地游客，游客量大增。为了解决游客旅游时的吃住问题，高村的农家乐开始向民宿转变，发展乡村客栈，枫香坡的旅游服务业从以吃为主到吃住结合。到2015年，枫香坡年接待游客数已达到了50万人次。

2017年至今，是枫香坡旅游业发展的第三个阶段。在这个时期，随着人民生活水平和观念的提升，游客逐渐由跟团游转变为自驾游、个性化、定制化旅游。枫香坡旅游业也随之转变，开始发展精品民宿，并向深度体验游发展，"入寻常百姓家，感受乡村慢生活"，组织各种体验项目，比如采摘茶叶、手工制茶、手工编织、野花插花会等。发展方向的转变目前取得了一定的成效，枫香坡已经形成了多家精品民宿，并且出现明显的分层，中下游与高端并举，为游客提供多元化的食宿选择。在住宿、吃饭之余，大打情怀牌、乡愁牌。疫情期间，枫香坡又充分利用互联网的优势，组织培训了乡村主播，通过直播带货的方式，把当地的土特产品向外销售，以减少疫情带来的损失，并提升当地的知名度（钟京红，2016）。

（二）当地旅游业的主要标识

从2007年开始，省民宗委与省人力资源和社会保障厅把枫香坡景区作为湖北省"616"工程①项目之一进行重点扶持。省民宗委拿出400万元资金分三年投入景区建设，州、市民宗部门也注入一定资金用于枫香坡的建设。在确保资金到位的基础上，枫香坡完成了高拱桥集镇至范家坝风雨桥1.5公里的公路改扩建工程，建设了隧道入口处牌楼、范家坝风雨桥、寨门、侗族文化馆、1000米文化长廊、鼓楼、萨岁庙、花桥等侗寨标志性建筑；建造了陆羽茶亭，塑造茶圣陆羽像、大茶壶雕塑；打造了侗寨美食一条街。该村以侗族文化体验区为重点，完善配套设施，为旅游开发提供了重要支撑。

为了让游客欣赏到特色浓郁的侗族歌舞，村民们在当地经济、文化能人的带领下自发组建了枫香坡侗族风情寨民间艺术团。该团最初有62位成员，其中男演员35人，女演员27人，最年长的74岁，最小的仅8岁，艺术团的各项活动得到了当地乡政府和市文化馆的大力支持。2007年5月1日，枫香坡侗族风情寨正式开园迎客，艺术团奉上了一台极具民族特色的《欢迎您到侗乡来》节目，观众反响强烈，受到了各方游客的一致好评。为了确保艺术团表演的节目具有原汁原味的侗族风情，让前来游玩的客人们更深刻地感受侗族文化，艺术团先后派遣多位骨干赴贵州侗区考察学习侗乡原生态民族文化，并邀请贵州黎平地区的侗族文化专家、侗歌大师来枫香坡教农民唱侗歌，跳侗舞，吹芦笙，弹琵琶。可以说，艺术团的组建极大活跃了景区民族文化的氛围，为枫香坡侗族风情寨注入了无限活力。枫香坡农民艺术团的演员们利用农闲时间，积极编排新节目，包括舞蹈《勤劳侗家人》《请喝侗乡罐罐茶》，芦笙表演《欢乐的侗寨》，侗族大歌《三月布谷催春忙》《山里的草莓》《祭祀舞》，互动节目《多耶踩堂》以及多首恩施当地的民歌。艺术团每周都会在固定的时间免费向游客演出，演出时间为半个小时。

2008年9月，枫香坡侗寨又成功建立了枫香坡侗寨民族旅游发展有限

---

① 为了落实中央民族工作会议精神，湖北省委、省政府决定，由省领导带队，省直6个单位对口支援1个少数民族县市，每年至少办成6件实事，促进少数民族地区经济社会全面协调发展。这6个单位包括1所高等院校、1个科研单位、1家金融机构、1个大型企业、1个省直机关等。现已发展到6个单位以上，省内兄弟市县也参与其中，所办实事根据当地生产生活需要也远不止6件。

公司。该公司投资500万元，建成枫香坡游客接待中心，为芭蕉乃至恩施发展旅游产业树立了典型。2008年底，基于景区旅游业发展的需要，当地人称"小马姐姐"的MSE带领村民自发成立了"枫香坡旅游农民经济合作社"。这一民间自治组织主要负责景区内的卫生管理和艺术团的演出活动。为了推动工作顺利进行，合作社设立农民理事会作为执行机构。乡政府组建管理委员会，指导协助理事会开展相应工作。合作社成立之初，入社的有53户284人，现在已达70多户。每年年末，为了答谢村民们对当地旅游业的支持和贡献，合作社会组织团拜会，大家欢聚一堂，表演节目，并向入社的农户发年终红包以示慰问。自2007年5月开园至今，枫香坡的旅游发展之路渐趋完善。政府主导、市场介入、民众主动参与以及大力宣传等力量共同缔造了这一产业盛况。[1]

三 高村两种产业的协同发展

在高村，实际形成了茶叶种植业和文化旅游业两个并行的产业，两种产业相辅相成，协同发展，有力带动了当地经济、社会、文化的发展。对于两种产业之间的关系，"小马姐姐"一语中的："当初发展旅游业是为了吸引游客来买茶叶。"由此可见，该村发展旅游业的初衷是为了解决茶叶的销售问题，为茶叶打开市场和销路。

枫香坡作为玉露茶的原产地，茶文化历史相对悠久，并且自1997年后大规模改种茶叶，形成了广阔的茶园，拥有极好的宣传、游览价值。枫香坡景区平均海拔500米，有无性系良种茶园300亩，耕地310亩，林地810亩，植被完好，森林覆盖率达68%，山清水秀、空气清新。良好的自然风景，广阔的茶园成为枫香坡旅游业发展的基点之一。阡陌交错的茶园、忙碌于田间的农民，各种原生态的农家景致在旅游初期都广受好评。除此之外，采茶项目体验、听老板介绍茶叶、品茶赏茶等依靠于茶园的项目开展也极为顺利。来自全国各地与海外的游客在枫香坡汇成了巨大的人流，使其成为一个极好的推广恩施茶叶的平台。在农家乐吃完农家饭后，喝一杯

---

[1] 《西建大实践团：枫香坡侗族风情寨的茶文化》，https://www.universitychina.net/shijian/riji/20220726/116954.html，最后访问日期：2024年3月9日。

茶，服务员或者老板跟游客聊一聊恩施茶叶的来历、好处，连普通的老农都能跟游客说上一两句恩施茶叶。在这样精心打造的茶文化氛围中，茶叶的买卖做得更加顺利，茶叶的销量迅速增长，茶叶品牌的名气也在游客口口相传中传播得更广。

总体而言，该村旅游业的发展主要从三个渠道为茶叶生产与销售提供服务。其一，欣赏茶园美景。高村充分利用当地的茶园美景，开发观光旅游资源，让游客在赏心悦目中获得满足。其二，采茶制茶。该村所有的茶园都面向游客开放，村民们手把手地教游客鉴茶、采茶，并把繁琐的制茶程序简化为几道核心工序，让游客亲手制茶。这也是充分利用当地资源，开发体验式旅游项目的表现。其三，卖茶。这里的农户家家户户都种茶，茶叶是旅游业发展中最具特色、最正宗的地方性商品。到枫香坡游玩的客人一般都会购买一些茶叶作为旅游纪念品。旅游业的发展为当地带来了人气，也开拓了市场。

独特的风情、秀丽的茶园风景是枫香坡旅游开发的法宝，而枫香坡人民与乡村精英的创造力才是产业发展的根源。为了推动可持续发展，枫香坡定期开展技术培训，保证茶叶的良好生长，守住茶农第一道经济线的同时也保证茶园的风景、茶叶的品质，推动枫香坡茶叶种植朝更加科学、更加绿色、更加健康的方向发展。同时伴随着互联网的兴起，枫香坡地区的农家乐产业带头人开启了互联网直播卖货，茶叶、地方特产是主要的货源。除此之外，枫香坡还开发出小规模、个性化的旅游模式，发挥集群优势，推动茶产业与旅游业协同升级。

旅游开发为高村带来了经济和社会收益上的显著提升。旅游收入逐年增长，景区农民人均纯收入达到 8000 元。2008 年，枫香坡景区被国家旅游局评为"全国农业旅游示范点"；2009 年，被评为 AA 级景区；2010 年被评为"湖北省休闲农业示范点"。如今，枫香坡民族村寨已成为恩施市旅游项目的品牌之一，其知名度不断扩大，除恩施市及附近的居民之外，越来越多的外地游客也慕名而来，感受别样的风土民俗。

第二节 文化的另类作用路径

高村所在的芭蕉侗族乡位于恩施市西南区,全乡侗族、土家族、苗族等少数民族人口占总人口的65.91%,其中侗族人口1.09万人,占总人口的34%。高村村域内的侗族人口并不多,以汉族和土家族居多。但是,这里却建起了侗族风情寨,穿起了侗族服装,跳起了侗族歌舞,甚至自认为是侗族,这一切变化都来源于当地对于侗族文化的嫁接移植。访谈中,村民们告诉我们,大多数侗族住在另一个村里,"在山里头,很远"。高村之所以嫁接侗族文化,主要是为了应景"侗族乡"这一称号的缘故。

一 文化移植的表征

为了打造侗族文化旅游名片,高村在学习嫁接侗族文化符号方面下了一番功夫。

侗族歌舞 民族歌舞历来是人气极高的旅游项目,深受游客喜爱,是民族村寨旅游的法宝之一。为了突出侗族文化特色,高村在旅游开发之初,派遣村民艺术团的部分骨干赴贵州考察学习侗乡原生态民族文化,并邀请侗族文化专家、侗歌大师来此地传授侗族歌舞的精髓。在此基础上组织编排了新的歌舞节目。由于是嫁接来的文化符号,当地村民对侗族歌舞的认知水平并不是很高,除了典型的侗族大歌和芦笙舞外,对其他的侗族歌舞形式知之甚少。

侗族建筑 侗寨的典型建筑包括鼓楼、风雨桥、吊脚楼等。高村的侗族风情寨内,确实有风雨桥、鼓楼、戏楼、吊脚楼等侗族特色的标志性建筑,但基本都建于十几年前,是现代的仿制品。它们是为突出侗族文化、迎合游客需求而刻意打造的,不仅历史短暂,而且功能单一。戏楼是表演歌舞的地方,鼓楼是拍照打卡的地方,木质吊脚楼也是虚有外表,内部装修全部现代化,用来招待游客。这里几乎所有的侗族建筑都是纯粹供观赏的景物,与当地文化并未融为一体。

侗族服饰 为了让侗族文化更加逼真,当地政府大力推进侗族文化的生活化，服饰是典型代表。政府统一向村民派发侗族服饰，据说除了当地大部分老人和小孩外，位于景区核心部分的范家坝和枫香坡小组的成年男女都会领到两套（夏装和秋装）侗族服装。除了农民艺术团的演员会穿着侗族服饰参与侗族歌舞表演外，其他村民平时也会偶尔身着侗族服装进行农事活动。金家院子小组由于距核心旅游区较远，该组村民对政府派发衣物一事知之甚少。"政府发的衣服质量很差，我们平时很少穿，招待客人的时候穿一下。我们自己也买了几套质量好点的衣服，是租给游客拍照用的。"

侗族饮食 枫香坡景区有民宿 30 多家，高中低档不等。为了让游客吃到侗族风味饮食，民宿经营者，开发酸合渣、甜米酒、酸辣椒等侗族特色美食，但是实际上仍然以恩施当地特色菜为主，包括小土豆、红薯粑粑、熏肉等。

侗族信仰 萨岁崇拜是侗族宗教信仰中最重要的部分。"萨岁"是侗族至高无上的女祖宗，侗族世世代代对"萨"无比敬仰。"萨岁庙"在侗寨是不可或缺的建筑，祭"萨"活动也非常庄严隆重。高村在枫香坡的半山腰上也建了一座"萨岁庙"。风景区内的山间小道两边经常可见以牛的造型精心制作的路标指示牌，牛正是侗族图腾崇拜的重要符号。

侗族节日和语言 高村村民对"斗牛节""姑娘节""花炮节""吃新节""播种节""赶歌会"等典型的侗族民俗节日并不熟悉。村民们日常生活都讲恩施方言，几乎无人会说侗语。只有曾经赴贵州侗族原生态区参观学习的部分成员对侗族节日有所了解，而且能够简单说几句侗语，例如"欢迎您到侗乡来"（田敏等，2012）。

二 文化移植的后果

从文化嫁接的内容上看，高村学习了侗族文化中显性的、可观赏和体验的文化符号，包括建筑、服饰、饮食、歌舞等，但是学得并不全面、也不精细，可以说是只学到了皮毛，而未得其精髓。归根结底是因为这些文化符号的功能唯消费一途，那些深入到侗族乡民思想意识和行为习惯中的深层文化，则并非单纯依靠文化移植就能得其精髓、据为己有的。

(一) 脱域的旅游场域

"脱域"（disembeding）是吉登斯用来描述现代社会时空重组和社会变迁特征的一个重要概念，意指社会关系从地方性场景中抽离出来，并在无限的时空地带中再联结。在这里，用以表达侗族文化的诸多元素被从孕育性地方场景中剥离出来，在异地与其他群体重新建构起关系。简言之，侗族文化被用于建构一个新的文化空间和特殊的旅游场域。

高村枫香坡的侗族风情寨是一个完全商品化的、舞台化的旅游场域。这里集中展示的侗族文化符号，是经过大量的市场论证、精心筛选和商业包装的，并非侗族文化的真实象征。侗族文化离开了它真正的文化主体，而在另一个时空中通过被另一群人学习而成为商品。在这个特殊的旅游场域中，视觉支配着旅游体验的内容，凝视是旅游体验的中心。在旅游者的凝视下，侗族文化被肢解为无数碎片。旅游者只能停留在某个文化碎片的表面参与上，却无法深入接触和理解碎片背后的文化全貌与文化精神内涵。旅游者的"过客"姿态作为一种占据支配地位的力量，迫使风情寨不断塑造侗族文化符号，以配合游客体验差异、复古怀旧、娱乐参与的凝视偏好。在这里，民族文化被片面化、刻板化展示，"主客互动"是纯粹的"看"与"被看"、"卖"与"买"的消费关系。

(二) 分裂的文化展示

高村的原住居民以汉族、土家族为主，具有十分丰富的乡风民俗。当地有陪十姊妹、十弟兄等婚俗，土家人供奉团神菩萨，村民们喜欢唱山歌，喊号子，逢年过节还有板凳龙、舞狮子、打糍粑等民间活动。这些地方性文化元素在旅游产业发展中都被"挖了出来"，用另一类文化元素去取代，村民变成了演员，生活变成了演出，"前台"的表演与"后台"的生活之间完全断裂、分离。这使得"前台"的表演缺乏支撑，演员更容易被"他者"所操控而失去自然的状态。

高村农民艺术团的成员们及其家庭处于这种文化分裂的核心地带。他们一方面在生活中固守本村落传统的文化习俗，另一方面通过自己的行动不断生产侗族建筑、歌舞、服饰、语言等商品。外围的村民们，在旅游业创造的经济效益和文化繁荣的诱导下，也主动为侗族文化符号的生产与展示提供助力。整个村落，尤其是风景区内的村民，在抄袭照搬侗族文化符号的过程中，忽略了本土文化的魅力，既没有学到侗族文化的内核，又在移植嫁接中掩盖了本地文化的价值，造成原生文化的失真与变迁。

（三）族群认同的重塑

村民们在"前台"的演出，一定程度上影响着他们族群认同的同一性、完整性。一方面，不断重复上演的文化展示，抽去了文化的内涵，是一种完全舞台化的外壳性表演。村民演员以经济收益为目的，把侗族文化符号作为赚钱的工具，并不在乎表演的内容与真实性，麻木地、机械化地唱着、跳着，甚至用"虚假的情感"与游客共乐。另一方面，"后台"真实的生活和民族身份又是无法抹去的。工作和生活文化属性的分离，迫使他们不得不在真实的族群身份与所扮演的民族角色之间不断穿梭，疲于应对。这样的一种身份混淆和转化混乱既导致了认同的错位和迷失，也导致了主客之间的接触成为一种异化的、虚假的互动。

即使高村建设侗族风情寨已有15年的时间，村民们对侗族深层文化的理解仍然十分有限。例如，普通村民不知"萨岁"为何物，不知道"牛"之于侗族的意义。即使部分村民宣称自己是侗族，也无法掩盖民族身份建构的事实，"政府（人员）说，要是有人调查（民族属性）就说自己是侗族"。

三　对文化移植发展思路的反思

移植来的侗族文化确实在短时间内迷惑了游客，创造了文化旅游表面的繁荣，但也埋下了产业发展的隐患。"小马姐姐"在采访中站在主体视角分析了2018年以后产业陷入低谷的原因："第一，也是最大的影响是疫情，疫情以来枫香坡的游客数量锐减，到处冷冷清清，生意很难做；第二，现在外面像我们这样的村子越来越多了，分散了不少游客；第三，政府的投资建设期过后，单纯靠我们自己经营太难了，实际上2015年以后艺术团的表演次数就越来越少，团员们越来越疲惫，内部也会因为拿钱的多少而多了一些怨言和不满。总之我们最大的问题是文化底蕴不够，你们也知道我们是学来的，游客们转一圈后觉得没意思，没新鲜感。目前，我们也在调整思路，思考枫香坡未来的出路。"由此可见，移植侗族文化确实在产业发展的前期发挥了"奇兵"的作用，在"侗族乡"的旗号下炒作侗族文化符号，吸引远近游客。但是由于这些文化符号本身都是移植嫁接而来，缺乏类似于前文舍村、西寨和药村那样的本土性文化底蕴，其依托侗族文化的旅游产业发展前景堪忧。

高村旅游产业的发展确实带来了较大的人流，游客的到来为茶叶销售创造了更多机会，但也在一定程度上误导了乡村产业发展的走向，没有深入挖掘利用原生文化的价值，忽视了茶产业链条的延伸。到目前为止，高村仍停留在种茶采茶卖茶的初级生产阶段。面对乡村发展的种种困境，以"小马姐姐"为代表的乡村精英也积极反思，探索未来之路。

> 乡村对于中国人来说，是回家的方向。农村不应该变成功利性的，但是农村也要发展。未来在旅游业发展方面，我们想要宣扬"入寻常百姓家，享受乡村精致慢生活"的理念，追求精致、干净、幸福、纯净的乡村生活。希望更多的人关注农村，回乡创业。农村的发展要坚持以人为本，重视生态和谐。也许很多方面还没有做好，但有理想、有追求，才有希望。

> 本地茶富含硒元素，内涵健康理念。我们这里是恩施玉露的发源地，有独特的制作工艺。深加工产业目前还没有发展，像精油、香皂、化妆品、牙膏等深加工产品都没有开发。这方面以后是本村产业发展的重要突破口，需要与外面的研发机构、厂商合作，也要加强与其他村子的合作。另外，也要围绕茶文化开发新的旅游产品，我们很想做采茶开园节、品茶节等，但是缺乏公共资金，但又不能引入外部资本，那样会伤害农民利益。

> 乡村的发展要依赖村民们高度文明自治，"合作社""艺术团"等都是我们自己的组织。村委会负责行政管理工作，不参与经营管理。我们需要政府的政策、资金支持，更需要加强教育、引导、规范，加强行业建设，团结协作，诚信经营，避免恶性竞争。目前农民的自治组织更像是形式化的东西，完全靠个人公信。

从中可以看出，乡村精英们的反思充分结合了农村发展的现实情况与国家的乡村发展战略，充分尊重了农民的利益与诉求。这种主体性的思考反映了农民的心声，也预示了该村的未来发展走向。

第三节　根植新型地方文化的产业融合发展

十多年来，高村的产业发展一直是"两条腿"走路，一方面种植"恩施玉露"，另一方面推进侗族文化旅游。两个产业并行辅助，开创了乡村欣欣向荣的面貌。但是从该村目前发展的情况来看，两个产业都不够壮大，从而制约了乡村振兴。面向未来，高村要思考的问题是如何把两个产业做大做强，使之齐头并进地发展。地方文化蕴含着产业发展的基石。挖掘地方传统文化价值，融入现代优秀文化基因，是该村根植新型地方文化、提升产业发展质量的基本思路。

一　推动村际文旅产业共生发展

尽管侗族风情寨推出的文化旅游产品是通过嫁接移植而来，商业气息浓厚而文化底蕴不足，但是该村移植侗族文化元素并非毫无根据，而是有基于现实条件的考虑。高村所属的芭蕉侗族乡有两万多侗族乡民，主要聚居在马河滩村一带。马河滩村自然地理条件较差，旅游业发展缓慢。两个乡村在发展文化旅游产业方面形成了鲜明的互补之势。这意味着高村不必舍近求远到福建、贵州等地去学习侗族文化，马河滩村的侗族文化资源可以在高村的辐射带动下实现价值增值，二者可以结成互利共赢的共生发展关系。

共生是指共生单元之间在一定的环境中按某种模式形成的关系，包括共生单元、共生模式和共生环境三个要素。共生体现了共生单元之间相互依存、和谐、统一的命运关系。文旅产业的融合发展有赖于多主体、多要素的有机配合。对于高村而言，提高特色文化产业整体竞争力的关键是以共生效应为切入点和突破口，打造多元共生的产业生态系统，形成高质量发展的强大合力。

在打造两个村落文旅产业的共生关系中，首先要看到它们是资源交换、能量生产的单位，能够为共生体的共生发展提供必要的物质条件。马河滩村的侗族文化资源，高村的汉族、土家族、侗族文化资源，都是特色鲜明的基本共生单元。若是联合发展，定位清晰，则会产生巨大的产业能量，结成紧密的共生关系。一个地方所拥有的特色文化资源是"先天的馈赠"，是难以简单移植嫁接的。高村需要深刻认识到这一点，尊重资源主体地位，正确认识本地的特色文化资源，在不浪费"侗族风情寨"的巨大投入情况下，就近挖掘、带动马河滩村的侗族文化优势，让"侗族风情寨"这一特色文化产业多点开花，实现文化资源向产业资源的高效转换。

为了打造两个村落的一体化产业生态，芭蕉侗族乡政府和更高级政府及相关主管部门，要从多维度出发，采取多种措施扩大对产业生态的扶持，为特色文化产业创造良好的共生环境，使之不仅表现为地理层面上的表面集聚现象，更能在彼此之间产生"生态化学反应"。重点要加强跨地区、跨部门协作，建立两个村子的联动机制，加大财税扶持力度，增加政府的资金投入，强化创意支撑，优化人才环境。

在共生模式的选择上，将两个村子确定为互惠的一体化共生关系。马河滩村为高村的侗族风情寨注入原生态侗族文化基因，高村为马河滩村注入经济资本、人力资本和社会资本。充分调动发挥村民的自组织性，加强政府监督和引导，让两个村的资源在平等互惠的基础上共同利用和开发，形成良性互动的共生关系。

二 融入现代优秀文化基因

由于大力发展旅游业，高村的基础设施建设方面获得了政府的大力支持。自2007年旅游开发以来，村容村貌获得极大改观，现代文化价值符号也逐步嵌入乡民精神文化生活。在公共基础设施建设方面，修路、设路灯、通公交、安装健身器材、修建公共广场等，解决出行和公共活动问题；在公共卫生方面，投放垃圾箱、建垃圾小屋，解决生活垃圾无处安放的问题；在精神文化建设方面，重视提高村民素养，一方面通过广播定期宣传相关法律、社会主义核心价值观等主流文化观念，另一方面建设农村图书室，鼓励村民自主学习。除此之外，村委会还会定期组织种茶技术以及招待礼仪培训。

芭蕉侗族乡目前在一定程度上也进入了"互联网+"的新时代，该乡的大多数家庭基本上已经安装电脑、无线 Wi-Fi；村中的重大事务多通过手机微信通知，微信办公已成为常态。村中还定期开展直播带货培训，利用抖音、快手等 App 软件进行腊肉、酸辣椒、恩施玉露茶等特色农产品的销售，总体上芭蕉侗族乡目前已呈现"互联网+娱乐、销售、治理"的新农村面貌。

尽管高村在公共文化服务体系建设方面取得了阶段性成果，但仍然存在一些矛盾和问题。第一，公共文化设施投入产出失衡问题较为突出，基础设施基本处于空壳化、闲置浪费状态，利用率较低。该村的文化广场停满了车辆，健身器材隐藏在车身之间，图书角中摆放的书籍全是与党建相关的理论性图书，所有的公共文化设施都集中在社区党员服务中心。这里的村民绝大多数都居住在山上，文化程度有限，难以享受这些公共服务。第二，公共服务文化产品内容单一。对于高村村民而言，目前最主要的公共文化生活就是依托农民艺术团为游客表演侗族风情歌舞。诸如看露天电影、送戏下乡、跳广场舞、科普教育、养生讲座等文化生活都很少因地制宜、因人而异地开展。第三，基层文化人才队伍建设落后，公共文化服务资金投入不足。该村从事文化工作的专员仅有一人，并且只具备高中文化程度，身兼数职，缺乏乡村文化建设的专门知识，更谈不上管理和文艺创作。

村民精神风貌、文化素质、文明素养的提升有利于增强其情境共识和价值共识，有利于规范行为、促进合作，进而有利于该村产业的整体提质，因此，高村需要调整公共文化服务嵌入的方式与内容，要不断与地方特色、乡民参与相结合，以凝聚乡土社会公共性，化解现实问题。这种转变包括以下几个方面。首先，破除对乡土文化的歧视，从乡村内生文化重塑入手，增强公共服务设施应用质效，扩展文化服务种类，结合地方社会发展和乡民实际需求，塑造能够促进价值共振的地方性、个性化文化标签，让乡民在文化服务享用中建立对地方文化的价值自觉和发展自信。例如：结合地方传统文化价值取向，对社会主义核心价值观进行在地化解读，用乡民们能够理解和接受的概念、符号进行通俗化阐释；塑造并宣传草根模范；等等。其次，高度重视公共文化仪式和文化活动在凝聚乡民情感、维系相互关系、增强集体认同方面的重要作用，加强对村落文化仪式活动的挖掘与推送。高村过去有很多村民们喜闻乐见的集体活动（例如狮子灯）有必要进行积极改造，通过价值提炼保留核心形式，借助新闻传媒和旅游业发展扩充参与范围。同时坚持主流文化、精英文化的价值导向，让精英文化与大众文化充分对话、深度互动，激活并拓展乡村公共性的边界。再次，在有序组织现代文化、城市文化下乡的同时，要明确乡民作为乡村文化主体的身份，激发其公共参与的自觉，赋予乡村自我管理、自我服务、自我教育之能力。高村已经有了良好的基础，无论是茶叶生产合作社还是农民艺术团，这些村民自治组织需要政府引导、资金支持，把奉献、团结、协作、理性、信任作为行动主旨，建构新的乡规民约和整个村落同频共振的行动规范体系。

三 立体拓展茶产业链

产业链是产业分工的结果，反映同一产业内各企业间的相互关系。社会分工和技术创新增强了产品工艺流程的分割性，也增加了产品的交易费用。同一产业内的各企业为了降低交易成本，会选择不同的交易机制，由此引发产业链空间动态的不同演化趋势，并重新界定产业链各环节的价值创造过程。产业链的空间演化过程一般分为产业链纵深蔓连、横向延展与交织协同三个阶段。在行业发展早期，产业链上只有零星核心企业散点分布。随着分工细化与市场需求的增加，这些企业会逐步加强与外包合作企业的联系，提高交易频率，推进产业链纵向延伸。当行业发展到一定阶段，产业链中的节点企业数量过多，导致竞争加剧、收益降低，原来的条带状分布会发生横向扩展。企业将目光转向产业链外部环境，挖掘新的产业领域或链环来连接新旧产业链。在技术与知识创新的驱动下，不同区域的产业链逐步交互共生，形成合作界面，生成功能独立的价值模块。最终，伴随产业链的纵向延伸与横向拓展，越来越多的企业被紧密连接在一起，规模效应和溢出效应愈加凸显。在价值模块数量增多与企业互动深化的基础上，产业链交错融合而形成纵横交织的价值网络。

高村特色产业的培育路径就是文化内源性要素与产业链空间演化的耦合路径。该村要立足于"恩施玉露"品牌的影响力，建立健全茶叶种植、采摘、加工、销售等纵向链条，不断细化各个环节，从适合于茶叶的杀虫剂、肥料，到多元化、多用途的茶叶加工，茶叶创意产品开发，再到泡茶、饮茶的工具、礼仪过程等，实现环环相扣、纵深拓展。同时，要纠正旅游产业发展的偏差，承继、挖掘、宣传乡村优秀的传统文化，推动村际文旅产业共生发展。进一步深化茶产业与文化旅游产业的交互融合，一方面，要把茶文化转化为旅游业的观赏体验性商品，丰富旅游业的内容和内涵；另一方面，要把旅游业打造成宣传茶文化、拓展茶叶市场的途径和渠道，最终实现两种产业功能互补、和谐共生，形成立体的价值网络。

第七章

乡村产业兴旺与文化振兴关系的再思考

前文第三章至第六章基于各类村落产业发展的文化基础的分析,详细介绍了八个村落特色产业发展的基本情况,地方文化资源对特色产业发展的作用机制以及特色产业带动乡村振兴的成效和乡村文化适应性调整的后果。

乡土文化是在传统农耕社会基础上孕育和成长起来的文化形式,最具"历史感"和"当地感",与本地域的地理空间和人文积淀相耦合,也与农民的情感表达与审美偏好最为贴近。正如前文所叙,文化的部分自主性既是内在的,也是结构的;文化既是社会行动和社会变迁的条件,也是社会行动和社会变迁的结果。为了实现乡村特色产业的高质量发展,正确保护发展乡村文化就成为乡村文化振兴的必然要求。

一 产业兴旺的文化逻辑

产业兴旺作为乡村振兴的首要目标,成功的核心在于走出一条与众不同的特色之路,能够在城市化、市场化、全球化的趋势中,增强乡村竞争力,助力中国的乡村全面实现乡村振兴的目标。产业特色化必须与地方文化紧密联系,利用地方文化资源,转化文化符号和载体。本书基于乡村文化这一核心内生动力的差异性,分析了文化作用于产业发展的四种逻辑。

(一) 文化作用于产业发展的四种逻辑

文化作用于产业发展的逻辑起点在于文化与产业的耦合关系。关系是性质决定了文化对产业的作用机理。本书依据内部性 – 外部性、人文性 –

经济性的双重维度，构建了四种类型的文化-产业关系，并结合实例深入阐释了四种产业发展的文化机理。

第Ⅰ种——人文性-内部性组合关系下的整体型文化及其对产业的驱动

以西寨、舍村、药村为代表的村落，其文化资源具有较为浓厚的人文特性，村民的日常生活中保留有大量的实物文化、行为文化和观念文化，完整性较好、存留度较高。这些文化内容主要存在于日常生活层面，尚未进入生产领域。但是文化资源蕴含着强大的产业推力，具有独立驱动产业发展的能量，只是这些经济属性未被文化持有人充分认识并挖掘。

基于此种文化产业关系，村落积极引入和利用政策、资本、技术等外来推力，通过艺术表演、商业性演出、电视电影、民居服饰、民间工艺等途径，把原生态的生活文化转变为文化生产，让村落文化、民族文化进入市场、成为商品。大众可以在旅游过程中观看、消费、体验、感知民族文化和地域文化。

整体型文化全面驱动着特色产业发展，决定着产业发展的方向，供给着产业发展的内容，影响着产业发展的品质定位，赋予了产业竞争优势、支撑优势和持续优势。文化资源的多渠道挖掘和利用，促进了产业结构的转型升级；文化价值的保护也有利于提升产业效能。

第Ⅱ种——经济性-内部性组合关系下的工艺型文化及其对产业的提升

以伍村、石村为代表的村落，其地方特色性经济生产（例如造纸、酿酒、制茶、缫丝纺织、刺绣、编织等）具有一定的历史基础，且经济生产在历史发展过程中已经形成了一套成熟的生产工艺和技术，生成了极为宝贵的工艺型文化。但是这些滋生于生产系统内部的经济文化仍囿于以家户为单位的小农生产，尚未在市场经济条件下被充分激活，还未形成产业形态、产生规模效应。

这一类乡村在现代产业发展的道路上拥有得天独厚的优势与条件，其特色之路在于立足传统工艺技术，利用现代理念、技术和资本推进产业转型升级。在此过程中，传统工艺历史上积累的口碑与名气这些一度休眠的文化特质被激活，成为增强产品吸引力和市场竞争力的文化砝码；传统生产技术通过现代化的组织、管理而得以推广和应用。传统工艺文化的经济性通过多种途径（生产、研学、延伸产品开发等）被不断激活，创造出不菲的经济价值。

第Ⅲ种——经济性－外部性组合关系下的创生型文化及其对产业的渗透

黄村、水村代表着中国大多数普通村落的文化资源状况，没有历史性的可资利用的特色性地方文化，村民们靠山吃山、靠水吃水，祖祖辈辈在土地上劳作，为生存而劳碌奔波，没有时间、精力和条件去创造独特的地方文化。产业发展是建立在与传统产业切割转型的基础上，引入一套全新的生产工艺和技术，形成一个新的产业结构和产业文化。

传统文化贫瘠也意味着此类村落可以轻装上阵，学习和接收新型农业发展思路，创新性地种植具有良好经济价值的作物，并在此过程中，注意融入品牌理念、绿色理念、休闲理念，整体提升产业内涵、形象与价值。现代文化元素渗透到新兴产业中，在产业内部生成文化要素，对产业发展产生积极影响。

第Ⅳ种——人文性－外部性组合关系下的移植型文化及其对产业的辅助

以芭蕉侗族乡高村为代表的村落，在缺乏历史性文化资源的情况下，通过复制嫁接人文性文化资源形成市场吸引力，两种产业互为犄角，相辅相成，初步形成了横向关联的产业链，实现了"两条腿"走路的产业发展形态。

高村一方面在种植业方面大力开发"恩施玉露"品牌，发展茶产业；另一方面人为移植嫁接侗族文化风情，发展旅游产业。以旅游业吸引人流，为茶叶销售打开出路；以采茶制茶作为体验式旅游产品，为旅游业丰富内容。两种产业并行不悖，走出了一条独特的产业发展之路。

（二）文化的"人为"与"为人"

综合考察文化作用于产业发展的内在逻辑，"人为"和"为人"两个要素缺一不可。文化是为人类服务而生的，"人为"和"为人"揭示了文化的工具性本质。文化具有创造性，是生活在特定自然环境中的个体和群体为生存而创造出来的，包括生存技能、生活方式、生产方式、社会规范，以及将对自然生命和生活的敬畏内化为精神文化核心的价值观。文化具有传播性和变迁性，个体和群体会在延续传统的基础上，随着社会和文化的变迁，不断创造新文化以满足生活的新需求。社会与文化的代际传承和更替是在二者相互作用的过程中实现的，人群自始至终都是与文化的产生、传承和变迁密切联系的主体。就乡土社会而言，农民是乡村文化的创造者、习得者和传承者，是乡村文化的主体，乡村文化的发展变迁归根到底是为农民的日常生活服务。

文化的"人为"过程并不具有统一的模板，这造就了地方文化、村落文化的千差万别。这些具体的地方文化是当下乡村产业发展、文化变迁的根基。在城市化、工业化的冲击下，村民们对于如何才能生存得更好这个问题有了新的标准和参照，实用性成了选择放弃还是坚守传统文化的首要考量。一切选择都与实用性有关，人民会自然延续或改造有用的或者可能有用的文化，逐渐抛弃对生活无用的文化。乡村文化的一切变化最终取决于能否造福一方百姓。

由于文化的惰性，相对封闭的乡村文化变迁的速度更慢。从"人为"向"为人"的转变，需要借助外部力量来激发内生力量的爆发。在我国现阶段，外部力量的"凝结核"是各级政府及相关兴农政策。乡村产业发展的根本是"自下而上"的乡村建设的主动性与主导权的重新确立。唯有自身拥有主动性和主导权，乡土社会才具有可持续发展的能力，发展的红利才能够留在乡村、造福农民。多重资本运作下的乡村特色产业发展，首先要挖掘乡村发展的特色基底。特色基底是乡村发展的起点，在发展的过程中更要不断挖掘特色的运作机制，避免乡村发展的同质性问题，而这一过程中充分挖掘并发挥本地资本的作用是一条很好的研究路径。此外，还要发挥资本的各种组合力量。乡村特色产业发展不仅要始终围绕乡村这一主体，永远把握乡村的主导权，在发挥各种资本效益最大化的同时，也要发挥多重资本协同发展的作用，不仅要纵向发展产业深度，也要横向延伸产业链条，建立以乡村文化为核心的多元力量协同发展的乡村特色产业发展道路。

二 正确认识乡村文化的适应性变迁

就本书中出现的八个村落而言,无论其文化是整体型、工艺型,还是创生型、移植型,在与多种现代产业元素互动的过程中,都在大致相同的方向上发生了不同程度的变迁。所谓大致相同的方向是指以现代性、城市性、大众性为文化变迁的目标。

结构功能主义为乡土文化探源提供了很好的理论视角。传统乡村社会结构为乡土文化生成和存续奠定了结构性基础:遵循农业节律的传统农业耕作是其生成的基础,地域气候的差异造成了乡土文化丰富多样的形式,歌颂劳动和土地并祈求丰收富足构成了乡土文化的主题。村民在参与乡土文化生产的过程中逐渐建立起精神世界的秩序。

从近年的整体形势与对部分传统村落的实地调查结果来看,坚持传统文化一成不变的人是少数,而且会越来越少。从古至今,社会文化的变迁一直没有停止过,传统文化在小范围内或可保存,但会随着时间的流逝逐渐变化。改革开放40多年来,尤其是随着新农村建设、乡村振兴的推进,乡村社会在经济方面获得了极大发展。但与此同时,建筑损坏、土地荒芜、河流污染、人才外流、村民间矛盾频发、道德水平下滑等现象再次证明了经济与文化之间的二律背反关系。功利主义和金钱至上的价值观将乡村文化推向了消极甚至危险的边缘,乡村社会发展一时步履维艰。

(一)辩证评价"厚古薄今"的观点

在对当前乡村文化处境的基本判断上,一种"厚古薄今"的叙事话语或隐或显地广泛存在。"乡愁""根基""本色""田园"等表述无不展现了部分学者的"厚古"倾向,即迷恋传统文化,肯定传统文化的作用,认为在传统乡村社会,农民的文化生活非常丰富,精神世界非常充实,乡民关系非常和谐。而"断裂""衰落""衰变""式微""困境"等表述则展现出学者们的"薄今"倾向,认为现代乡村文化建设中存在诸多误区,农民的物质生活虽然获得极大改善,但其文化生活和精神世界却异常贫瘠,甚至称之为"低俗"都不为过。然而,这种观点本身是用现代观点对文化形式进行反思的产物,自带过滤机制,在现代叙事话语中,不合理的都被抛弃,合理的则被不断检验与改造,并在结构上不断改变自己的特征。在这一过程中,农民生活本身的艰辛与沉重被过滤掉了。诸如此类的叙事话语是没有话语权的农民的被表达,展现的是学者们想象中的农民生活状态,而不是农民真实的生活状态。新文化的内容和形式与旧文化的内容和形式在时空高度压缩的情况下被生拉硬拽在一起,转换重组,造成了一种乡村传统文化在市场经济的强烈冲击下日趋没落的错觉。

建立在这种错觉之上的乡村复古主义在一定程度上表现出厚古薄今的倾向,容易引起人们情感上的共鸣,并用一种"过度"批判的态度评价乡村文化变迁的方向与成就。对此,我们应当保持清醒的认识与判断,乡村复古主义者对乡村文化变迁怀有的深深忧虑,是建立在他们对传统乡村文化偏颇认识的基础上。他们所主张的"传统乡村文化"在很大程度上是他们个人理解与想象混杂的产物,是对村庄场域具体时空的"脱域",在实质上可能与传统乡村文化精神相去甚远(庄龙玉,2017:159)。

(二)客观认识"开新"与"复兴"共存的态势

全球化时代,中国以前所未有的激情去拥抱世界,去经受现代化的洗礼。席卷全球的现代化正全方位、深度地冲击和改造着中国传统的政治、经济、文化和心理。乡村作为中国社会的基础单元,不可避免地卷入到这场由内而外的重构进程中。在某种程度上,它的变迁决定着中华民族的命运。面对外来文化的强势挑战,乡村和农民必须积极调整心态,顺应现代化的方向,提升文化创新能力,多方探索自身文化存续发展的资源和机会。

这种探索本质上是传统文化、乡村文化"开新"与"复兴"的过程。"开新"即新传统的开辟,文化自产生以来就处于不断传播、发展、更新的过程中,没有文化是一成不变的。文化必须随着社会变迁和人类需要的变化而不断革新、创造,唯有实用性强,能在日常生产生活中满足主体需求的文化才能存续下来,继往开来。"复兴"即旧传统的重新兴盛,这在本质上是"开新"的一种独特类型,能够有效降低创新成本,同时实现传统文化的新生。"开新"和"复兴"交替作用,是文化适应产业发展的表现，也是文化在产业发展下积极自我调适的结果。

当前产业发展对乡村社会文化产生的影响是内外因素复合作用的结果，社会变迁意味着传统文化的部分消解和外来文化的局部融入，这是一个合理的文化再造的过程。传统文化的传承条件和环境因村落社会变迁而发生改变，促使传统文化的内容和形式向一个新方向转变，这对于传统文化的传承而言，既是挑战，也是机遇，关键在于文化主体要解放思想、转变观念，主动调适。一方面，传统文化赖以维持的原生环境市场化、商品化和舞台化，部分传统文化成为一种消费符号，能够为村民带来切实的经济利益，需要重构一种开明包容的新乡土文化观来适应环境的变化；另一方面，在产业的蓬勃发展中，越来越多的传统文化得到复兴，通过开发、吸收、转化而呈现新面貌、新内容，乡村文化在另一个维度上更加丰富多样。文化多样性能够为社会发展提供丰富的文化资源，这是建构一个开放且充满活力的社会所必需的重要条件之一。

（三）理性看待"解构"与"建构"伴生的过程

现代产业发展对乡村传统文化发展的影响主要表现在它加速了这一过程。伴随产业发展，乡村社会"跑步"进入社会转型期，传统文化与现代文化、乡村文化与城市文化、农业文化与工业文化、民族文化与大众文化、慢文化与快文化等在同一个时空场域中激烈碰撞交织。这种转型是一个长期的过程，是一个"解构"与"建构"伴生的过程。"解构"意味着文化中旧元素的消解，"建构"代表着文化中新元素的生成。传统文化的一些因素在产业发展与社会发展的背景中，或消失，或重生，或吸收，或再造，或嫁接，或同根再生，或新瓶旧酒。无论是哪种方式都只能说明一点，即没有任何传统是一成不变的，传统本身也是不断生成的，也需要不断地扬弃和发展，需要被赋予新的意义。基于这样的态度，就不会对某些已经失去了存在根基和土壤的传统文化的衰落消失而盲目扼腕、痛心疾首，而是秉持一种开放的态度，理性看待这一过程。在文化变迁的场域中，传统文化将以不同的方式走入现代，并推动新的文化传统的生成与社会的整体发展。

在本书中，四种文化基础限制和影响了特色产业发展的方向、定位、质量，形成了不同的作用机制和运行逻辑，乡村文化本身也在推动和适应产业发展的过程中发生了相应的改变。这些改变会因乡村文化的厚度与结构而有所侧重，但长远来看，整体方向是一致的，即文化的各个层面具有越来越多的现代性成分。从文化主体的角度评判，他们对现代性成分的增加是持欢迎态度的，能够过上城里人一样的生活是城乡二元结构下农民强烈的生活期盼。面对乡土文化的变迁，我们需要抱持开放、包容的心态，用现代文化的积极性来影响和融合传统文化，使其在变迁中不断碰撞、融合，从而走出一条重生之路。同时也要积极讨论并行动起来，调和乡村文化中传统成分与现代成分的比例，构建一种新型的、能化解现代化困境的文明。[①]

三 实现产业兴旺与文化振兴的同步发展

文化产业作为污染少、产值高的绿色产业，成为各个国家和城市竞相发展的朝阳产业。作为现代经济的文化产业不应该只是城市的专属，在乡村振兴的时代背景下，广大的乡村地区更应该也更有基础发展文化产业。因此，在乡村建设中，应明确乡村特色文化基础，发挥农民主体作用，发展乡村文化事业，以有力推动乡村产业兴旺发展。

（一）推动产业兴旺与文化振兴目标的耦合

当下中国乡村文化呈现时空高度压缩的特征，即数千年来广布于不同地域的乡村文化被集中呈现于当下，被置于脱域机制下，实现了时空的转换组合。正是在时空延伸的过程中，反思具有了不同的特征，一些文化形式在人们反思的过程中被再生产出来。文化与产业的关系也变得与过去不同。文化与产业二者不是分离且对立，而是耦合互动，通过产业开发，文化走向了舞台，不仅促进文化的复兴、保护与传承，还能让乡民在开发中受益，产生了非常丰富的社会、经济、文化效益。

徐雪高、侯惠杰（2019）认为产业兴旺一要求产业关联度高，即要建

---

① 这里的"开新"与"复兴"共存、"解构"与"建构"共存的提法，借鉴了高婕（2013：59～63）。

立要素分配合理、各产业联系紧密、资源综合利用、效率高、协调性好的产业体系；二要求产业结构优化，产业结构优化的前提是产业的多样性，单一生产不能用兴旺来形容，因为兴旺所蕴含的生机与活力是通过多种产业的此消彼长或竞相发展体现；三要求产业主体具有多样性，产业各主体之间利益联结紧密，利益共享风险共担，市场环境良好、竞争有序；四要求产业布局科学，形成产业集群，给乡村产业带来规模经济优势、交易成本优势、区域品牌优势、技术创新优势。

在乡村社会的发展中，必须强调产业兴旺与文化振兴的内在一致性，用文化基因塑造产业既可以规避民族地区脆弱的生态环境这一劣势，还可以充分发挥当地特色文化的优势。乡村本就是中国文化的根本之所在，一味效仿城市的现代化道路不仅会忘却来时路，更无法明晰未来方向，乡村产业发展应不断探究建立在乡村文化价值基础上的社会发展方向。

（二）因地制宜走不同文化基础的兴旺之路

文化基础决定了产业发展的方向，需要对村落的文化基础做好分类。文化基础不同，在开发的过程中要因地制宜，分类推进。文化与产业结合之后，互相影响和作用，文化不仅影响产业，也要不断适应产业发展。目前的形势是，产业确实越来越兴旺，但文化的变化前路未明。研究认为，造成这种情况的主要原因是我们只在乡村与城市、传统与现代的二元对立中来审视乡村文化，乡村文化以一种整体面貌集中呈现。实际的情况是，因为产业发展的文化逻辑不同，对文化适应性变迁的要求也不同。四种文化逻辑下的产业兴旺，要走四条不同的文化振兴之路。

驱动逻辑下的整体型文化要注意保护文化的传统象征性、表象性符号，具体表现为自然生态、服饰、饮食、特色建筑及工艺、宗教场所、节庆仪式、歌曲舞蹈、工艺品、劳动工具、生活用品等。作为文化的表层，这一部分最容易继承和传播，也最能够创造经济价值。整体型文化振兴的目标是尽可能完整保留表层文化，原汁原味的文化符号是民族文化、地方知识的历史记录，也是民族记忆的遗存和民族情感的念想，是防止民族文化断层的传承链条。与此同时，在中层和里层文化变迁中，需要结合地方传统、价值偏好、情感倾向、行为特质，辩证引入新的思想观念、规章制度、行为准则，以村民们能够理解和接受的方式与原有文化融合、贯通。

提升逻辑下的工艺留存型文化，保护的核心是村民们认可的工艺精髓，例如手工制茶中的炒茶环节和古法造纸中的漂洗、蒸煮和抄纸环节。其他次要环节可以与新工艺相结合以提升生产效率。此类村落文化振兴的目标是为传统工艺和现代工艺创造合作互补的空间，为传统工艺保留生存空间，满足小众的、私人订制的、高品质的服务需求。文化的中层与里层变迁与前一种类型基本相同。

渗透逻辑下的创生型文化由于没有历史包袱，其对乡土文化传统、乡村传统秩序和人际关系的改造可能是最彻底的，会导致乡村在现代性方向上走得更远。其文化振兴的目标是有机协调三个层次的文化在传统性与现代性上的比例，用现代优秀的公共文化填补传统公共文化衰落而带来的空缺，寻找传统伦理道德、乡规民约与社会主义核心价值观、现代法治思想之间的内在关联，实现这些新文化的本地转化，重构乡村道德体系和行为规范。

辅助逻辑下的移植型文化要防止文化的异化，即嫁接文化与本地土生文化之间的不协调导致村民们无法理解这些"异域景观"，并对自身身份认同和地方归属感产生混乱。化解此类乡村文化危机的方法是正本清源，划定工具文化与生活文化的边界，区分日常生活世界和生产世界。不同的世界有不同的文化资源和行动原则。

（三）提升文化产业开发中的文化自觉

目前，在乡村振兴事业上，各级政府，包括专家学者表现得非常活跃，自上而下地输送资源、组织工作，村民自身的文化自觉和自主选择并不凸显，这无疑压抑了乡村文化内生动力的发展。结果是乡村文化建设表现出高度的一致性与形式化，无法与乡土社会有机融合。我们不能将文化的差异性等同于文化的落后与先进，也就是说，中国的城市化不等于西方化，同样，中国乡村振兴也不等于单纯走城市化道路。表面上，乡村接受着城市文明的浸润，但事实上，乡土社会缺乏相应的社会基础，反而因此出现了文化断层、价值认同危机等问题，乡村进一步空心化。在此背景下，实现乡村文化自觉显得日益紧迫和重要。

文化自觉是指生活在一定文化中的人，对自己的文化有"自知之明"，即明白它从何而来、如何演变、去向何处、有何特色，从而增强自身文化转型的能力，并获得在新的时代条件下进行文化选择的能力和地位（费孝通，2003：5）。费孝通强调，要正确理解和评价自身的文化传统，并形成"文化自觉"。乡村振兴不能只重视价值理念、经济思维的转型，只注重产业发展，还要激发农民的文化自觉，自主思考和决定文化振兴与产业兴旺的关系。如何促进农民的文化自觉呢？普通农民不仅缺乏对乡村振兴战略的深入认识和理解，主动性的建设发展行动较少，而且也相对缺乏参与乡村振兴的能力和智慧。文化自觉的实现需要做好两个方面的工作。其一是挖掘动员乡村文化精英，发展文化自组织。乡村文化精英在乡村内部拥有较高的声誉和威望，拥有坚实的文化基础和开阔的社会视野，能够承担起传播内生文化的职责。在乡村空心化、文化人才断层的情况下，可以动员退休村干部、乡村教师、有文化素养的留守妇女牵头乡村文化组织，自管自治。其二是赋予村民话语权，实现文化振兴的多元共治。在产业发展过程中，普通村民的"失语"非常普遍，他们经常缺席事关自身利益事务的决策。乡村文化再造需要多倾听农民的声音，激发他们参与文化建设的积极性。只有在文化自觉的前提下，农民才能主动践行文化创意，赋予传统文化新的生命力，实现文化的"守本开新"，并且在市场化的潮流下定位自我文化、反思自我文化、理解和把握自我文化。

在大多数语境中，人们通常用"留守"一词形容居住在乡村中的妇女、小孩和老人，这一词似乎也在展示着他们能力不足、被动地留在乡村、无人照顾的凄凉境地，是经济发展的"遗漏者"。在这种情形下，人们很难相信自己是乡村文化的传承者。这体现了福柯的权力与知识的制约性关系：学者们生产着有关乡村的知识，同时这些知识也在影响着乡村的发展。实际上，我们既不能站在外来者的立场上，认为乡村需要外界的帮助和改造，更不能以本地人自居，用一孔之见印证自己的一己之见。乡村和农民需要自己发声、为己讲话，挖掘其自身潜在的创造力，自我觉醒，从差异性的文化中发现自身文化的独特价值，以一种自信、强势的姿态发扬自己的文化，这才能达到根本上的文化振兴。"文化自觉"是农民进行乡村文化建设的精神力量支撑，更是增强农民自我发展、自我创造能力的实践行动。只有当农民的自觉性被唤起后，才有可能促成他们日常乡村文化建设中的理性行动和反思意识，重建乡村共同体意识，最终强化对自身的文化认同，从而促进乡村振兴。

（四）坚持农民的主体地位

在乡村文化振兴的四种路径的背后，存在一个共通的机理——乡村文化振兴是乡村内生文化的再造，而再造的主体是农民。农民既是乡村振兴的主体，又是受益的主体。然而在实际发展中，由于农民对于产业融合的理念不清晰，游离于各类产业体系的边缘，农民处于一种不被重视的地位，在文化产业发展中主体性缺失。产业兴旺中"旺"的是产业，"兴"的是农民，文化振兴中"振"的是文化，"兴"的是农民。但是缺乏组织动员和思想引领的普通农民在推动产业兴旺发展方面处于弱势地位，无法应对城镇化的冲击，乡村精英群体也无法实现内生式发展。所以文化振兴与产业兴旺发展不仅需要农民自下而上的文化自觉，乡村精英自上而下的组织和引领，还需要由外向内的资源输入，需要"内力"和"外力"共同作用，用整体的力量推动乡村文化变迁和产业发展。

借助外力不仅可以补足自身短板，还可以更好地坚持农民的主体地位。一方面，可以创造性和适应性地进行文化产业开发，还可以避免困在文化囚笼之中而故步自封。另一方面，需要依托农业现代化组织农民走合作化道路，培育农民振兴乡村的社会主体意识；通过体制机制改革，全面、充分赋予农民作为乡村振兴主体的各种权利。

多元主体参与是文化产业发展的现实需要，产业兴旺所追求的不是利润最大化，而是效用最大化。因此，应当充分调动多元主体的积极性，促进主体间良性互动、分工协作与优势互补。但是外部主体（政府、市场、社会）在共享经济利益、提升民生福祉、传承乡土文化等方面还无法完全做到为农民着想，可能导致乡村产业的失调。所以在借助外力进行产业发展的同时要坚持乡村文化的基本内涵，尊重历史和社会文化基础，坚持农民主体地位，不能随心所欲地选择和创造历史，任何排斥农民和忽视乡村价值的做法都与产业兴旺背道而驰。

参考文献

贝克，乌尔里希、吉登斯，安东尼、拉什，斯科特，2001，《自反性现代化：现代社会秩序中的政治、传统与美学》，赵文书译，北京：商务印书馆。

波特，迈克尔，2002，《国家竞争优势》，李明轩、邱如美译，北京：华夏出版社。

毕曼，2018，《少数民族文化产业转化的矛盾张力研究——以恩施土家族"女儿会"文化为研究中心》，《湖北大学学报》（哲学社会科学版）第3期，第152~158页。

陈洪连、孙百才，2022，《乡村振兴战略背景下乡村公共精神的缺失与重塑》，《长白学刊》第3期，第148~156页。

陈靖，2013，《进入与退出："资本下乡"为何逃离种植环节——基于皖北黄村的考察》，《华中农业大学学报》（社会科学版）第2期，第31~37页。

陈凯、史红亮，2014，《区域文化经济论》，北京：经济科学出版社。

陈其南，1995，《社区总体营造与文化产业发展》，《台湾手工业季刊》第55期，第4~9页。

陈倩倩、王缉慈，2005，《论创意产业及其集群的发展环境——以音乐产业为例》，《地域研究与开发》第5期，第5~8、37页。

陈涛，2017，《文脉修复导向下的历史文化名镇保护与整治策略——以西藏昌珠镇为例》,《规划师》第 S2 期, 第 61～65 页。

陈义媛, 2013,《遭遇资本下乡的家庭农业》,《南京农业大学学报》(社会科学版) 第 6 期, 第 24～26 页。

陈义媛, 2016,《资本下乡: 农业中的隐蔽雇佣关系与资本积累》,《开放时代》第 5 期, 第 8、92～112 页。

陈益龙, 2017,《后乡土中国》, 北京: 商务印书馆。

程瑞芳、张佳佳, 2019,《特色农业小镇视角下蔬菜产业与乡村旅游融合发展研究》,《经济与管理》第 5 期, 第 42～46 页。

程文明、王力、陈兵, 2019,《乡村振兴下民族地区特色产业提质增效研究——以新疆棉花产业为例》,《贵州民族研究》第 6 期, 第 166～171 页。

崔榕、崔薿, 2014,《旅游与民族地区的社会文化变迁——以湘西芙蓉镇为例》,《湖北民族学院学报》(哲学社会科学版) 第 6 期, 第 13～17 页。

杜姣, 2020,《技术消解自治——基于技术下乡背景下村级治理困境的考察》《南京农业大学学报》(社会科学版) 第 3 期, 第 62～68 页。

杜鹰, 1995,《乡镇企业的形态特征与制度创新》,《中国农村观察》第 4 期, 第 13 页。

杜赞奇, 2003,《权力、文化与国家——1900～1949 年的华北》, 南京: 江苏人民出版社。

段义孚, 1998,《经验透视中的空间和地方》, 潘桂成译, 台北: "国立" 编译馆。

范可, 2020,《老骥伏枥: 费孝通晚年之思之价值》,《西北民族研究》第 4 期, 第 44～61 页。

范生姣, 2013,《非物质文化遗产向非物质经济产业转变的路径研究——以贵州石桥古法造纸为例》,《凯里学院学报》第 1 期, 第 50～53 页。

方清云, 2019,《经济人类学视野下的民族特色产业规模化发展的反思——来自浙江景宁县的畲族特色茶产业的调查与分析》,《中南民族大学学报》(哲学社会科学版) 第 4 期, 第 33～39 页。

方永恒、王睿华, 2016,《国内外文化产业研究综述》,《西安建筑大学学报》(社会科学版)第1期,第31~35页。

费孝通,1998,《乡土中国　生育制度》,北京:北京大学出版社。

费孝通,2003,《关于"文化自觉"的一些自白》,《学术研究》第7期,第5~9页。

费孝通,2006,《乡土中国》,上海:上海人民出版社。

费孝通、李亦园,1998,《中国文化与新世纪的社会学人类学——费孝通、李亦园对话录》,《北京大学学报》(哲学社会科学版)第6期,第11页。

冯小,2015,《去小农化:国家主导发展下的农业转型》,博士学位论文,中国农业大学。

福山,2016,《信任:社会美德与创造经济繁荣》,郭华译,桂林:广西师范大学出版社。

傅才武、程玉梅,2021,《文旅融合在乡村振兴中的作用机制与政策路径:一个宏观框架》,《华中师范大学学报》(人文社会科学版)第6期,第69~77页。

高波、张志鹏,2004,《文化资本:经济增长源泉的一种解释》,《南京大学学报》(哲学·人文科学·社会科学版)第5期,第102~112页。

高慧智、张京祥、罗震东,2014,《复兴还是异化?消费文化驱动下的大都市边缘乡村空间转型——对高淳国际慢城大山村的实证观察》,《国际城市规划》第1期,第68~73页。

高婕,2013,《论民族旅游开展背景下的文化变迁与社会发展——以黔东南苗寨为例》,《中南民族大学学报》(人文社会科学版)第4期,第59~63页。

高静、王志章,2019,《改革开放40年:中国乡村文化的变迁逻辑、振兴路径与制度构建》,《农业经济问题》第3期,第49~60页。

高瑞琴、朱启臻,2019,《何以为根:乡村文化的价值意蕴与振兴路径——基于〈把根留住〉一书的思考》,《中国农业大学学报》(社会科学版)第3期,第103~110页。

格尔茨,克利福德,2014a,《文化的解释》,韩莉译,江苏:译林出版社。

格尔茨，克利福德，2014b，《地方知识：阐释人类学论文集》，杨德睿译，北京：商务印书馆。

耿舒畅、王蕊、吕强，2020，《文旅融合背景下民族村镇民俗馆展示设计的再思考——以大梨树村少数民族民俗馆为例》，《大连民族大学学报》第5期，第440~444页。

耿言虎，2019，《村庄内生型发展与乡村产业振兴实践》，《学习与探索》第1期，第24~30页。

龚志祥、李珊珊，2018，《传统文化视域下民族团结进步示范村建设研究——以来凤县舍村为研究对象》，《长江师范学院学报》第2期，第39~45、142页。

桂华、贺雪峰，2013，《再论中国农村区域差异——一个农村研究的中层理论建构》，《开放时代》第4期，第157~171页。

郭景福、张扬，2016，《民族地区生态文明建设与特色产业发展理论与实务》，北京：民族出版社。

韩鹏云、张钟杰，2017，《乡村文化发展的治理困局及破解之道》，《长白学刊》第4期，第142~150页。

杭敏、李唯嘉，2019，《区域特色文化产业发展研究》，北京：社会科学文献出版社。

赫斯蒙德夫，大卫，2007，《文化产业》，张菲娜译，北京：中国人民大学出版社。

何育静、江俭霞，2020，《产业集聚视角下特色小镇演化机制和路径分析》，《城市观察》第3期，第86~96页。

何云庵、阳斌，2018，《下乡资本与流转农地的"非离散性"衔接：乡村振兴的路径选择》，《西安交通大学学报》第5期，第97~104页。

贺雪峰，2013，《新乡土中国》，北京：北京大学出版社。

贺雪峰，2014，《工商资本下乡的隐患分析》，《中国乡村发现》第3期，第125~131页。

贺雪峰，2018，《城乡二元结构视野下的乡村振兴》，《北京工业大学学报》（社会科学版）第5期，第1~7页。

贺雪峰，2021，《乡村振兴的前提是农民组织起来》，《决策》第 7 期，第 73 页。

贺照田，2020，《作为方法和中国人精神根基的"田园"与"乡村"》，《中国农业大学学报》（社会科学版）第 1 期，第 129~132。

亨廷顿，塞缪尔、哈里森，劳伦斯主编，2010，《文化的重要作用：价值观如何影响人类进步》，北京：新华出版社。

H. 孟德拉斯，2010，《农民的终结》，李培林译，北京：社会科学文献出版社。

胡惠林，2007，《论文化产业的属性与运动规律》，《上海交通大学学报》第 4 期，第 5~13 页。

胡惠林、单世联，2006，《文化产业学概论》，太原：山西人民出版社。

胡映兰，2013，《论乡土文化的变迁》，《中国社会科学院研究生院学报》第 6 期，第 94~101 页。

胡重明、马飞炜，2010，《离散抑或聚合：社会变迁中的"桃源文化"——析浙江省绍兴市桃园村新乡村文化现象》，《中国农村观察》第 4 期，第 74~80、97 页。

黄海，2009，《社会学视角下的乡村"混混"——以湘北 H 镇为例》，《青少年犯罪问题》第 2 期，第 68~71 页。

黄少安，2018，《改革开放 40 年中国农村发展战略的阶段性演变及其理论总结》，《经济研究》第 12 期，第 4~19 页。

黄宗智，2014，《"家庭农场"是中国农业的发展出路吗？》，《开放时代》第 2 期，第 176~194、9 页。

蹇莉，2018，《少数民族文化资源产业化的路径探析——以"格萨尔"史诗产业化发展为例》，《西南民族大学学报》（人文社会科学版）第 7 期，第 149~153 页。

焦斌龙、王建功，2009，《文化产业解构传统产业：机制与路径》，《晋阳学刊》第 3 期，第 50~54 页。

柯艳霞，2012，《城镇化进程中乡土文化的危机与重构》，《兰州学刊》第 11 期，第 210~212 页。

克雷斯韦尔，蒂姆，2006，《地方记忆、想象与认同》，徐苔玲、王志弘译，台北：群学出版有限公司。

旷宗仁、杨萍，2004，《乡村精英与农村发展》，《中国农业大学学报》第1期，第45~49页。

凯里学院党委宣传部，2008，《西部民族地区独具特色的院校——凯里学院》，《当代贵州》第18期，第67页。

蓝庆新、郑学党，2012，《中国文化产业国际竞争力评价及策略研究——基于2010年横截面数据的分析》，《财经问题研究》第3期，第32~39页。

李宾、马九杰，2013，《劳动力流动对城乡收入差距的影响：基于生命周期视角》，《中国人口资源与环境》第11期，第102~107页。

李佳，2012，《乡土社会变局与乡村文化再生产》，《中国农村观察》第4期，第70~75、91、95页。

李金铮、吴建征，2014，《中国乡村文化百年历程》，《新华月报》第11期，第116~117页。

李蕾蕾、张晓东、胡灵玲，2005，《城市广告业集群分布模式——以深圳为例》，《地理学报》第2期，第257~265页。

李娜、李晓霞，2019，《乡村振兴战略背景下的农村文化变迁思考——以新疆三个乡村为例》，《新疆社会科学》第1期，第109~115页。

李宁，2017，《乡贤文化和精英治理在现代乡村社会权威和秩序重构中的作用》，《学术界》第11期，第74~81、325~326页。

李培林，2019，《村落的终结：羊城村的故事》，北京：生活·读书·新知三联书店 生活书店出版有限公司。

李忠斌、骆熙，2019，《特色村寨文化产业高质量发展评价体系研究》，《民族研究》第6期，第32~47、139~140页。

李迁、徐泓杰、吴承锦、陈金莎，2021，《宣恩县伍家台村2018年茶旅融合发展调研报告》，《西部旅游》第1期，第74~75页。

李天翼、麻勇斌，2018，《西江模式：贵州民族文化旅游产业发展的样本》，《新西部》第19期，第39~43页。

厉无畏、于雪梅，2005，《关于上海文化创意产业基地发展的思考》，《上海经济研究》第8期，第48~53页。

联合调研组，2016，《旅游之路"荡"出武陵明珠——利川市苏马荡从山村到山城的嬗变之路》，《政策》第11期，第42~43页。

梁漱溟，2006，《乡村建设理论》，上海：上海人民出版社。

林锦屏、周鸿、何云江，2005，《纳西东巴民族文化传统传承与乡村旅游发展研究——以云南丽江三元村乡村旅游开发为例》，《人文地理》第5期，第84~86页。

林默彪，2016，《文化自觉、文化自信与当代中国文化主体性的重建》，《福建论坛》（人文社会科学版）第12期，第159~166页。

刘博，2008，《精英历史变迁与乡村文化断裂对乡村精英身份地位的历史考察与现实思考》，《青年研究》第4期，第44~49页。

刘丽、张焕波，2006，《北京文化创意产业集群发展问题研究》，《中国农业大学学报》（社会科学版）第3期，第47~52页。

刘丽珺、张继焦，2021，《对文艺类文化遗产"传统－现代"转型的新古典结构－功能分析》，《创新》第2期，第73~83页。

刘梦琴，2011，《中国城市化进程中村落终结的路径选择》，《农村经济》第2期，第92~96页。

刘淑兰，2016，《乡村治理中乡贤文化的时代价值及其实现路径》，《理论月刊》第2期，第78~83页。

刘蔚、郭萍，2007，《文化产业的集群政策分析》，《江汉大学学报》（社会科学版）第4期，第60~64页。

刘轩宇，2016，《商业化背景下苗族村寨文化的保护与传承——以贵州黔东南地区"西寨"和"摆贝苗寨"为例》，《贵州民族研究》第4期，第137~141页。

刘艳红、韩国春、罗晓蓉、刘静、张亚卿，2006，《对中国文化产业政策的探讨》，《云南师范大学学报》（哲学社会科学版）第5期，第15~19页。

刘雨，2011，《重建乡村文化：培育乡村教育的精神之根》，《教育科学论坛》第 7 期，第 5~7 页。

刘祖云、王丹，2018，《乡村振兴战略落地的技术支持》，《南京农业大学学报》（社会科学版）第 4 期，第 8~16、156 页。

卢义桦、陈绍军，2017，《农民集中居住社区"占地种菜"现象的社会学思考——基于河南省新乡市 P 社区个案研究》，《云南社会科学》第 1 期，第 134~140、188 页。

卢云峰、陈红宇，2022，《乡村文化振兴与共同体重建：基于浙江省诸暨市的案例分析》，《清华大学学报》（哲学社会科学版）第 3 期，第 205~214、220 页。

路柳，2004，《关于地域文化研究的几个问题——第一次十四省市区地域文化与经济社会发展研讨会综述》，《山东社会科学》第 12 期，第 88~92 页。

吕方，2013，《再造乡土团结：农村社会组织发展与"新公共性"》，《南开学报》（哲学社会科学版）第 3 期，第 133-138 页。

吕宾，2019，《乡村振兴视域下乡村文化重塑的必要性、困境与路径》，《求实》第 2 期，第 97~108、112 页。

吕宾，2021，《文化自信视角下乡村文化振兴：实践困境与应对策略》，《湖湘论坛》第 4 期，第 71~84 页。

罗爱东，2021，《讲故事的民俗学：非常事件的正常解析》，《华南师范大学学报》（社会科学版）第 3 期，第 5~24、205 页。

龙慧，2018，《抢抓机遇结硕果 民族团结奔小康——湖北恩施市芭蕉侗族乡巧借帮扶机遇推进全面小康建设》，《民族大家庭》第 1 期，第 2 页。

马翀炜、陈庆德，2004，《民族文化资本化》，北京：人民出版社。

马特尔，弗雷德里克，2013，《论美国的文化》，周莽译，北京：商务印书馆。

玛西，多琳，2018，《空间、地方与性别》，毛彩凤、袁久红、丁乙译，北京：首都师范大学出版社。

毛一敬、刘建平，2021，《乡村文化建设与村落共同体振兴》，《云南民族大学学报》（哲学社会科学版）第 3 期，第 92~99 页。

牛乐、刘阳、王锐、王京鑫，2020，《文旅融合视野下民族手工艺的转型与变迁——以临夏回族自治州为例》，《西北民族大学学报》（哲学社会科学版）第 6 期，第 23~29 页。

牛文斌，2020，《从"一姓一祠"到"六姓共祠"：小白井村公共空间变迁的社会文化阐释》，《思想战线》第 4 期，第 54~62 页。

潘娜娜、任成金，2019，《西方文化产业价值取向的建构与意识形态的对外输出》，《西南民族大学学报》（人文社科版）第 2 期，第 155~160 页。

祁述裕、殷国俊，2005，《中国文化产业国际竞争力评价和若干建议》，《国家行政学院学报》第 2 期，第 50~53 页。

钱紫华、阎小培、王爱民，2006，《城市文化产业集聚体：深圳大芬油画》，《热带地理》第 3 期，第 269~274 页。

秦斌，1999，《一体化国际经营：关于跨国公司行为的分析》，北京：中国发展出版社。

秦红增，2014，《农民的"文化自觉"与广西乡村生态旅游文化产业提升研究》，《广西民族研究》第 2 期，第 161~165 页。

邱星、董帅兵，2022，《新时代的乡愁与乡村振兴》，《西北农林科技大学学报》（社会科学版）第 3 期，第 11~22 页。

渠敬东、周飞舟、应星，2009，《从总体支配到技术治理——基于中国 30 年改革经验的社会学分析》，《中国社会科学》第 6 期，第 104~127、207 页。

让·波德里亚，2001，《消费社会》，刘成富、全志钢译，南京：南京大学出版社。

任敏，2020，《信息技术应用与组织文化变迁》，北京：中国人民大学。

沙因，埃德加，1989，《企业文化与领导》，朱明伟、罗丽萍译，北京：中国友谊出版社。

邵明华、张兆友，2020，《特色文化产业发展的模式差异和共生逻辑》，《山东大学学报》（哲学社会科学版）第 4 期，第 82~92 页。

沈费伟，2020，《传统乡村文化重构：实现乡村文化振兴的路径选择》，《人文杂志》第 4 期，第 121~128 页。

沈小勇，2009，《传承与延展：乡村社会变迁下的文化自觉》，《社会科学战线》第 6 期，第 241~243 页。

史密斯，菲利普，2008，《文化理论》，北京：商务印书馆。

司军梅，2010，《周恩来图书资料意识与文物保护意识及其实践》，《农业图书情报学刊》第 12 期，第 260~262、269 页。

斯科特，2002，《组织理论》，黄洋等译，北京：华夏出版社。

斯威伍德，阿兰，2013，《文化理论与现代性问题》，黄世权、桂琳译，北京：中国人民大学出版社。

宋小霞、王婷婷，2019，《文化振兴是乡村振兴的"根"与"魂"——乡村文化振兴的重要性分析及现状和对策研究》，《山东社会科学》第 4 期，第 176~181 页。

苏秉琦、殷玮璋，1981，《关于考古学文化的区系类型问题》，《文物》第 5 期，第 10~17 页。

孙安民，2005，《文化产业理论与实践》，北京：北京出版社。

孙肖、吕爱军，2018，《在创造性转化、创新性发展中构建少数民族现代文化产业体系》，《中国民族报》10 月 12 日。

孙珉，1999，《潘光旦的土家族研究》，《社会科学论坛》第 4 期，第 18~20 页。

孙万心，2019，《绿色赋彩主色调 茶旅融合成大业——湖北恩施州宣恩县茶旅产业一体化发展的思考》，《民族大家庭》第 3 期，第 67~69 页。

索晓霞，2000，《贵州少数民族文化传承运行机制探析》，《贵州民族研究》第 3 期，第 108~115 页。

谭萌、刘亚兰、胡静，2017，《恩施硒茶营销策略研究——以恩施宣恩伍家台贡茶为例》，《中国商论》第 27 期，第 51~52 页。

唐艳军，2020，《广西少数民族特色村寨产业发展与乡村振兴研究》，《改革与战略》第 6 期，第 96~103 页。

陶彦平，2020，《浅析乡村旅游对社会文化变迁的影响》，《中国地名》第

6 期，第 47 页。

田毅鹏、韩丹，2011，《城市化与"村落终结"》，《吉林大学社会科学学报》第 2 期，第 11~17 页。

田敏、撒露莎、邓小艳，2012，《民族旅游开发与民族村寨文化保护及传承比较研究——基于贵州、湖北两省三个民族旅游村寨的田野调查》，《广西民族大学学报》（哲学社会科学版）第 5 期，第 88~94 页。

涂圣伟，2014，《工商资本下乡的适宜领域及其困境摆脱》，《改革》第 9 期，第 73~82 页。

王超、吴倩、王志章，2018，《贵州少数民族地区特色旅游产业精准扶贫路径研究》，北京：科学出版社。

王丹、刘祖云，2020，《乡村"技术赋能"：内涵、动力及其边界》，《华中农业大学学报》（社会科学版）第 3 期，第 138~148、175 页。

王丽，2012，《公共治理视域下乡村公共精神的缺失与重构》，《行政论坛》第 4 期。

王曙光，2016，《论文化产业化与产业文化化》，中国企业文化研究会编：《中国企业文化年鉴（2015~2016）》，长春：吉林人民出版社，第 47~48 页。

王挺之、李林，2019，《旅游开发对小族群传统文化的影响——对四川平武白马藏族的个案研究》，《西南民族大学学报》（人文社科版）第 5 期，第 152~157 页。

王卫才，2018，《中原地区传统乡村文化重构与乡村旅游融合发展研究》，《农业经济》第 3 期，第 17~19 页。

王学文、肖坤冰、高志英、王彦，2015，《寻力乡村：民族村寨文化遗产保护与社会发展案例研究》，北京：学苑出版社。

王云才、郭焕成、杨丽，2006，《北京市郊区传统村落价值评价及可持续利用模式探讨——以北京市门头沟区传统村落的调查研究为例》，《地理科学》第 6 期，第 735~742 页。

王振杰、宗喀·漾正冈布，2020，《文化交融视域下的乡村文化变迁与振兴——基于青海民和县杏儿乡七个村的探析》，《西北农林科技大学学报》（社会科学版）第 3 期，第 154~160 页。

肖青等，2014，《西南少数民族地区村寨生态文明建设研究》，北京：科学出版社。

解语，2015，《旅游产业发展与村落文化变迁——基于滇西新华村的实证研究》，《红河学院学报》第 13 期，第 36~39 页。

邢青，2019，《乡村文化变迁视角下留守儿童问题研究》，《教育理论与实践》第 16 期，第 27~30 页。

徐平，2005，《追忆一代大师的足迹—费孝通的民族研究思想》，《中国民族》第 7 期，第 22~27 页。

徐雪高、侯惠杰，2019，《产业兴旺的定位、特征与促进建议》，《江苏农业科学》第 17 期，第 1~4 页。

许倬云，2006，《万古江河：中国历史文化的转折与开展》，上海：上海文艺出版社。

亚历山大，杰弗里，2000，《社会学二十讲：二战以来的理论发展》，贾春增译，北京：华夏出版社。

闫春华，2019，《生态脆弱区乡村振兴的生态农业模式——以河甸村"舍饲养殖"产业为例》，《求索》第 5 期，第 137~145 页。

闫艺、何元春、廖建媚，2020，《文化生态学视域下少数民族传统体育文化资源开发模式研究——以新疆地区为例》，《广州体育学院学报》第 6 期，第 62~68 页。

杨洪林、姚伟钧，2011，《乡村文化精英与非物质文化遗产保护》，《江西社会科学》第 9 期，第 187~192 页。

杨华，2009，《绵延之维：湘南宗族性村落的意义世界》，济南：山东人民出版社。

杨吉华，2007，《论我国文化产业政策的缺失及完善途径》，《南京政治学院学报》第 3 期，第 55~58 页。

杨善华、侯红蕊，1999，《血缘、姻缘、亲情与利益——现阶段中国农村社会中"差序格局"的"理性化"趋势》，《宁夏社会科学》第 6 期，第 51~58 页。

杨西平、张志恒等，2013，《西藏农牧特色产业发展：事实与战略》，厦门：厦门大学出版社。

杨耀源，2021，《文旅融合背景下少数民族非物质文化遗产保护性旅游开发》，《社会科学家》第4期，第64~69页。

杨思义、周潮：《鄂西土家族传统民居建筑与文化的保护与传承——以土家吊脚楼为例》，《建筑与文化》2021年第3期，第268~271页。

姚建设、祁颖，2014，《SCP框架下黑龙江省民族旅游地文化变迁研究——以街津口赫哲族乡为例》，《黑龙江民族丛刊》第5期，第95~100页。

姚磊，2014，《国内民族文化传承研究述评》，《广西民族研究》第5期，第117~126页。

殷群，2012，《社区参与文化名镇旅游管理的途径——以云南腾冲和顺镇为例》，《人民论坛》第8期，第154~155页。

袁丹、雷宏振，2014，《我国文化产业集群绩效实证研究——以陕西省为例》，《东岳论丛》第6期，第79~83页。

曾天雄、曾鹰，2014，《乡村文明重构的空间正义之维》，《广东社会科学》第6期，第85~92页。

张波、丁晓洋，2022，《乡村文化治理的公共性困境及其超越》，《理论探讨》第2期，第83~90页。

张帆、刘小新，2012，《文学理论与文化研究》，江苏：江苏大学出版社。

张环宙、黄超超、周永广，2007，《内生式发展模式研究综述》，《浙江大学学报》（人文社会科学版）第2期，第61~68页。

张继焦、侯达，2021，《民族地区历史文化名镇的"传统－现代"转型与"文旅融合"发展》，《贵州民族研究》第3期，第153~159页。

张京祥、陆枭麟，2010，《协奏还是变奏：对当前城乡统筹规划实践的检讨》，《国际城市规划》第1期，第12~15页。

张良，2016，《资本下乡背景下的乡村之公共性建构》，《中国农村观察》第3期，第16~26、94页。

张铭远，1991，《大力开发民俗文化旅游业》，《民俗研究》第3期，第34~

36页。

张巧运, 2014, 《浴"难"重生: 一个羌族村寨灾难旅游和遗产旅游的案例研究》, 《民俗研究》第1期, 第58~67页。

张文明、章志敏, 2018, 《资源·参与·认同: 乡村振兴的内生发展逻辑与路径选择》, 《社会科学》第11期, 第75~85页。

张晓琴, 2016, 《乡村文化生态的历史变迁及现代治理转型》, 《河海大学学报》(哲学社会科学版) 第6期, 第80~86、96页。

张玉林, 2013, 《当今中国的城市信仰与乡村治理》, 《社会科学》第10期, 第71~75页。

张玉强、张雷, 2019, 《乡村振兴内源式发展的动力机制研究——基于上海市Y村的案例考察》, 《东北大学学报》(社会科学版) 第5期, 第497~504页。

张和平、杨孝斌、朱灿梅, 2016, 《贵州石桥苗族古法造纸工艺调查与分析》, 《凯里学院学报》第3期, 第123~126页。

张佳峰, 2020, 《西江千户苗寨干栏式建筑构造》, 《美与时代》(城市版) 第12期, 第15~16页。

赵嫚、王如忠, 2022, 《数字文化创意产业赋能乡村振兴的作用机制和路径研究》, 《上海文化》第4期, 第12~18+123页。

赵霞, 2012, 《乡村文化的秩序转型与价值重建》, 博士学位论文, 河北师范大学。

赵向阳、李海、孙川, 2015, 《中国区域文化地图: "大一统"抑或"多元化"?》, 《管理世界》第2期, 第101~119、187~188页。

赵秀玲, 2018, 《乡村振兴中的文化发展向度》, 《东吴学术》第2期, 第5~12、43页。

赵旭东、孙笑非, 2017, 《中国乡村文化的再生产——基于一种文化转型观念的再思考》, 《南京农业大学学报》(社会科学版) 第1期, 第119~127、148页。

赵彦云、余毅、马文涛, 2006, 《中国文化产业竞争力评价和分析》, 《中国人民大学学报》第4期, 第72~82页。

郑承庆、罗萍萍、吴声怡，2008，《城镇化进程中乡村文化保护与开发的困境与出路》，《重庆工商大学学报（西部论坛）》第3期，第27~29、88页。

郑凡，1997，《旅游业中地方民族文化资源的保护与开发》，《云南社会科学》第2期，第51~55页。

中共中央文献研究室，2014，《十八大以来重要文献选编》（上），北京：中国文献出版社。

钟京红，2016，《民族文化旅游产业研究——以湖北省恩施市枫香坡侗族风情寨为例》，《决策与信息》杂志社、北京大学经济管理学院："决策论坛——管理决策模式应用与分析学术研讨会"论文集（上），第76页。

周长城，2003，《经济社会学》，北京：中国人民大学出版社。

周飞舟、王绍琛，2015，《农民上楼与资本下乡：城镇化的社会学研究》，《中国社会科学》第1期，第66~83、203页。

周军，2010，《中国现代化进程中乡村文化的变迁及其建构问题研究》，博士学位论文，吉林大学。

庄龙玉，2017，《中国乡村文化的理论反思与现实检视》，《学术交流》第11期，第156~161页。

Agnew, J. A. 1987. *Place and Politics: The Geographical Mediation of State and Society*. Boston: Allen and Unwin. p. 68.

Bourdieu, P. 1990. *The Logic of Practice*. Stanford, CA: Sage Publications.

DiMaggio, P. and Powell, W. 1983. "The Iron Cage Revisited: Institutional Isomorphism and Collective Rationality." *American Sociological Review*, (48): 147–160.

Fligstein, N. 2002. "Agreements, Disagreements and Opportunities in the 'New Sociology of Markets'." in Guillen, M. F., Collins, R., England, P., and Meyer, M. (eds.), *The New Economic Sociology: Development in an Emerging Field*. New York: Russell Sage Foundation.

Fourcade, M. 2007. "Theories of Market and Theories of Society." *American*

Behavioral Scientist, 50 (8): 1015 - 1034.

Fukuyama, F. 1995. *Trust*: *The Social Virtues and the Creation of Prosperity*. New York: The Free Press.

Jenkins, N. 2000. "Putting Postmodernity into Practice: Endogenous Development and the Role of Traditional Cultures in the Rural Development of Marginal Regions." *Ecological Economics*, 34 (3): 301 - 313.

Kroeber, A. L. and Kluckhohn, C. 1952. *Culture*: *A Critical Review of Concepts and Definitions*. NY: Vintage Books.

Lin, G., Xie, X. and Lv, Z. 2016. "Taobao Practices, Everyday Life and Emerging Hybrid Rurality in Contemporary China." *Journal of Rural Studies*, (47): 514 - 523.

Marcuse, H. 1968. *Negations*. London: Allen Lane.

Orlikowski, W. J. 1992. "The Duality of Technology: Rethinking the Concept of Technology in Organizations." *Organization Science*, 3.

Paül, V. 2013. "Hopes for the Countryside's Future: An Analysis of Two Endogenous Development Experiences in South-eastern Galicia." *Journal of Urban and Regional Analysis*, 5 (2): 169 - 192.

Ray C. 2001. *Culture Economies*. Newcastle: Newcastle University.

Relph, E. 1976. *Place and Placelessness*. London: Pion.

Schein, E. 1989. Organizational Culture and Leadership. San Francisco: Jossey-Bass.

Schultz, M. and Hatch, M. J. 1996. "Living with Multiple Paradigms: The Case of Paradigm Interplay in Organizational Culture Studies." *The Academy of Management Review*, 21 (2), 529 - 557.

Simmel, G. 1991. "'Money in Modern Culture' and 'The Berlin Trade Exhibition'." in *Theory, Culture and Society*, vol. 8, no. 3.

Straub, D., Loch, K., Evaristo, R., Karahanna, E., and Srite, M. 2002. "Toward a Theory-Based Measurement of Culture." *Journal of Global Information Management* (*JGIM*), 10 (1), 13 - 23.

Williams, R. 1976. *Keywords: A Vocabulary of Culture and Society*. Glasgow: Fontana.

Williams, R. 1977. *Marxism and Literature*. Oxford: Oxford University Press.

Winner, L. 1977. *Autonomous Technology: Technics-out-of-Control as a Theme in Political Thought*. Cambridge: MIT Press.

Zelizer, V. 2002. "Enter Culture." in Guillen, M. F., Collins, R., England, P. and Meyer, M. (eds.), *The New Economic Sociology: Development in an Emerging Field*. New York: Russell Sage Foundation.

后　记

某天，开研究生组会，学生问了一个问题："乡村会不会消亡？"对于这个问题，我先是组织大家讨论。与会的学生各抒己见，有人认为乡村一定会消亡，有人认为乡村会部分消失，有人认为乡村不会消亡。大家争论不下，之后眼睛齐刷刷地盯向我，似乎在问："老师有何高见？"

这个问题，坦率而言，我有过思考，却远不够系统、深刻，狼狈之下只能跟学生浅谈。

这个问题很复杂，涉及我们要建设什么样的农村，农村与城市的边界在哪里，农村如何接收和消化城市化、现代化的诸多元素，以及我们如何定义农村、文化等问题。我没有长期关注农村，自不敢妄言，但我能确信的一点是，中国作为一个有着5000年历史的农业大国，作为一个有着14亿人口要吃饭的发展中大国，我们一定会非常珍惜世代养育国人的土地，更会把中国人的饭碗牢牢端在自己手中。这一点就决定了，无论中国的工业、技术、城市发展到什么程度，都会有人与土地生产打交道，中国人吃的米、杂粮、水果等都要有人来种植，而且要挂上"本地"的标签。只要农业的基础性产业地位不动摇，只要有人在土地上耕种劳作，农民、农村就不会消失。此外，中国式现代化所追求的人与自然和谐共生，集中体现在农村人文生态与自然生态的有机统一上。城市的空间扩张是有限的，城市性的蔓延会造就具有现代意识的新型农民。乡村由于其自然地理条件的限制，在景观维度是无法复制城市面貌的。虽然现在有很多乡村"空心化"，有很多乡村正在成为"乡野"，但是它的青山绿水、鸟语花香一定会在城市化的逆向阶段吸引新的人群到来。未来，我们或许会重新定义乡村，但无论如何，这个与土地、与大自然有着密切联系的地方却永远不会消失。

行文至此，不知道这种观点是否也源于内心的那份乡愁。

仅以此书为又一段学术旅程按下暂停键。感谢所有参与实地调查、书稿撰写、文字校对的同学们：马睿、朱莹莹、田家林、陈妍、宋瑞欣、李萌萌、雷旭、郝阳、邱政元、魏康、余莉莉、张浩。其中，朱莹莹承担了第三章第一节、第四节，第四章第一节、第四节初稿的写作；陈妍和宋瑞欣承担了第七章的写作与修改；李萌萌承担了第三章第五节第三部分、第五章的写作与修改；雷旭承担了第三章大部分和第六章的写作与修改，合计三万字。郝阳、邱政元、魏康、余莉莉、张浩参与整理了参考文献。在一次次讨论、修改的过程中，感受到大家对专业的热情、对学术的赤诚、对自我提升的渴望与努力。人生能与你们结伴同行一段旅程，幸哉！

图书在版编目(CIP)数据

乡村特色产业发展的文化逻辑 / 陈云著. -- 北京：社会科学文献出版社，2024.6（2025.9重印）
ISBN 978-7-5228-2476-5

Ⅰ.①乡… Ⅱ.①陈… Ⅲ.①乡村-农业产业-特色产业-产业发展-研究-中国 Ⅳ.①F323

中国国家版本馆 CIP 数据核字（2023）第 173249 号

乡村特色产业发展的文化逻辑

著　　者 / 陈　云
出 版 人 / 冀祥德
责任编辑 / 李会肖　胡庆英
责任印制 / 岳　阳

出　　版 / 社会科学文献出版社·群学分社（010）59367002
地址：北京市北三环中路甲29号院华龙大厦　邮编：100029
网址：www.ssap.com.cn
发　　行 / 社会科学文献出版社（010）59367028
印　　装 / 唐山玺诚印务有限公司
规　　格 / 开　本：787mm×1092mm　1/16
印　张：14　字　数：215千字
版　　次 / 2024年6月第1版　2025年9月第2次印刷
书　　号 / ISBN 978-7-5228-2476-5
定　　价 / 98.00元

读者服务电话：4008918866

版权所有 翻印必究